苏州千村故事

昆山·幸福陆家

『苏州千村故事·昆山卷』编委会 ◇ 编

苏州新闻出版集团
古吴轩出版社

图书在版编目（CIP）数据

苏州千村故事. 昆山. 幸福陆家 / "苏州千村故事
·昆山卷"编委会编. -- 苏州 ：古吴轩出版社，2024.
12. -- ISBN 978-7-5546-2523-1

Ⅰ. K295.35

中国国家版本馆CIP数据核字第2024K82Z98号

责任编辑：俞　都
见习编辑：万海娟
封面设计：李　璇
装帧设计：杨　洁
责任校对：蒋丽华
责任照排：孙嘉靖

书　　　名：昆山·幸福陆家
编　　　者："苏州千村故事·昆山卷"编委会
出版发行：苏州新闻出版集团
　　　　　古吴轩出版社
　　　　　地址：苏州市八达街118号苏州新闻大厦30F
　　　　　电话：0512-65233679　　　邮编：215123
出　版　人：王乐飞
印　　　刷：苏州日报印刷中心有限公司
开　　　本：700mm×1000mm　1/16
印　　　张：16.5
字　　　数：249千字
版　　　次：2024年12月第1版
印　　　次：2024年12月第1次印刷
书　　　号：ISBN 978-7-5546-2523-1
定　　　价：68.00元

如有印装质量问题，请与印刷厂联系。0512-65640825

《昆山·幸福陆家》编委会

前言

　　村落，是村民聚居的地方，是中华民族传统文化发展的重要载体。昆山，东临上海、西依苏州，地理优越，历史悠久，人文荟萃，是"百戏之师"昆曲的发源地。勤劳智慧的昆山人民依水而居，世世代代在古老的昆山大地上耕耘劳作，繁衍生息。在这块土地上，孕育并保存了一批特色鲜明、文化底蕴深厚的历史文化村落。这些村落不仅是农耕文明的重要遗产，也是中华儿女寄托乡愁的重要载体。从"中国第一水乡"古镇周庄，到现代化商务城花桥，体现了昆山全域统筹发展的现代化进程，也展示了一条自然村落的变迁之路。乡村文化故事的记录，更是为后代留下了宝贵的文化财富。

　　习近平总书记在党的二十大报告中指出："扎实推动乡村产业、人才、文化、生态、组织振兴。"近年来，昆山坚持以习近平新时代中国特色社会主义思想为指导，深入学习贯彻党的二十大精神和习近平总书记对江苏、苏州工作重要讲话指示精神，始终坚持农业农村优先发展总方针，以统筹推进国家乡村振兴示范县创建为抓手，聚焦农业农村现代化，深入实施百村共兴、百村共美、百村共富、百村共治、百村共享的"五百行动"，努力在推进农业现代化上走在前，全市乡村振兴工作取得积极成效。

乡村要振兴，文化须先行。昆山现辖昆山经济技术开发区、昆山高新技术产业开发区、花桥经济开发区、旅游度假区、张浦镇、周市镇、陆家镇、巴城镇、千灯镇、淀山湖镇、周庄镇、锦溪镇四区八镇，乡村数量众多，乡村文化丰富且特色鲜明，通过对传统技艺、非物质文化遗产、优秀乡风民俗等乡村文化的传承保护，让乡村居民更好地认识到本地乡土文化，切实增强对乡村文化的认同感、归属感。昆山着眼于保护与传承乡村文化，以文化繁荣赋能乡村治理，涵养乡风文明，助力乡村振兴。昆山的传统村落文化特色各异，例如淀山湖镇永新村六如墩以其独特的葫芦形水域和葫芦雕刻工艺闻名；千灯镇歇马桥村以其"龙形水系"和江南水乡传统风貌格局为特色，因南宋抗金名将韩世忠在此歇马而得名，被誉为"东夷故址华夏发祥地，吴越水乡淞南第一村"；张浦镇尚明甸村展现了"路—宅—路—埠头—河"的布局肌理，以其江南水乡风情和传统建筑布局而著名；锦溪镇朱浜村以其独特的砖窑文化和湖荡风情著称，下辖的祝家甸自然村是《当代田园乡村建设实践倡议书》发起地，拥有悠久的烧窑历史和古砖瓦制作技艺。目前，昆山市共有6个中国传统村落、17个江苏省传统村落、18个苏州市级传统村落，其中，10个村落建成江苏省特色田园乡村，2个村落建成苏州市特色精品乡村。

"千村故事传承工程"的实施，旨在通过挖掘来自乡村基层，充分体现各村落深厚的人文底蕴、独特的历史沿革与发展成就的生动素材，以党史村史、江南文化、共同富裕、美丽乡村建设等为主题，创作一批反映历史、观照现实、朗朗上口、易于传播的群众文艺作品。"千村故事传承工程"系列丛书注重将故事与史志相融合，集趣味性、科普性和教育性于一身，兼具史学意义、学术价值和教育科普功能，传承历史文脉，体现了江南地区的传统文化和历史底蕴。

新时代，新征程，新使命。在昆山这片充满活力的土地上，我们一起耕耘，共同收获，深入探索昆山的文化底蕴与现代活力，共同见证"昆山之路"的辉煌成就。展望未来，满怀憧憬，让我们凝心聚力，砥砺前行，在传承乡村文脉、增强文化自信的过程中，持续改善农民精神风貌、提高乡村社会文明程度、焕发乡村文明新气象，为乡村振兴塑形铸魂，绘就乡村振兴新画卷，为昆山打造习近平文化思想生动实践地和中华文明建设的县域示范作出积极贡献。

序

历史回溯千年。

在一片充满生机的土地上，蜿蜒的河溪两侧盛产大片芦苇，绿意盎然，是江南水乡一道迷人的风景。人们在这里世代繁衍，并以"菉葭"为地名，开辟了一片幸福家园。

时光流转，在这片生生不息的土地上，从菉葭到陆家的变迁，是一脉相承的江南文化，是拼搏奋进的龙舞精神，是共建共享幸福家园的理想追求！

陆家，长江三角洲上的一颗璀璨明珠，区域面积35.6平方千米，位于全国百强县榜首的昆山东南部，312国道、沪宁高速、沪宁铁路、京沪高铁和沪宁高铁穿镇而过，镇内设有沪宁高速互通口、沪宁高铁站点、昆山中环陆家立交、苏州轨道交通11号线3个站点。

翻阅陆家的岁月篇章，这里有夏原吉"掣淞入浏"的尽职，有康熙帝遨游江南的潇洒，有东岳庙一路追梦的传奇，有陶一球捐财抗日的壮举，有段龙舞舞动千年的气势，有陆家浜鼓手吹拉弹奏的喜庆，有泗桥豆腐糯湿香甜的韵味……

历史在每一代陆家人的奋斗足迹中向前延伸。1989年自费创办工业园，陆家一跃成为江苏省"外向明星镇"。改革开放以来，陆家从一个闭塞的农业小镇，逐步发展为一个综合实力较强、发展环境较好、发展潜力较大、人民生活日渐富裕的现代化城镇。

走在时间的路上,奋进中的陆家综合实力越来越强,2024年列全国综合实力千强镇第50位,获得国家卫生镇、国家生态镇、中国人居环境范例奖、全国美丽宜居小镇、中国特色小城镇、中国民间文化艺术(龙舞)之乡等荣誉。

陆家人杰地灵,有着深厚的文化底蕴。陆家持续擦亮段龙舞和陆家浜鼓手两张传统文化名片,以童趣为特色,积极开展群众性文化活动,精心打造文化艺术季、童趣文化季两个群众喜爱的文化品牌。

新时代新征程,陆家扛起新使命,奋力展现中国式现代化生动实践的"陆家图景",紧紧围绕"进一步全面深化改革"部署要求,以"全力打造独具魅力的中国式现代化的特色新城"为发展定位,充分发挥现有优势产业和历史人文资源的独特禀赋,着力建设开放与创新共进的活力新城、田园与城市共生的魅力新城、民生与文化共荣的幸福新城。

为深入学习贯彻习近平文化思想,加快建设社会主义文化强镇,以文化繁荣赋能乡村治理、涵养乡风文明、助力乡村振兴,根据昆山市"千村故事传承工程"实施方案精神,陆家编撰《昆山·幸福陆家》一书,通过讲述陆家乡村故事,更好地担负起文化赋能乡村振兴的使命。

千村故事,记录着幸福陆家的精彩篇章。我们相信,新时代拼搏奋进的陆家人,一定会续写更多的精彩故事!

目录

前言

序

第一篇　陈巷：古韵今风

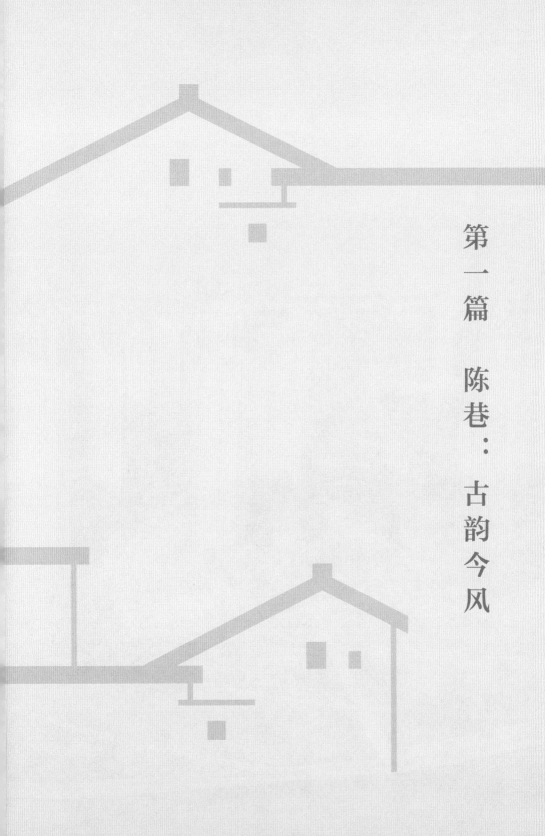

第一篇　陈巷：古韵今风

陈巷

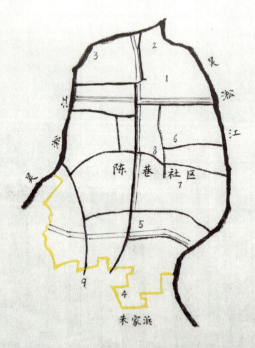

1 菜蔬生态园
2 永富路花海
3 吴淞江绿色廊道
4 陆家粮食烘干中心
5 At温室工厂
6 智慧田园油菜花海
7 无人农场决策指挥中心
8 积福桥
9 福禄桥

陈巷手绘地图

古韵今风在陈巷

　　陈巷村，位于陆家镇西南部，紧靠静谧秀丽的陆家生态园和吴淞江绿色廊道，东、北、西三面紧连吴淞江，南侧紧邻千灯镇萧墅村。旧时，陈巷为镇，境内有金家库、荣家库、肖市3个小集市。尤其是肖市（又名"肖墅"），在南宋时可算得上是一个比较有名的小集镇。镇上店铺林立，南北商贾云集，农贸交易活跃，相当繁华热闹。

　　清初时，小市河上建起了石拱式的福禄桥和石板式的三星桥。传说是"老叫花"献上"挖银钉"，禄星钱发禄破土取宝，寿星钱福寿捐出一生积蓄，福星张福燕报恩送上造桥石料，为民造福建起了两座石桥，当地有"三星之合，天地之缘"的说法。

　　陈巷境内有一个叫"白沿"的自然村，村里有一棵古银杏，树龄数百年，两人合抱粗，曾被列为省级保护文物。旧时，村民们辛勤耕作，勤俭持家，但仅靠自然农业这点微薄的收成，根本无法满足养家糊口的需求，故而大多过着食不果腹的清苦日子。老百姓祈望风调雨顺、五谷丰登，先后在村里建造了土地庙、孟江庙、海瑞庙等6座庙宇，每遇汛期或干旱时，由保甲率众乡亲前往孟江庙或海瑞庙祭祀膜拜，祈求降福消灾。关于海瑞庙，传说是海瑞来此治水开凿了小市河，开挖后，此地涝灾明显减少，风调雨顺，五谷丰登，因此建庙纪念。

　　旧时，陈巷境域内交通比较闭塞，周围河流密布，如同一座孤岛，是吴淞江一带有名的"拇指岛"。当地百姓为了出入方便，在境域内各条河上建造了多座石桥。其中最有名的是孝友桥、走巷桥、积福桥、福禄桥。

　　相传，清嘉庆、道光年间，陈巷境内王家江村菜农陈德基（又名陈孝友）十分勤劳，经常自种蔬菜，上集市提篮贩卖。有一年冬天，陈德基顶风冒雪，挑着菜担上陆家浜集镇销售。他路经竹家泾，踏上竹家泾上那一座破旧的小竹桥时，因雪天路滑，不慎跌入河中，所幸被人救起，遂发誓等他富裕后，一定要将破竹桥换成石桥。后来，陈德基发家致富，果然在竹家泾上建造了一座双桥柱、双桥面的平板石桥。石桥全长12米余，宽2米，南北桥堍各有四步台阶，西桥面平石板侧面上方刻有"孝友桥"3个楷书大字，下行标注着"道光元年建，陈德基"的字样。

据《蒹溪志》记载，明朝崇祯年间，地方政府曾经拨款，在吴淞江上建造了一座花岗岩大桥，全长120米，当时确实便利了两岸往来。可是不到百年，大桥因经常受到行船撞击，损坏严重而毁。清代康熙年间，有道僧募款修造三洞石桥，至雍正五年（1727）倒塌，声震十里。巨大的桥柱、桥板，有的被当地人移作他用，有的至今仍沉在江底。大桥倒塌以后，就有民间渡船在江上摆渡，时称"江桥渡"，是陆家镇前往千灯、石浦的必经之路，远近闻名。

新中国成立后，沿江的陈巷、南圩2个村经协商后，决定联合出资，打造一艘坚固的木质渡船，并专门聘用了一名渡工，从早到晚全天候在江上摆渡，每渡15人，每人收费1角，后来增至2角，极大地方便了两岸群众生产劳作、上街购物以及孩子上学、探亲访友等。

渡口就设在大桥遗址，仍名"江桥渡"。并在渡口靠陆家镇的一边造了一个六角亭，俗称"江亭"，供等候摆渡的人员遮阳避雨，也为江桥渡增添了一道亮丽的风景，别有一番情趣，让人怀念。

1989年12月，陆家镇人民政府决定，在建设陆千路（陆家至千灯的镇级公路）的同时，在江上建造一座拱形水泥桥，即蒹溪大桥。从此，江桥渡终于完成了它的历史使命，历经200多年。

陈巷在历史上几经置分离合，经历了互助合作化，初、高级社，人民公社及乡、镇管村体制等演变过程。2001年8月，在区划调整中，陈巷村与南圩村合并，建立新的陈巷村村民委员会。2021年9月，陆家镇撤销陈巷村村民委员会，调整为陈巷社区居民委员会。

从村改为社区后，陈巷在社会主义现代化建设中实现了质的飞跃。社区党总支不断探索党建、治理、服务"三网融合"，深化"网格化+大数据"在基层治理中的应用，打造智慧网格平台，建立数字化问题处理反馈机制，成立"数智"党员队伍，通过大数据"采集—治理—应用"，以可视化模块推动小区人员管理、出租房合规化改造、垃圾分类等工作的落实，推动社区治理从粗放式管理向精细化治理转变。坚持"党建引领、文化启迪、诚心服务、居民自治"的工作理念，打造"1个党群服务中心+1个党群服务点+64个民生服务点（单元门厅）"的社区三级党群服务阵地集群，为小区居民构建起集党群议事、亲子互动、邻里互助、志愿服务等功能于一体的小区"5分钟党群服务圈"。

陈巷社区曾获评江苏省生态村、江苏省卫生村、江苏省民主法治示范村、苏州市智慧农村示范村、昆山市美丽宜居乡村建设先进集体、苏州市十佳农民合作社、昆山市十佳农业创新经营主体等。

陈巷新貌

如今，走在陈巷的大街小巷，迎面吹来的是一阵阵清爽的风。放眼望去，漂亮的现代高楼，花草茂盛的绿化，高大宽敞的厂房，方便舒适的公共服务设施，让人们的心情不由得舒畅起来。这是一个江南小乡村变身现代社区的美丽图景，改革开放的果实，在陈巷这片古老又年轻的土地上，让人们品尝到了幸福的滋味。

桥与渡：穿越时空的温情变迁

吴淞江流经陆家镇地段时打了个弯，然后浩浩荡荡奔向东南，投入上海黄浦江的怀抱。陈巷村位于吴淞江南岸，境内河流密布。路遇见了水，便诞生了桥和渡。每一座古桥，每一个渡口，都承载着厚重的历史与难忘的记忆。它们不仅是连接两岸的通道，更是陈巷村文化的见证者。

走巷桥静静地横跨在走泾河上。河水悠悠，波光粼粼，仿佛在低声诉说着往昔的繁华与沧桑。时光流逝，但"走巷桥"三字却如烙印般刻在每一个陈巷村人的心中。陈巷村多旱地，盛产蔬菜和各类瓜果，产品除供应陆家镇外，其中很大一部分运往千灯出售，因帆船往来较多，造成河岸坍塌，也造成堤岸缺口增多，不便行走。为了方便货运和村民出入，清光绪年间，地方政府拨款，发动村民修筑石驳岸，并在河面上建造了一座花岗岩条石桥。它不仅缩短了从陆家镇到千灯的距离，更拉近了人心的距离。

如果说走巷桥是勤劳与智慧的结晶，那么积福桥则是善心与奉献的象征。清嘉庆年间，私塾先生陈积福以一己之力，倾尽30年薪金，在王家江上建起了这座坚固的石桥。他的善举如同春日暖阳，温暖了每一位村民的心田。每当晨曦初照，孩子们背着书包，踏着石板路，穿过积福桥，迈向知识的殿堂。傍晚时分，村民们带着一天的收获，沿着这座桥归家，心中满是感激与安宁。积福桥，不仅是一座桥，更是一份精神的传承，它教会了后人何为无私，何为奉献。

在竹家泾河上，虽已不见孝友桥的身影，但它的故事却如同河水般流淌不息。清道光年间，孝子陈德基为了年迈的父亲和乡邻的便利，毅然决定自掏腰包，建造了这座平板石桥。孝友桥是陈德基孝心与爱心的真实写照，一直以来，人们总是会想起那座桥，以及那位心怀大爱的造桥人。20世纪80年代末，因建造陆千路，孝友桥被拆除，但陈德基的良苦用心还是为村民所津津乐道，口口相传。

每一座古桥，都是一幅动人的画卷，它们与周围的流水、人家、田野共同构成了一幅幅美丽的江南水乡图景。除了走巷桥、积福桥与孝友桥，江桥渡的故事也在诉说着过往与现在的交织，为这片土地增添了几分传奇色彩。

据《箓溪志》记载，明崇祯十三年（1640），钱谦益以其远见卓识，倡议并推动了江桥的建设，足以彰显其对民生福祉的深切关怀。清康熙初年，僧侣们募集资金，完成了这座三洞如环、宏伟壮观的石拱桥。因坐落于吴淞江上，当地人亲切地称之为"江桥"。它是苏州至上海吴淞江河段上的第一座石拱桥，更是连接两岸的重要通道，极大地便利了人们的出行，也因此成了"箓溪八景"中的一绝。前人曾以"小小箓溪半个月"的诗句，生动描绘江桥在月光下的绝美景象，令人向往。

清雍正五年（1727），江桥轰然倒塌，消息传遍了十里八乡。桥塌之后，遗址处隔断的河流遗留下横亘其间的巨石。官府得知这一变故，组织人力清理余石，确保松江漕运的畅通无阻。还在江桥原址附近修筑了渡口码头，派渡船守在江上，为来往行人摆渡，时称"江桥渡"。

新中国成立后，面对宽阔的吴淞江，沿江的陈巷、南圩两个村经协商后决定联合重建渡口，以解两岸百姓过江之难。他们出资打造了

20世纪50年代的江桥渡摆渡亭

一艘坚固的木质渡船,而渡口就选在那座曾见证无数风雨变迁的大桥遗址之上,人们习惯性地称之为"江桥渡"。

渡工的选拔非常严格,他们必须是住的离渡口较近、家境虽困难但责任心强、身体健壮的男性村民。这些船工以周为单位轮流接替,他们任劳任怨,风雨无阻地坚守在江上往返摆渡。为了维持渡船的正常运营,江西岸的竹家泾、横泾、南圩村村民还自发组织起了渡船会。按照约定,入会的家庭每年需交纳一定数量的大米,作为渡工工资补贴和修船费用的来源。

关于桥神显灵护佑渡船的传说,让江桥渡增添了几分神秘色彩。

相传,有一年的八月十八,龙王庙要举办一场盛大的庙会,四面八方的百姓都前来参与。陈巷村舞龙、抛篙、摇快船等竞技队伍也竞相赶赴,准备一展风采。这一天,江面上,帆船与纤船穿梭不息,摆渡过江十分危险。众人忧心忡忡,担心渡船能否安全渡江。桥神目睹了人间的这一幕,心生慈悲,作法显出江桥幻影,让顺风帆船见桥下帆,逆风纤船见桥摇橹。在桥神的庇护下,船只奇迹般地获得了航行空间,避免了碰撞与危险,赴会的民众全都安然无恙。

江桥渡新景

据说，江桥渡上从没有发生过一起伤亡事故。百姓们惊叹于桥神的神奇力量，称江桥渡为"平安渡口"。

随着时代的进步，交通方式也在不断更新。1989年，陆家镇人民政府在吴淞江上建造了一座现代化的水泥大桥——菉溪大桥，宣告了江桥渡260多年历史的终结。这座大桥不仅方便了人们的出行，更成为陈巷村乃至整个地区发展的新起点。江桥渡虽然退出了历史舞台，但它留给人们的记忆与情感却是永恒的。离江桥渡不远处，昆山市陆家中学静静地矗立着，它见证了江桥渡的变迁，也承载着无数学生的梦想与希望。

在陈巷村这片古老而又充满活力的土地上，桥梁与渡口不仅仅是物理空间上的连接点，更是文化传承与情感交流的重要载体。它们见证了村庄的兴衰更替，也见证了人性的光辉与善良。每一个踏上过这里的人，都会感受到那份穿越时空的温情与力量。

村民的致富密码

在如诗如画的江南水乡，陈巷村是一个宛如世外桃源般的宁静村庄。这里的土地肥沃，分明的四季和充沛的雨水赋予了它无限的可能，然而过去交通的不便和信息的闭塞却让村民们的辛勤付出难以换来应有的回报。

清代嘉庆年间有一位传奇的老农陈德基（又名陈孝友），他自幼与陈巷村的土地结下不解之缘。他坚信"人勤地不懒"，从青年时代起便开始了他的蔬菜种植生涯。每天天未亮，他便已起身，踏着露水来到田间地头，细心地耕作、浇水、施肥。陈德基的蔬菜不仅产量高、品质好，而且种类繁多，满足了市场上不同顾客的需求。年复一年，日复一日，陈德基凭借着蔬菜种植积累了丰厚的财富。当积蓄达到千两纹银时，陈德基的心中涌动着一个梦想：为乡亲们做一件实事。交通不便一直是制约陈巷村发展的瓶颈，陈德基毅然决定拿出八百两纹银,建造两座石桥——陈巷桥和孝友桥。这两座石桥的建造方便了村民们的出行和农产品的运输,也成为连接乡亲们情感的纽带。陈德基用自己的行动诠释了"只有懒人,没有懒地"的古训,为后人树立了光辉的榜样。

时间流转到20世纪90年代初,清晨的第一缕阳光穿透薄雾,照耀在陈巷村7组的旱地上,村民们已经忙碌起来。他们提着篮子穿梭在绿油油的蔬菜间,细心地采摘着成熟的果实,去到镇上的集市售卖。这就是他们世代相传的"提篮小卖",虽不起眼,却蕴含着巨大的商机。老张是村里的种植能手,他的六分旱地采用科学的方法轮播套种,外围种植豇豆、扁豆、丝瓜等藤蔓作物,利用它们攀爬生长的特性,实现了"占天不占地"的高效利用。一个夏季下来,老张的旱地净收入达到了惊人的5400多元,成为村里的佳话。

1994年,昆山市陆家多种经营服务公司看中了这里的潜力,投资开发了20亩蔬菜基地,并承包给村民种植。这一举措极大地激发了村民们的积极性,他们纷纷引进新品种,优化种植结构,种植了萝卜、芹菜、金花菜等20多个品种。截至7月底,陈巷村7组的旱地种植成绩斐然,21户村民的旱地收入总计达到了88599元,户均收入高达4219元,这一数字不仅刷新了村里的记录,更是在全镇范围内名列前茅。

在陈巷村9组,农民朱阿小在忙碌于6亩生产责任田之余,巧妙利用4分闲置旱地种植蔬菜,一年下来收获了2500元的额外收入,初次尝到了蔬菜种植的甜头。春风送暖之际,朱阿小决定乘胜追击,扩大战果。1994年2月,他毅然决定增加种植面积和品种,这一决定得到了镇上多种经营服务公司的大力支持,公司不仅提供了技术指导,还协助引进了必要的材料。

朱阿小投入5000元,在7分旱地上搭建了2个坚固的铁架暖棚,精心挑选并种植了黄瓜、番茄、茄子等热门蔬菜品种。从育苗到移栽,他都亲力亲为,每一个环节都倾注了心血。经过2个多月的精心照料,暖棚内生机盎然,茄子挂满枝头,黄瓜、番茄也相继成熟,迎来了采摘上市的喜人时刻。最终,扣除成本后,朱阿小夫妇仅用了3个月时间,就从这7分旱地上收获了3000元的净利润,书写了一段"旱地生金"的佳话。

65岁的王志明夫妇俩的故事同样振奋人心。随着年岁的增长,他们失去了承包生产责任田的资格,面对未知的未来,老两口心中满是忧虑。然而,生活的挑战并未让他们退缩,反而激发了他们"老有所为,老有所养"的决心。

1989年的春天,王志明夫妇做出了一个大胆的决定——在仅有的2分旱地上播种希望。他们借鉴广播里、报纸上的致富经验,将全部心血倾注于这片小小的土地。春菜冬播,夏菜春种,轮作套种,巧妙利用时间差和空间差;尼龙覆盖,保温保湿,为蔬菜生长创造最佳环境;积极引进新品种,不断试验与改良,只为那一抹翠绿能更加鲜亮、更加诱人。

岁月不负有心人,汗水浇灌出了丰收的喜悦。王志明的2分旱地仿佛变成了聚宝盆,四季青梗等蔬菜鲜嫩欲滴,轮番上市,抢占了市场的先机。他每天都穿梭在集市与菜地之间,将这份来自土地的馈赠送往千家万户的餐桌。年底,当一笔笔收入汇成最终的账本时,一个令人振奋的数字跃然纸上——全年净收入达1.13万元!老两口紧紧相拥,泪光中闪烁着幸福与自豪。"老有所养全靠富民政策好!"这句话,不仅是王志明夫妇的心声,也是无数农村老人对新时代美好生活的由衷赞叹。

1987年,方纪明凭借家庭劳动力的优势和个人出众的养殖技术,在镇政府的大力支持下,毅然投资8000元,创办了一个规模宏大的综合家庭养殖场。方纪明的养殖场里,生机勃勃,苗鸭嘎嘎欢叫,鹅群悠然自得,生猪茁壮成长,还有长毛兔温顺可爱。为了最大化资源利用,形成生态循环,他还精心规划,在打理好8亩责任田的同时,又开辟了蘑菇种植区,1000平方米的蘑菇棚内菌香四溢,2亩鱼塘中鱼儿欢腾。这一综合养殖模式,不仅取得了资源的优化配置,还促进了生态的良性循环。方纪明这位勤劳且富有远见的村民率先迈出了创新的一步。

经过一年的辛勤耕耘,方纪明的养殖场初显成效,年底取得纯利润1.3万元的喜人成绩。方纪明为陈巷村乃至周边地区的村民树立了致富的新榜样,激发了大家创办特大家庭养殖场、探索多元化发展道路的热情与信心。

在陈巷村，每一位村民都是这片土地的守护者和创造者。他们传承着陈孝友的精神，用勤劳的双手和智慧的头脑，不断开拓创新，书写着属于自己的致富篇章。陈巷村的旱地永远生机勃勃，村民们在这片希望的田野上持续创造着属于他们的传奇。

竹家泾人颂"金桥"

竹家泾是陈巷村的一个自然村落，位于吴淞江两岸，明末清初已经兴盛。30多户人家宅前树木成荫，宅后竹园茂盛，人人会做竹器，房子、家具、生产用具也都离不开一个"竹"字，故名"竹家泾村"。

竹家泾村有一条东西流向的小河，名"竹家泾"，全长600多米，东出吴淞江，西至新泾江，有着"四浜四湾"之称。河上先后有竹夹桥、竹柱木桥、竹筏榻水桥等，供两岸人们交往、生产、生活。

清雍正五年（1727）的一天深夜，竹家泾村民已在一片漆黑中陷入了酣甜的梦境。微风拂过，竹林发生沙沙的声音，为乡人的梦境增添了一抹温柔纯朴的底色。

在这样一个静谧美好的夜晚，水面上突然传来一声巨响，震得附近的草房扑簌簌掉下几缕草来，震得睡觉的乡人像是在大海里颠簸了一下。"发生什么事了？"被惊醒的人发出了惊惧的疑问。天还没亮，发出巨响的地方就聚起了一大群人，眼前的景象让他们目瞪口呆：那村子里唯一通往外界的万安桥（又名"江桥"），桥身倾斜倒塌，大半没入江中。竹泾村的桥，没了！

失桥之前，竹家泾人绝大部分靠种植地主租田来生活，闲时做竹器、提篮，养家糊口，日子不能说多富有，但还过得去。失桥之后，村子陷入闭塞状态，如同河水断了流，健全人失去了胳膊，一向有活力的村子渐渐失去了生机，变得死气沉沉，村民们穷苦不堪。

说起失桥带来的不便，真是几天几夜也说不完。

之前无论有什么事，两脚一迈，很快就从江这头到了江那头，上陆家浜赶集那是家常便饭。现在呢，大家望着那宽阔的江水，只能摇摇头，轻易不出门了。碰上些不得不出门去办的大事，比如粮油出售，在猪羊上市时节采购种猪、种羊，那就只能靠摇船或者乘渡船办理了。摇船吧，农家船一般比较小，装不下太多东西，而且一些便利的工具比如木板车之类，也上不了船，农人便只能用些更原始的工具，比如箩筐，费力不说，一次还挑不了多少。乘渡船吧，来来回回都要付钱，都是穷苦人，挣点钱不容易，总归觉得心疼，而且两岸坡道陡峭，用木板车推着重物，上上下下都极其艰难。下坡需控制车速，以防不小心冲到江里；上坡需使出吃奶的劲，憋着一口气爬完坡道，万一松懈，车就往下溜，极其危险。总之，一趟下来，农人得掉一层皮。

不说这些大事让人不便，就是一些小事，也不时给人添堵。就说对岸亲戚家有什么婚丧嫁娶，或者出门去对岸拜访个朋友，在人家家里做客本来开开心心的，心里却始终绷着一根弦，提醒自己到了一定的时辰，哪怕和亲友再难分难舍，也得赶紧出发往渡口赶，要不然误了时辰，就只能望江兴叹。碰上风雪大雨天气，渡工见出门的人少，环境又恶劣，早早收工也是常有的事。这种时候，村人就更是提心吊胆，得更早出发才行。唉，哪还能保有一丝做客的闲情雅致。

若是患了急病必须马上医治，但由于摇船或渡船太慢（有时赶得不巧，可能渡船刚刚开走，只能等着它慢悠悠先到彼岸，然后再慢悠悠回到此岸，再慢悠悠去往彼岸），延误治病时机，因而承受更多苦痛，留下永久遗憾，甚至失去生命的事情，在悠长无桥的岁月里，也不知发生了多少起。

长期的闭塞让竹家泾人变得穷苦。40来户人家，只有3家住上了瓦房，其余都是草房，墙壁单薄，由毛竹简易搭成。冬天时，冷风长驱直入，呼呼地灌进来，室内和室外一般寒冷。近五成的人家没办法自己养活自己，需靠村上的公益金拨款才能勉强维持生计。其中，完全没有收入来源，只能依靠政府养活的五保户就有两家。如此贫困落后，导致年轻人在婚恋市场上备受冷落。一听说小伙子是竹家泾人，就算长得再帅气，那媒婆也是直摇头，人家姑娘嫁哪里不好，嫁你这穷竹窠！这不，小小的竹家泾，190多人的小村庄，大龄未婚男青年有十几个，这些小伙子干脆逃出竹家泾，外出做了上门女婿。

1989年春天，箓溪大桥落成，陆千路通车，再次把竹家泾和外面的世界连通，村民们无不欢天喜地，终于又有桥了，日子又有奔头了，他们形象地把吴淞江上的这座桥叫作"金桥"。

金桥真的带来了"金子"。就说西竹家泾吧，住着一位姓屈的单身汉，种田之余，他在陆千路旁边开了一个百货店，兼卖熟切，既方便了村人买东西，也为过路行人提供了便利。自打开张以来，百货店便生意兴隆，十几年生意做下来，他积累了20多万元的家底。"穷光棍"变成了"富进士"，富而不忘邻里。邻居老两口养着一个傻儿子，家境十分困难，常需政府救济，经过老屈的指点，也做起了生意，在小店旁边开起了碾米厂，短短几年工夫，家底变得丰厚起来。又有一位曾经的木匠，因身体受过伤，只能休息在家，加之妻子患病，女儿又要读书，成了村上的一个特困户。但在致富榜样的引领下，他也开动脑筋，开办了一个自行车修理部，没几年便甩掉了"特困户"的帽子，实现了自给自足。

到了20世纪90年代，竹家泾人都住进了宽敞的楼房。进入21世纪，很多人家还购置了商品房，乡里城里都有了房子，想住哪里就住哪里。村上的大学生多了起来，企业也多了起来，有些企业还办得挺大。据2012年的一份数据，竹家泾企业固定资产超500万元的有2家，超200万元的有2家，超100万元的有3家。年利润超10万元的个体工商户有8家。竹家泾在陈巷村也可称得上是一个富裕的自然村。

竹家泾的改变充分说明了桥对一个村子的重要性，也难怪竹家泾人要歌颂金桥了。村里几位上了年纪的老人还能哼唱一段歌颂金桥的小调："箓溪大桥似金桥，畅通四方人欢笑。穷人迈进富裕道，找到窍门万千条。改革开放30年，千言万语颂'金桥'。"

孝友桥的来历

在陈巷村竹家泾自然村，有一座桥名叫"孝友桥"，关于此桥的来历，还有一段传奇故事。

相传，清嘉庆二十五年（1820），大年初一，纷纷扬扬的大雪已下了一夜，辞旧迎新的鞭炮不时在宁静的村庄炸响，然而很快那一团团红色的碎屑便被大雪无声掩埋。

家住吴淞江西岸王家江村的菜农陈德基（又名陈孝友）老汉五更天就借着雪光爬了起来，出门放了鞭炮。外面寒风呼号，滴水成冰，但陈德基返回屋内后，并没有重回温暖的被窝，他给自己做了简单的早饭，又喝了三盅三元里的白酒，僵冷的身体顿时变得热乎乎的。陈德基的妻子也起来了，她看到陈德基戴帽子、套钉鞋，一副要出门的样子，不无担忧地说："要不今天就别出门了吧！看这雪大的！"陈德基早在昨天睡觉前就整理好了地货担，里面装着萝卜、莴苣、大白菜等，摆得整整齐齐。他一面矮身挑起担子，一面对妻子说道："没事！下雪好，下雪卖菜的人少，我的菜更好卖。"妻子见阻止不了他，只得提醒道："那你在路上小心点。"

陈德基一头扎进了风雪里。大地白茫茫一片，倒是比平日里总是摸黑走路要便利些，只是这雪大风劲，走起路来分外费劲。好不容易，陈德基走到了东竹家泾的竹夹桥边。这桥十分狭窄，由几根绑缚着的竹竿组成，踩在上面晃悠悠的。陈德基每次走这座桥，都有点胆战心惊。这次桥上覆了冰雪，更加难走。陈德基小心翼翼地上了桥，每走一步都万般艰辛，桥在晃，担子也在晃。陈德基紧张得后背僵硬，雪不断飘进眼睛也不敢抹一把。走到桥中间时，猛地刮来一阵强烈的西北风，陈德基"啊"的一声，失去平衡，连人带担子一起跌下桥面。他在惊吓中不由得闭上了眼睛："唉，出门不利，我命休矣！"

"咦！我这是到了阴曹地府吗？怎么周围这么安静？这么洁白？"陈德基猛地坐起，赫然发现雪不知何时已经停了，他已安然到了对岸，担子也完好无损地摆在身边！"是哪个神仙救了我吗？"他仔细回思，落桥后的境况却是一片茫然，预想中冰冷的河水以及水下的挣扎，全无印象。"定是碰到神仙了！"陈德基激动地想。他连忙虔诚地跪着，双目紧闭，双手合十，嘴里念念有词："今日幸得神仙相救，保我大难不死，为了报答救命之恩，本人在此立誓，他日若发了财，定要把这竹桥改建成石桥，让乡亲们稳稳当当地走在桥上，再也不发生今日落桥这样的悲剧……"祷祝到此，陈德基耳边似乎隐隐传来一苍老声音予以回应："好！只等你这句话。"陈德基惊愕地睁开眼睛，四顾张望，不远处的水面上，似有一白衣白裤的白胡子老人的身影正慢慢消融于天地间。陈德基再次叩首不止。

到了陈巷江，江上没有桥，靠一位名叫李虎的渡工摆渡。作为渡工，一年365天，没一天能休息。这不，虽是大年初一，李虎早早就来到了渡口。他遇到了来渡河的陈德基，取笑道："老伙计，大雪天挑菜上街能卖上几个钱？真是不要命了！"陈德基也取笑李虎道："你这大雪天的，摇东又摇西，也摇不出几文钱来，我看咱俩是彼此彼此。"两人相视一笑，颇有点惺惺相惜之感。到了对岸，陈德基抓出比平时多一倍的碎银放进李虎的收钱匣，向李虎躬手致意："恭喜发财。"李虎也不推辞，还礼道："让您破费，叩谢。"

到了集镇上，果然如陈德基所料，蔬菜非常好卖，不一会儿工夫就被一抢而光。有买主向陈德基竖起了大拇指，夸他说："别人是雪中送炭，您老这是雪中送菜。"陈德基周身的疲惫一扫而光，感叹这一趟来得值。卖完菜，时间尚早，他上酒肆打了一坛三元里白酒，又进食品店添了几样新年吃食，然后走入一处酒家，吃饭喝酒。酒足饭饱，陈德基踏着醉步轻飘飘地往回走。途经竹家泾桥，还没来得及回味一早上的奇遇，突然肚子闹事，他便急忙放下担子，躲到附近一处坟墓旁解手。他解完手一时找不到厕纸，于是就拉坟头上的枯草，谁知这一拉不打紧，一块坟皮被他揭了下来，里面露出一个大窟窿。陈德基觉得奇怪，伸手进窟窿一探，探出里面有3个坛子。他把坛子一一取出来，发现每坛里面装的都是白花花的银元宝。陈德基记起自己早上发过的誓言，没想到这会儿就发财了，看来，是神仙要助他完成心愿呢。陈德基升起一股感激之情，当下重新立誓道："既然我得到了三坛银元宝，神仙定是希望我建三座石桥，正好我们村上的王家江、途经的竹家泾和陈巷江，都缺石桥，那就建这三座，方便百姓。"

说干就干，陈德基菜也不卖了，一门心思扑在建桥上，每天忙忙碌碌，请石匠、买石条、监工，第二年，即道光元年（1821），东竹家泾石桥建成。石桥全长12余米，宽2米，双石条，南北各四步石级，石条侧面刻凿"孝友桥"3个楷体大字。大字下备注"道光元年建，陈德基"8个小字。

第二年腊月，王家江桥落成。这时三坛银元宝已用得差不多了，陈德基不想违背誓言，便把自己多年的积蓄全部投入进来，开始陈巷江桥的建设。石级已经筑好，桥桩也已深深地打进水里，就等着石板吊上桥面，即可大功告成。一日，在河边忙碌多日的陈德基收工后拖着疲惫的身子回家，不想第二天再也没有起来。

自此，吴淞江畔流传着"陈德基自筹资金建造两座半石桥"的故事，以及"菜农穷穷穷，家里还有三担铜"的民谚。

白沿联村的由来

陈巷村有个名叫"白沿"的自然村，这个自然村有着白沿、北白沿、西白沿之分。总面积0.72平方千米，东、北靠着吴淞江，西边是新泾江，与北宅村隔江相望，南到翁河，与横泾村、南圩村连接，离镇中心很近，只有1.6千米。早在宋代，这个自然村就享有盛名。

相传，白沿最初叫"白盐"，这事儿还得从南宋时说起。

那时战争四起，老百姓的生活不得安宁。有一位叫杨进山的老汉，本来是苏州枫桥人，以换糖为生。时逢战乱，他挑着换糖担子东进逃难，到达陆家万安桥附近。这里并没有被战乱波及，他便在桥下一个叫"高圩角"的地方驻扎下来，放下担子。他找了个荒墩坐下，拨浪鼓这么一摇，过路行人便知道，换糖的人来了，家有嘴馋小孩的，便站到了杨进山的担子前。杨进山手拿一个小锤子，从一整块硬邦邦的麦芽糖里敲一块下来，一手交钱，一手交糖，一笔生意就完成了。杨进山的糖细腻白净有嚼劲，又十分香甜，很受大家欢迎，生意越做越红火，算是在本地扎下根来。不久，杨进山的兄弟——杨宝山、杨福山，也纷纷带着家眷迁居高圩角，除了换糖，还做些收旧货、收鸡蛋等生意，家人则垦荒耕种，过上了安居乐业的生活。

一天，三兄弟在高圩角南坡搭建鸡舍畜棚、废品堆房，往下挖洞埋石柱，挖着挖着，挖到3尺深时，感觉地下很硬，掘半天掘不动，便找来一把铁镐，用尖的那一头狠命往下凿。谁知，竟凿得晶体四溅，粉末砸在人的脸上，嘴巴里尝到一丝咸味。杨进山是个生意人，见多识广，见此异象并没有惊慌，他细细地刨出一小捧晶粒，放到鼻尖上闻了闻，也让其他两兄弟闻了闻，都说没什么味道。接着，他又壮着胆子把晶粒舔了舔，咸的，其他两人也舔了舔，纷纷大叫："好咸！"杨进山想了想，推断道："这白色晶粒肯定就是盐，这里估计是一个官盐场，或者是食盐交易市场。"其他两兄弟都有点半信半疑。

杨进山望了望周围，进一步推断道："你们看，这陆家浜吴淞江两岸，只是小小的集市，却能耗巨资建起这么一座宏伟壮观的万安大石桥，说明这里曾经出现过大买卖。官盐可不就是大买卖嘛！"二弟宝山听了，觉得不可思议："如果是官盐场或者食盐交易市场，那为什么要盖上厚土，把它埋起来呢？"三弟福山也附和道："是呀，说不定是什么奇奇怪怪的东西！万一有毒，岂不是糟了？"杨进山进一步思索了下，斩钉截铁地说道："一点也不奇怪，就是盐，咱们吃的盐不就是这个味道嘛！至于盐场盖土，应该是某一次战乱引起的，为了防止外来者侵吞，或者避免内部角斗，干脆先把盐埋起来，以图战乱结束继续经营。只是后来应是出了什么差错，当初埋盐的人并没有再回来。对了，你们瞧这里！"杨进山指着附近的一条大泥沟说："很显然，当初就是从这条沟里取土的。"两兄弟望着那条长长的泥沟，再回想刚才的味道，再也无话可说，终于认定，这就是盐。三兄弟变得激动起来，这可是食盐啊，这下恐怕要大发了！杨进山警告两兄弟不要声张，先勘探清楚盐场多大再说。于是，他们在高圩角不同角落往下挖洞，探测下来，确定高圩角地底下全是食盐，量很大。

杨氏兄弟便小心翼翼地开始了自己的采盐出售计划，他们从老家又招了几个信得过的亲朋好友过来，作为采盐民工，白天做些削平土层的工作，晚间小面积采盐，逐步打开销路。宋朝时期，吏制腐败日益严重，在运输途中，负责运输食盐的官吏相互勾结，私自扣留优质食盐待日后卖出。为了保持重量，他们在食盐中掺杂泥沙等杂质，以至于官盐质量低下，而出售价格又极为高昂，给百姓生活造成沉重负担。因此，价格低廉的私盐买卖盛行，在老百姓中很受欢迎。杨氏兄弟便成了私盐买卖的一股中坚力量，他们不仅在陆家卖盐，还把盐卖到昆山城、苏州城，甚至是青浦一带。

杨氏子孙于是在盐场脚下繁衍生息，三兄弟分别建立了白盐、北白盐、西白盐三个自然村。世世代代发展，三个自然村越来越大，但他们没有忘记最初的同根同源，虽是三支，却又常常合成一家，进行一体化管理，大家有福同享，有难同当。后代里出现了一位能干的村长，索性建成了白盐联村，这一自治举措得到了知县大人的肯定，县里特意为该村竖了一块碑，碑文为："菉溪第一村——白沿联村。"

不知刻碑的人是个错字大王，还是知县大人写错了字，总之，本来是白盐村，因为这块碑写的是"白沿"。从此，白盐村也只好改叫"白沿村"了。

江南美景在肖市

在陈巷村西南角，有一个历史悠久的自然村落，名"肖市村"，又名"肖墅"。村子挨靠着小市河，与千灯镇隔河而望。

南宋时期，肖墅是一个集镇，街道两旁店铺林立，共有二十几家。有的店铺挑出一个大大的"酒"字招牌，那是卖酒的店家；有的店铺前竖着一面大旗，单书一个"茶"字，那是一家茶馆；又有肉铺、米铺、杂货铺、布店、糕点店……街面上熙熙攘攘，时而传出卖花小童清脆的叫卖声。十里八乡的人都上这儿来赶集，茶馆里高朋满座，布店里挤满了买花布的大娘大婶，沽酒的人取出随身携带的葫芦，不多时便灌满一葫芦，满意而归。可惜时移世异，战乱频仍，集市渐渐荒废，昔日热闹的集镇变成偏安一隅的自然村，人们也过上了耕地织布的农人生活。

肖市村南侧有一棵古银杏树，离银杏树不远处，不知从何时起，建起了一座小巧的寺庙，名"海瑞庙"。相传，海瑞在江南做官期间，曾开凿、治理小市河，治好了这里的河，整个地区的涝灾明显减少，当地百姓为了传颂海瑞的功绩，便建了这座海瑞庙，祈盼年年风调雨顺、国泰民安。

自从有了海瑞庙，一向宁静的村庄又热闹起来。尤其每年正月十二到十四开庙会那三天，庙场上锣鼓喧天，鞭炮齐鸣，陈巷村各个村庄的村民都赶来参加。

第一步当然是隆重祭祀，海瑞庙被里里外外收拾一新，到处挂满红灯笼，人们在庙里点起香烛，奉上祭品，虔诚祭拜。之后便是大联欢，村上会陆续请来舞龙队、舞狮队、杂耍团、戏班子，整天锣鼓声响个不停，节目精彩纷呈。舞龙队把龙舞得上下翻腾，快速游走，气贯长虹，尤其二龙戏珠环节最是活泼有趣。舞狮队伍除了常规的表演，还会表演高难度的狮子上高台，在几个堆叠的桌子椅子间灵活跳跃，引来一阵阵惊呼。

杂耍团最受欢迎的小明星莫过于小猴子了，它会后空翻、倒立行走、钻铁圈，还会学大人作揖，大人小孩都爱看。尤其是小孩子，看起来眼睛一眨也不眨，怎么都看不够，时不时便被小猴子憨态可掬的表演逗得笑弯了腰。至于戏班子唱戏，那就是大人们的主场了。人们边看边摇头晃脑，有的还能跟唱几句，那叫一个如痴如醉。更有趁机来卖豆腐花的，卖烤红薯的，捏糖人的，一个个小摊子前都被小孩子围得水泄不通。

庙会上，叫好声、鼓掌声、叫卖声此起彼伏，小孩子们在大人的腿间穿来穿去，走亲访友的人们亲热地聚在一起闲聊，现场成了一片欢乐的海洋。农人们趁着这农闲时节，放松身心，享受文化的盛宴，除了这里看看，那里瞅瞅，也忍不住自己搞起了比赛，掰手腕、拔河、跳大绳，玩起来又笑又闹，一个个变成了小孩子。有了这庙会，肖市村人的日子就有了盼头，有了甜头，平日里的艰辛劳累，也就得到了抚慰，来年又能以饱满的热情，投入劳碌的农忙生活中。

三天庙会结束，便是元宵节。这天会举行走三桥的祈福活动，算是给庙会来个漂亮的结尾。哪三桥？小市河上有一座石拱桥，名"福禄桥"，小市河上还有一座石板桥，名"三星桥"，这不是只有两座桥吗？不过，这可难不倒肖市村的村民，说走三桥，就一定要是三座桥。另外一座没有，就临时造桥，他们在庙场上拿几块木板并排一搁，就成了一座木板桥。走桥也有讲究，每人各持三支香，由地保带领着，先走福禄桥，然后是三星桥，最后则绕回庙场，走木板桥。每到一桥，就在桥头插一支香，许一个愿，祈盼来年五谷丰登，也祈盼来年的庙会更加精彩。

说起福禄桥和三星桥的建设，当地流传着一首歌谣："天上星星亮晶晶，地下石锁流水清。幸福安康乐人心，不忘建桥三颗星。"相传建这桥，天上的福星、寿星、禄星都出了把力，福星保佑建桥顺顺利利，寿星保佑桥建成后长长久久，禄星保佑所有从桥上路过的乡亲们招财进宝，孩子们读书金榜题名。又传并不是天上的三星，而是地上的三星，其实就是三个建桥人，一人如禄星供出家中宝物，一人如寿星捐出一生积蓄，一人如福星送来建两座桥需要的全部石料。这座石桥，结束了肖市村200多年踩着木桥过河的历史，肖市村人出门更方便了，生活也越过越好。

肖市村在陈巷一角，向外界展示着江南小桥流水的水乡风貌，村民们枕水而居，村庄被绿树环绕，一律的白墙黑瓦，新农村建设让肖市村既传统又现代，既宁静又富庶。

白沿古银杏树轶事

陈巷村有个自然村叫"白沿村"，又分白沿、西白沿、北白沿。村里的老人们，一直对于庙场上的银杏树以及一些传闻轶事津津乐道……

相传，在北宋乾德元年（963），苏州上方山庵堂首任师太方萱一行四人来到巨区扩堂化缘，得到区、图官员及老百姓的欢迎和资助。5天时间，人们自觉施善，人均捐米1升，捐钱5钱。区里10个大户户均捐赠10两纹银。白沿村除了盛情款待，各户又赠送布匹、大豆、蚕豆、菱角等物品。666名百姓在庵堂香客簿上签名，每年春秋进香一次。方萱师太与陆家浜巨区结成深缘，铭记在心，满载而归。

北宋开宝年间，路仁保区长召集图长及丝字圩、谷字圩、展字圩圩长开会，商定在白沿的风水宝地上建一座土地堂，统领16个图2个字圩的各座土地庙宇，确保区内风调雨顺，人丁兴盛，五谷丰登，六畜兴旺。

第二年春，路区长及各图长、圩长率第一批香客66人，乘坐4艘香船赴上方山庵堂进香，同时商议建白沿土地堂之事。方萱师太以庵堂最高礼节接待了巨区第一批香客及缘区头领。晚宴上，方萱师太发表了热情洋溢的欢迎词，并表示将助建白沿土地堂作为还愿的头一桩大事，捐赠建堂资金100两纹银，还敬请赠送土地老爷神像一尊，袍服、案桌等用具一整套。遵照方萱师太设想，巨区官员和百姓积极投入建堂工程，1个多月后，白沿土地堂落成，设施齐全，佛教意境十分浓郁，为巨区举办节场、出会活动创造了有利条件。

当年十月，白沿土地堂举行开堂典庆仪式，方萱师太一行四人为土地堂开堂念经、做法事。区内宣卷、鼓手、道士到场庆贺，献上各自的拿手好戏，龙灯队等民俗艺术队作竞技表演。现场人山人海，热闹非凡。

傍晚，方萱师太宣布还愿词。上方山庵堂师太每任40年，届时，新任师太率弟子前来还愿一次。巨区如遇风云变幻，丰歉征兆，有求必应。并以赠送银杏树作为见证。说罢，三个尼姑抬出一棵银杏，师太一行四人，将树栽在原先挖好的泥潭里，浇水、壅土、踩实，并筑一个直径5米的护栏，青砖侧竖拦成斜角边，栏旁立了块石碑，碑文是宋篆繁体"開寶"二字。方萱师太为银杏解下红绸带，念念有词道："健康成长，造福人民。"接着，师太一行各在树上拍了三下，绕树念经，兜了三圈，又各拍树一下。……人们顿时欢欣鼓舞，现场锣鼓声、鞭炮声响彻云霄。

一月后，光区某图有四人听说那棵银杏的神妙奇事，十分羡慕，一心想把银杏请到自己图的土地堂庙场上。一晚，四人夜渡吴淞江，前往白沿土地堂庙场上"请"银杏树。

到了庙场，四人细细观察，夜深人静，没有异常情况。其中，徐大是个心急之人，见碑就拔，谁知手臂连碑一起入土2尺深，他拼命往外拔，却越拔越深，一时惊慌失措，哇哇直叫。周虎、凌云、驹三见势不妙，丢下手中铁锹，三人用力拉徐大，花了九牛二虎之力，还是无济于事。驹三感觉不对劲，认为一定是仙树施法，便跪在银杏树前求饶道："愚民贼心不良，祈求宽恕……"其余二人也跪拜磕头，不停地求饶。银杏对他们的偷盗行为十分不满，决定教训教训这四人，便施法打了每人一树鞭，打得四人头昏目眩、疼痛难熬而认罪求饶。此时，突然一阵旋风将四人卷抛到20米外的船舱内。当他们醒来时，大吃一惊，以后再也不做蠢事了。

北宋太平兴国三年（978）春，白沿银杏已长得枝繁叶茂，像一个美丽的姑娘，亭亭玉立，惹人喜爱，游人几乎没有间断过。

一天晚上，白沿村男女老少与往常一样，聚集在银杏树下休闲、聊天、玩耍。突然，银杏树摇晃个不停，枝干金光闪闪，枝叶下绽放出一束束银白色的光芒，好像成千上万朵花。花蝶、蜜蜂成群结队地一拥而上，忙碌不停地采蜜，如同在表演舞蹈，光彩夺目。上空，成千上万的蜻蜓来回飞舞，形成又一美景。半个时辰后，奇观消退，一位长者说道："今晚，大家难得观赏到奇景，算是饱赏了眼福。"

果然，秋冬之交，采摘银杏10石。此后，每年可收银杏13到15石，由建立土地堂的白沿、西白沿、北白沿轮流收取交售，负责一年内土地堂活动以及制作土地老爷衣袍等的经费。这是白沿银杏对当地百姓的回报。

白沿人观赏到开花奇观之事传遍昆山各地，各地香客慕名前来进香，观赏神奇的银杏树。人们都关注着果实如何采摘这件大事。正在疑惑之时，一天深夜，入睡的路区长和陈图长、马图长同时梦见银杏仙姑。她请区长、图长观看了赤黄色的灵眼硕果，这种果实内质细腻，营养丰富，有一定的药用价值，是昆山地区独一无二的良种，成了市场上的抢手货。说罢，仙姑叫区长、图长们在银杏护栏边的石凳上坐下，仙姑伸手抓了一把熟灵眼放在碟子里，又捧出三杯清香浓郁的绿茶，请三位品尝。三位喝茶食灵眼，顿感精神焕发，连声称道："赞，赞，赞！"路区长问仙姑："今熟可获多少？"仙姑答："10石有余。"陈图长、马图长指着树说："这么高大一树，怎么采摘？"仙姑笑道："每年秋冬之交时为落果日，此日晚九时前，你们在树下铺好布即可。"说罢，仙姑便消失得无影无踪了。区长、图长醒来发现自己却在床上，难道银杏仙姑托梦特意阐明了落果日？

天一亮，马图长下床急匆匆找路区长，两人异口同声地说："昨晚仙姑托梦，秋冬之交为落果日。"两人商议后，让马图长通知白沿采果单位做好准备，在秋冬交时前于银杏树下摊好篷布，迎候落果。

到了那日，人们焚香点烛，迎候硕果坠落。九时许，只见银杏枝金光闪烁，粗大的树身唰唰抖动起来，枝干上的银杏果几乎一下子全部掉在篷布上。人们挑的挑，扛的扛，开心地把十几石果实全部入库，并贴出告示，分批销售。

从此，白沿村年年在落果日收取果实，按规交售，年终公示收支账目，大家都十分满意。

1953年，白沿古银杏被村民砍掉后，用于建造联村办公室和白沿小学校舍。据传，当时古银杏树龄近千岁，树围达6.2米，树高约18.8米，在昆山实属罕见。

"死角村"走出多条富裕路

南圩村，位于陆家镇的西南部，原为陆家镇一个行政村，2001年8月，在区划调整中，撤销南圩村村民委员会，与陈巷合并建立陈巷村村民委员会。此后，在整合资源、加快城乡一体化建设中，建成了宜居宜业的现代化新农村。

南圩村地处陆家镇西南部，原是一个"死角村"，农民收入主要来源于农业生产。在南圩村北片原先有200多亩低洼田，产量一直不高，农民收入微薄。党的十一届三中全会后，村党支部一班人下定决心调整产业结构，准备把低洼田改造成鱼塘，发展水产养殖业。

想法虽好，但是要把这200多亩低洼田全部改造成全塘，并非一件轻而易举的事情。村党支部一班人一边踏田实地勘察，一边坐下来召开专题会，讨论确定了一个五年改造规划。

俗话说："一口吃不成一个胖子。"村委会制订的第一年计划是在冬季完成9组60亩低洼田的改塘任务。

在改塘过程中，村主任、农副业社社长为正、副指挥，民兵营长带领28名青年民兵组成挖塘突击队。队员们顶着寒风，起早贪黑，整整花了21天时间，终于挖成了4口小塘和2口大塘，并指定3名队员负责养殖。

在养殖过程中，队员们向镇里的农技人员请教专业知识，向邻村的水产养殖户请教养殖经验，精选鱼种，投放量足，科学喂养，管理得当。第一年，村鱼塘就实现了亩产鱼550公斤，获得了可观的经济效益。

良好的经济效益极大地鼓舞了村民们投入水产养殖的信心。此后，南圩村先后花了5年时间，完成低洼田改塘任务263.50亩、河沟水面25亩。为了更好地提高经济效益，南圩村又制定了特种水产养殖方案。在村干部的带领下，南圩村的老百姓用决心和信心，以及勤劳和汗水，换来了水产养殖的累累硕果。据统计，在1999年前后，南圩村平均每年精养塘收入达26.50万元。勤劳的汗水浇开了水产养殖的幸福花。

为了利用低洼田改塘进行水产养殖，南圩村党支部还积极拓宽蔬菜种植新路子，又为村民们找到了一条致富路。

1987年，南圩村在6组建立了第一个20亩的蔬菜基地，由村委会选定一名经验丰富的老农民负责种植业务，村农副业社社长负责技术指导。

在这个新的蔬菜基地上，村党支部大胆地试种反季型、营养型、效益型蔬菜新品种，并且大胆使用新农药、新技术、新方法。结果，当年上市各类新鲜蔬菜2万多公斤，经济效益十分可观。

这一成功经验，让村党支部一班人看到了希望。在一次支部大会上，村党支部书记提出："南圩要富，发展种植业是一条必由之路。"此话一出，大家一致认同。南圩村的党员干部群众都十分支持这项事业，大家你一言，我一语，畅所欲言，纷纷为提高种植业生产献计献策。

据统计，1999年，南圩村共种植荷仁豆、西瓜、甘蔗、黄姜、日本蚕豆等380亩，又引进种植日本洋葱20亩。另外，南圩村在187亩旱地上种植了40多个品种的经济作物。当年上市各类蔬菜约15万公斤，产生效益超15万元。

南圩村拓宽种植、养殖业路子，收到了良好的经济效益。据统计，1998年，南圩村到账收入76.6万元。农民逐步富裕，集体经济也得到巩固和壮大。

但是，南圩村党支部一班人却并不满足，而是提出了"一个加强，两个盯住，三个到位"的新思路。

"一个加强"，即村干部加强示范引路，每开发一个种植新品，7名村干部个人筹资参与种植业，摸索经验后推广到户，打有把握之仗。"两个盯住"，即盯住所有种植、养殖基地，瞄准大市场，扩种扩养市场需求的"奇、特、新"品种，增加经济效益和社会效益。同时，要盯住农业创汇产品，为特种产品销路增添后劲。"三个到位"，即技术、资金、服务到位，让农户种得放心、养得称心、收得开心。

如何把"一个加强，两个盯住，三个到位"的新思路宣传好、落实好？南圩村党支部决定重点抓好一支队伍，那就是村里的年轻人。村党支部将"把青年引上正路""鼓励青年带头创业"的光荣重担交给了团支部、民兵营。

村团支部书记和民兵营营长为此分头走访了村里的青年团员和基干民兵，深入了解年轻人的思想动态及其志向，广泛征求年轻人的创业愿望和需求。针对青年骨干在村办企业的实际情况，制订了"一建二学三开展"的规划，除了办好"青年之家"，丰富业余文化生活，陶冶青年情操，还定期召开青年骨干会议，提高思想素质。同时，组织青年外出学习各类科学养殖和种植知识，帮助有创业意愿的年轻人自主创业，为其提供各种便利条件。

在改革开放的大背景下，在村党支部的支持和指导下，南圩村的年轻人解放思想，大胆创业，承包鱼塘进行水产养殖，承包蔬菜种植基地进行特种产品种植，在市场经济的浪潮里奋勇搏击，开创了自己的事业，富了自己的口袋，也为村经济建设作出了一定的贡献。

南圩村，曾经在老一辈村民眼中的"死角村"，在村党支部的带领下，走出了多条创业富裕路。

改革开放的春风，吹开了水产养殖的幸福花，拓宽了特种产品种植的新途径，在村党支部的积极引导和带领下，南圩村调整产业结构，调优种养品种，拓宽了致富路子，富裕了一方百姓。

第二篇 陆家：人间胜境

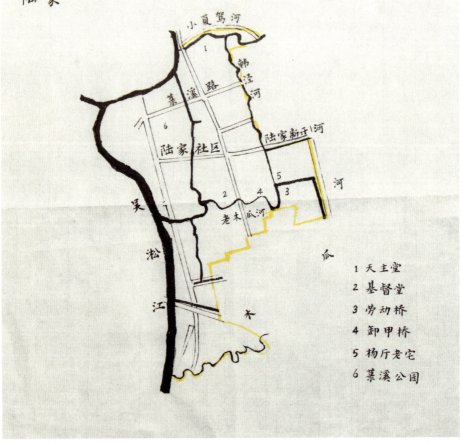

陆家手绘地图

人间胜境在陆家

陆家村，位于陆家镇东南部。东与邹家角村及花桥镇集善村交界，南与花桥镇金城村毗邻，西濒吴淞江及夏驾河，与陈巷村、神童泾村隔水相望，北与夏桥村、邹家角村相连。312国道沿村北境穿村而过，苏州轨道交通11号线地铁口在陆家境内，水陆交通便捷。

陆家村，曾名"菉葭村"，早在新石器时代就有先民在此从事生产、劳作。民国元年（1912），此地属昆山县菉葭乡。1958年，建菉葭人民公社，后改称"菉葭大队"。1966年，改菉葭为陆家。1983年，陆家大队改建为陆家村。2008年，陆家村与渔业村合并成新的陆家村。

小夏街（又名"小夏驾"），是陆家村比较繁华的一个自然村，因村庄建在夏驾河下游，为与当时的夏驾桥镇区别，当地百姓称此地为"小夏驾"。小夏驾河上建有一座小夏驾桥，是通向夏驾桥镇、陆家浜火车站的必经之路。

在陆家村境内，江河纵横，水资源丰富。2008年，合并到陆家村的渔业村村里大多数是渔民。在新中国成立前，渔民一户一船，以船为家，漂泊江湖，世代以捕捞为生。渔民们日夜操劳，但收益低微，遇上自然灾害或者战乱动荡，渔民们只能过着食不果腹、衣不蔽体的穷苦日子。清同治时期，陆家天主教堂在菉葭浜镇境内建成，渔民们大多信奉天主教。新中国成立后，政府重视渔业生产，关心渔民生活，鼓励渔民上岸居住，并且建立渔民协会，成立互助组、新风渔业合作社，逐步走上集体化道路。渔民依靠集体经济的力量，发展捕捞生产和水产养殖业，扩展多种经营路子，渔民的生活像芝麻开花节节高。

陆家村有一个自然村名叫"黄泥浜"，村东北侧有块高地，地上矗立着两座贞节牌坊，四柱两塔，庄严肃穆，传颂着村上沈氏、张氏丧偶后终身守寡的忠贞故事。

南宋时，黄泥浜高地东侧有一条无名小浜，浜上独居一户，户主名叫陈阿小，人称"菉葭浜第一吃客"。菉葭镇上的饭店、酒家、熟切店烧煮新菜品，都得请他第一个品尝定论，连昆山、苏州等地也请他评点扬名，此人在美食界赫赫有名。奇怪的是，陈阿小无田无地，浪荡社会却出手大方。白天家中大门紧闭，晚上却是灯火通明，时间一长，人们才知他是沪宁一带的丐帮头领。一天晚上，金兵入侵陈宅，却被丐帮兄弟一举歼灭。陈阿小成为抗金勇士，受到韩世忠将军的接见，并获赏银百两。陈阿小将这笔赏银用来在北市梢建造北更楼，丐帮兄弟义务轮流敲更，确保一方平安。从此，无名浜被称为"叫化浜"。

陆家村是一个环绕镇中心的行政村，境内有黄泥浜、玉皇殿、韩泾、陈家浜、小夏桥、渔业等多个自然村。在改革开放的40多年里，陆家村人民发挥得天独厚的地理优势，用自己的勤劳和智慧创造了一个又一个成果。陆家村先后被评为江苏省卫生村、江苏省生态村、江苏省文明村、苏州市亿万农民健康促进行动先进村，这些荣誉已不足以展现陆家村的风采。走进繁华热闹的街市，走进环境优美的社区，人们发现，昔日的陆家村早已脱胎换骨，变了模样。

随着陆家村经济建设的不断发展，人们也创造着更加美好的家园。2008年，随着绿地大道、吴淞江石驳岸、邵村三期滨江大道的建设，吴淞江水面和京沪高铁夏驾河水面的规划，许多渔民放弃了祖祖辈辈赖以生存的渔业，纷纷走上岸来，搬进了环境优美、设施齐全的渔业新村，在村委会的帮助下，参加岗位培训，在新的工作岗位创造更加美好的生活。

在素有"外向明星镇"称号的陆家镇的经济辐射下，陆家村的经济也是蓬勃发展。村委会把经济发展作为工作的重中之重，结合本村的实际情况，村委会积极盘活存量资产，修建出租厂房，发展二、三产业。在新农村建设的精神指导下，村委会加强基础设施建设和全村环境综合整治工作，同时做好村民的农保、社保、医保等保障工作。

生活在陆家村，早已没有了渔民、农民和居民的区别，生活是一天比一天美好。村民们的住宅从草屋到平房到楼房再到别墅洋房，汽车、高档电器也进入每家每户，村民们还享受社会五项保障，与市镇居民一样，过着安居乐业的小康生活。闲下来的老年人，有的参加门球队，有的参加球操队，有的参加夕阳红体操队，还经常到镇里和市里参加比赛，日子过得充实且幸福。

2021年9月，陆家镇将原陆家村管理区域调整至陆家社区。调整后的陆家社区居民委员会管理范围：东起联谊路，西至吴淞江，南起陆家镇与花桥镇交界处，北至夏驾河、联谊路。

陆家社区坚持党建铸魂，创新社区治理，通过开展多元化、全方位的党群志愿服务，擦亮"和谐陆家，服务入家"党建品牌。陆家社区积极开展"我们的节日"等系列活动，积极打造"日知茶社"、"联谊公益坊"、一"陆"阳光志愿者团队等特色品牌，让党建独角戏转为社区大合唱，助推基层组织工作行稳致远；加大服务深度，以暖心服务赢得居民"五星"好评。

陆家社区关注民生实事，造福于民，大力推进农村人居环境整治，因地制宜提升村容村貌。积极引导居民从身边做起、从点滴做起，牢固树立垃圾分类意识。同时，通过建立和完善一户一档，进一步织密"微网格"，筑起安全"大

陆家境内乐溪公园

防线"，确保社区安定有序，提升居民的安全感和满意度。

勤劳勇敢的陆家村人，经历了历史沧桑巨变，大胆改革创新，抓住城乡一体化建设的有利机遇，加快现代化小城镇和新农村建设步伐，努力把家乡建设成具有时代特征的社会主义新农村，成为人民群众安居乐业、共享幸福的人间胜境。

韩世忠与卸甲桥

陆家村地处昆山东南部，原名"菉葭"，又名"陆家浜"，盛产芦苇、水稻，水产资源丰富，人称"鱼米之乡"。陆家村凭借水陆交通便捷、地理环境优越、自然资源多样等优势，成为商贸集散地，为兵家和各地商贾、投资者所瞩目。

在陆家浜南市梢，有一条木瓜河，西连吴淞江，东接韩泾滩。600多年前，木瓜河两岸，木瓜树、杨树、构树、桑树、榆树、槐树林立，尤以木瓜路景观为甚。春夏季节盛开出蓝白花朵，花落之后结成一个个青色的木瓜。此道路的景观别具一格，木瓜散发出阵阵清香，使路人回味无穷，故名"木瓜路"。

在木瓜河上，有一座简朴的花岗岩石板桥，虽然历经了700余年的沧桑岁月，桥面布满了斑驳，但侧面镂刻的"卸甲桥"3个字，仍然清晰可辨。在当地民间传说中，此桥与韩世忠还有一段渊源。

相传，当年南宋将领韩世忠在黄天荡一带打败金兀术以后，金兵败阵南逃，沿吴淞江进入陆家浜，一路上过河拆桥，企图阻拦韩军的追击。韩世忠率领部下马不停蹄，一路挥戈追击金兵，涉水进驻吴淞江畔的陆家浜地段。

当时，陆家浜百姓听闻韩世忠带领的部队即将进入陆家浜镇，深受金兵入侵之苦的百姓们激动得奔走相告。他们久慕韩世忠大将军、夫人梁红玉的英雄事迹和赫赫战绩，准备前来迎接大英雄。

由于韩世忠部队是从吴淞江水路过来的，准备在陆家浜镇南万安桥渡口上岸，到陆家浜镇上就必须经过木瓜河。但当时的木瓜河上没有一座桥。为了让韩世忠部队不走弯路，大家商量后决定在镇南市梢黄泥浜与木瓜河交汇处搭建一座小桥。

卸甲桥

第二天，小镇上的百姓们纷纷起了个大早，各家各户从家里扛来了木板、船板、木门、毛竹等材料，动作迅速地在河面上临时搭造起一座小木桥。有商家还拿来了挂灯彩旗，小半天工夫，一座小木桥就架在了河面上。只见桥的两侧张灯结彩，旌旗招展，当地有名的陆家浜鼓手班子整装一新，在桥头迎接，周围的百姓们扶老携幼，守候在桥边，准备迎接韩世忠部队。

不久，河对岸军号声声，渐渐出现了一支装束整齐的部队，迎候在岸边的百姓们立即热情欢呼："韩将军来喽！"

只见陆家浜鼓手班主，人称"神鼓手"的徐金堂，"啪"地翻了一个腾空跟斗，用倒挂的脚在事先悬挂好的大堂鼓上点了三下，人一落地，又利索地从袖口里抽出两根系着红绸带的棒槌，"咚咚咚……"从慢到快，由轻到重，一连敲了二十一响，棒槌举过头顶，然后迅速棒对棒拉成"一"字形。点鼓指挥朱福高在板鼓上"的的刮刮"敲了七十二响后，排列在两旁的鼓手们开始起劲地敲起走马锣鼓。三个回合之后，陆全兴吹响了唢呐引子，紧接着一班人马齐上阵，喇叭、笛子、二胡齐奏，把一曲《将军令》吹奏得高亢、优美、气势磅礴，让人们听了精神振奋、豪情万丈。

再说那韩世忠将军和夫人梁红玉下了战马后，步行来到小木桥上，向河岸边欢迎的百姓们拱手致谢。看到民间的鼓手班子在吹奏迎宾曲，韩世忠便高兴地卸下身上厚重的盔甲，放松心情，与夫人梁红玉一起认真地聆听。

看到韩将军卸甲聆听，陆家浜鼓手中擅长自编自唱的黄世富，更是起劲，他现编现唱了一段"小热昏"《韩军抗金美名扬》，直唱得围观百姓连连拍掌。黄世富九腔十八调，把一段"小热昏"唱得叫好声连连。突然，他手上太用力，二胡上的一根弦断了，黄世富干脆就单弦拉唱，把欢迎韩军的氛围又推向了高潮。韩将军手下的士兵个个拍掌叫好，现场一片掌声雷动。

鼓乐声息，余音绕耳。韩世忠面对陆家浜百姓的盛情，再次拱手致谢，并高声赞扬道："陆家浜鼓乐真好听！陆家浜百姓真热情！"

在陆家浜百姓的一片欢呼声中，韩世忠一行走过小木桥，此时，军号声声，八千铁军长龙穿梭过河，场面十分壮观。韩军将士一路前行，在木瓜河附近一处开阔的河滩安营驻扎，密密麻麻的士兵训练有素地按队形向西整齐排列，然后一队一队卸下盔甲。

士兵们运粮、运草，埋锅造饭。千余米长的河滩上不久便升起了袅袅炊烟，地保带着老百姓送来当地的特色美食，犒劳韩军官兵。殷阜镇桑氏姐妹亲自下厨，为韩军烧煮豆制品特色菜肴。由此，桑氏豆制品成了韩军官兵伙食中的素菜佳肴。而陆家浜糖枣店送来的糖枣香甜松脆，赢得了巾帼英雄梁红玉的赞誉，陆家浜糖枣因而也被作为韩世忠部队的必备点心，陆家浜糖枣有了"军点心"的雅称。

部队休整了三天后，韩世忠率领大军告别陆家浜百姓，一路挥戈北上，追击金兵。为了纪念这段历史，当地百姓把韩军官兵安营驻扎的河滩称作"韩军滩"。

而当时在木瓜河上临时搭建的小木桥，因为韩世忠曾在桥上卸甲听乐，陆家浜几个知名士绅商议后，联合出资建造了一座平板石桥，命名为"卸甲桥"，并在离桥不远的地方建造了一座庙宇，当地百姓称之为"玉皇殿"，以纪念韩世忠、梁红玉夫妇的抗金业绩。

韩世忠与韩泾村

陆家村有个自然村叫韩泾村，村庄位于韩泾河畔。韩泾河两岸，粉墙黛瓦，居住着数百户人家。相传，韩泾村这个地方曾经驻扎过抗金名将韩世忠带领的宋军。

南宋时期，在一个秋高气爽的下午，从陆家村东南角方向，突然传来声声军号。好奇的百姓引颈踮足张望，发现从吴淞江万安桥渡口上来了一队兵马，前面旗牌官开道，旗帜上写着一个"韩"字，一男一女两名将帅骑着高头大马走在前面，后面跟着的是一眼望不到尾的队伍，如铁军长龙，连绵不断。走近了，发现官兵们一个个肩扛兵器，雄赳赳、气昂昂地迎面走来。

将士们沿着木瓜河鱼贯而行，军纪严明，当地百姓纷纷壮着胆子出来观看。镇上的地保殷勤地上前招呼。一番问答，方知眼前一对将帅乃是南宋大元帅韩世忠及其夫人梁红玉。原来，韩世忠率领宋军在黄天荡一带打败金兀术后，一路挥戈北上，追击溃退的金兵。听说吴淞江一带民风纯正、物产丰富，便决定将部队留在此地驻扎，休整一段时间。

韩世忠和夫人梁红玉行走在队伍前面，频频向老百姓们挥手致意，两岸黑压压的群众兴高采烈，报以热烈的掌声。宋军大部队一路前行，来到木瓜河附近河滩处，先锋官招呼部队就地驻扎，于是士兵们开始卸下盔甲，安营扎寨。

宋军部队驻扎后，可忙坏了地保，也忙坏了火头军们，运粮、运草，埋锅造饭。1000多米的韩泾河岸，炊烟袅袅，饭香阵阵。战士们经过长途跋涉，非常疲惫，饥肠辘辘时闻到饭菜香味，一个个笑逐颜开，振作了精神。开饭时间一到，大家端起粗瓷大碗，狼吞虎咽地吃了起来。晚饭后，已是掌灯时分，当地老百姓带领一班子吹鼓手等民间艺人，特地前来营地吹奏、演出。激扬的古乐琴弦声，优美的舞姿，宋军将士听得入神，看得入迷。

这时，大元帅帐幕忽然开启，夫人梁红玉神采飞扬地走出营门，兴致勃勃地亮开嗓门，向前来联欢的乡亲们亲切地说道："各位父老乡亲、兄弟姐妹，大军过境惊扰大家了，我代表韩帅，向乡亲们表示歉意，并谢谢你们的关心和爱护，谢谢！"

现场百姓报以热烈的掌声。"韩元帅和夫人辛苦了！大军一定能打败金兀术，取得全面胜利！"

紧接着，梁红玉大声地说："今天，各位乡亲高兴，我也唱一曲苏南小调以表对乡亲们热情的谢意！"乡亲们热烈欢呼，掌声雷动。

"莫道女子无才能，骑马挎枪也精神。打退胡奴百万兵，保家卫国留英名……"

动听的乐曲，优美的歌声，在景色秀丽的江南小镇，在临时驻扎的军营上空回荡，将士们在甜美的气氛中渐渐进入梦乡。

傍晚时分，梁红玉带了一名年轻女兵，前往村里打听情况。她打听到顾大妈家有三间瓦房，只有母子两人居住，儿子又是生意人，为人热情诚恳，就前去拜访。

顾大妈听闻梁红玉是女中豪杰，见梁红玉亲自登门，深感荣幸。当她得知梁红玉要把两名伤兵安排在她家住三天，便一口答应了下来。

梁红玉便吩咐女兵回去叫人把两名伤员抬来，梁红玉对顾大妈说："这两名伤兵非常忠诚，在一次战斗中，为了保护韩元帅中了敌人的箭，希望大妈好生照看。"

顾大妈拍着自己的胸脯说："韩夫人，伤兵兄弟如此英勇，我一定像照顾自己的孩子一样照顾好他们，请您放心！"

士兵们把两名伤兵抬来，顾大妈把他们安排在地板房中，让伤兵舒舒服服地住上三天。临走时，梁红玉把三两白银塞给顾大妈，顾大妈怎么也不肯收，梁红玉激动地说："大妈，你一定要收下的，否则我就把伤兵抬走了！"顾大妈终于含着热泪收下了白银。

在这三天里，顾大妈果真像照顾自己孩子一样照顾着两位伤兵，白天除了煮鱼煮肉给他们吃，以增加营养，还请了当地名医进行医治。三天后，两名伤兵康复了，他们激动地握着大妈的手说："顾大妈！打仗结束后，我们一定会回来看望您老人家！"望着伤兵雄赳赳地重返队伍，顾大妈激动得热泪盈眶，心想："有这样好的元帅、这样英勇的兵，能不打胜仗吗？"

是夜，疲惫的宋军将士先后悠悠进入梦乡。大帐内却灯火通明，韩元帅和夫人梁红玉还没睡，两人端起酒杯，边慢品细酌，边商量着军务，约莫两更时分，这对英雄夫妇和衣而睡。梁红玉头枕心爱的军鼓，侧身偎在韩元帅身旁。而韩世忠则斜倚在铺盖上，头枕一杆方天画戟，双眼微睁，他习惯用耳朵听闻动静。田野里，秋虫唧唧歌吟。树丛里，猫头鹰一声声阴沉的啼鸣，他听得清清楚楚。此刻，周围非常安宁，无异常动静。大帐外，四名卫兵尽职地守卫着大帐，以确保韩元帅夫妇的安全。

韩元帅一夜未合眼，直到五更天才渐渐合眼入睡，可是耳畔已响起了嘹亮的军号声，他急忙睁开眼睛，发觉天已大亮。此时，夫人梁红玉已经起床，坐在韩元帅身边悄悄梳妆。看着夫人谨慎端庄的动作，韩世忠微笑着说："男人虽阳刚，女子亦飒爽。姑娘身边坐，韩某更豪强！"

大帅帐篷内欢乐爽朗的笑声，在晨风中飘荡，它鼓舞着宋军将士团结一心，去为国夺取更大的胜利！

休整三天后，韩世忠率领宋军告别陆家的父老乡亲，一路挥戈北上追击金兵。因宋朝大元帅曾在此驻扎精兵，当地老百姓便把宋军驻扎住宿的地方叫作"韩军滩"，也称"韩泾滩"。后来，附近的村庄更名为"韩泾村"，名称一直保留至今。

康熙与陆家段龙

作为中国民间文化艺术（龙舞）之乡的陆家，以"段龙舞"享誉全国。段龙舞曾入选《中国民族民间舞蹈集成》，2016年入选江苏省非物质文化遗产扩展项目名录。相传，清朝康熙皇帝与陆家段龙还有一段渊源。

康熙四十四年（1705），康熙皇帝第五次下江南。这一日，康熙皇帝一行微服来到吴淞江畔的陆家浜游玩。但见沪渎通济桥上人来人往，两岸摆满了摊位，小商贩们的吆喝声此起彼伏。康熙皇帝边走边看，被一个竹器摊位吸引了注意力。地面上摆满了琳琅满目的各类竹器，康熙皇帝随手拿起一只竹香炉，赞叹道："没想到用竹子做出来的香炉，也能这么精致好看。"

"这位爷有所不知，这些东西都是老竹匠亲手做的，他可是这里有名的竹器大师，他做的竹器总是供不应求。"小商贩说道。

"噢？是吗？看他这手艺，好像确实不错。"

"怎么？这位爷不相信？"小商贩看出这是位外来贵客，便骄傲地说道："老竹匠最大的本事就是做段龙，尤其是那个龙头，那叫一个活灵活现。"

"什么段龙？"康熙皇帝一听这话来了兴致。

"这个就说来话长了。"小商贩要忙着做生意，也不想与客人多聊天。"这位爷若想看段龙，前面的龙王庙里供着呢。明天庙会上有段龙舞表演，到时候场面可热闹了。"

小商贩的一席话勾起了康熙皇帝的好奇心，他便想前往龙王庙一探究竟。

沪渎龙王庙就在沪渎通济桥的东南方，康熙皇帝走过大江南北，什么样的庙宇没有见过？眼前这座龙王庙在康熙皇帝眼里，再普通不过了。然而，等康熙踏进龙王庙正殿时，眼前的景象却让这位真龙天子面色凝重、双眉紧锁。

原来，在这正殿之上供放着一个形象逼真的龙头，怪异之处在于，旁边还并排摆放着几段龙身、龙尾。民间的舞龙千姿百态，各具特色，康熙也见识过不少，都是龙头、龙身、龙尾完整连在一起的龙，可是眼前的这条龙虽然造型别致，龙头、龙身、龙尾却是断开来的，好像被人刻意斩断的样子。

康熙皇帝看到眼前这幅怪异的场景，自然龙颜不悦。身边的侍卫更是个个胆战心惊，不敢吭声。康熙皇帝思虑片刻后，轻声吩咐手下侍卫："我要找那个制龙的老竹匠。"

康熙皇帝在侍卫的带领下，不一会儿就来到了一座农家小院。但见竹篱笆围成的院子里，有一棵桃树，树下摆满了各种式样的竹器，老竹匠正低着头坐在那里刮竹篾。

"老人家，这么晚了，你还在干活啊？"康熙皇帝主动上前打招呼。

"手艺人，不勤快点，怎么能养家糊口？"

"这是什么？"康熙指着地上的竹屑。

"这是竹衣。"

康熙皇帝又指着一堆篾黄问道："那是什么？"

"那是竹肉。"

在江南农村，人们习惯在刮竹篾之后，把外面的一层表皮叫作"篾青"，里面的东西叫作"篾黄"。世代传下来的叫法却在清朝遇到了麻烦。因为"篾青"与"灭清"同音，"篾黄"又有"灭皇"的嫌疑，所以民间百姓不敢再叫"篾青""篾黄"。

老竹匠机智的回答让康熙皇帝龙颜大悦，禁不住称赞道："竹皮、竹肉，百姓心诚也！"

老竹匠热情地邀请客人落座，并沏上茶水："这位爷，请坐，来喝点茶。"

"听说龙王庙里的段龙，是出自老人家的手艺？"

"是啊，承蒙乡亲们照顾，每年的段龙都是由小民亲手制作的。"

"我有一事请教，这里的段龙为何与别处不同，要身首分离呢？"闲聊了几句话，康熙皇帝终于问出了自己的疑惑。

"说起段龙啊，那的确与众不同，这是我们陆家浜特有的神龙。"老竹匠喝一口茶水，脸上带着一种虔诚的神情，"这里还有一个传说呢。"

在陆家浜这个地方，世代流传着一个美丽的传说。远古时期，有一年陆家浜大旱，庄稼枯死，民不聊生，龙王七太子不忍百姓遭殃，违反天规，私降大雨，天庭恼怒，将其斩成九段。陆家浜百姓为了感谢七太子，建了龙王庙，用竹篾编成龙头、龙体、龙尾，糊上白纸，用毛笔为龙画鳞点睛，供在龙王殿上，并将每年的农历三月十八定为七太子祭日。祭祀结束后，百姓舞起段龙，敲起锣鼓。从此，段龙舞在陆家浜应运而生，当地百姓用这种独特的段龙舞来祈祷国泰民安、风调雨顺，表达欢度佳节、欢庆丰收的喜悦心情，以及舞者对贵宾驾临的敬意和热情。

听了老竹匠的介绍，康熙皇帝心有领悟，不同地域有不同风俗，所谓的段龙，并非如自己先前担心的是有人恶意为之，而是百姓对美好愿望的一种表达和企盼。心结一打开，康熙皇帝的心情更加好了，连那杯普通的茶水也喝出了别样的味道。

"如此看来，这段龙确实是大义之龙啊！"康熙皇帝赞叹一番后，又问道："我还有一事不解，这分开的段龙怎么能舞得起来呢？"

"这位爷，您有所不知，我们这段龙的神奇之处就在这里，看似一段一段

陆家段龙舞新景

分开，舞起来却是一条活灵活现的真龙啊！正所谓形断神不断！"老竹匠一说起段龙舞来，顿时眉飞色舞："这样吧，明天正好是农历三月十八，龙王庙前要表演段龙舞，我孙子沈家宝舞龙头，这位爷请一定要来观赏哪！"

第二天，龙王庙广场前锣鼓喧天，鼓乐齐鸣。经过一番祭奠之礼，段龙被请出了龙王庙。但见10余名年轻后生各持一节龙体，每节龙体长约1米，直径约50厘米，龙身彩绘，下部安置木柄，供舞龙人用手抓握，随着鼓乐的节奏开始舞动起来。

在富有激情的鼓乐声中，方才还节节分开的段龙，在舞龙人的奔跑跳跃中，仿佛真龙附体，时而昂首如飞腾于云天之上，时而低回若游于波涛之中，引得围观百姓个个拍掌叫好。

在舞龙人当中，最引人注目的就是那位手持龙头的年轻后生。但见此人虎背熊腰，舞起龙头来真是虎虎生威、出神入化，龙腾虎跃间，把段龙的神韵展现得淋漓尽致。

看着眼前段龙舞的精彩表演，康熙皇帝手中那把折扇多次击在掌中，开口叫好："段龙舞，独具魅力也，段龙神韵，震撼人心乎！"

龚家坟轶事

旧时，在陆家村境内（木瓜河东湾，原菉葭小学东侧）有一座古墓，当地百姓称之为"龚家坟"。

古墓气势宏伟，坐北朝南，占地1.5亩，西、北、东三面环水，呈簸箕状，地形独特。古墓前有两尊石人相对而立，墓基中心左右有两匹石马，巍然挺立，目光炯炯，远视前方。前面坐落四只石羊，再前面朝南，两尊石狮张牙舞爪，使人心生敬畏。墓前中央高耸着一根花岗岩大旗杆，高6米许。古墓南方不远处，有一条无名小浜，约80米长、20米宽，由东出口流入潘正浦。小河浜可供龚氏家族祭祀时用的船只停泊。古墓周围松柏常青,环境优美僻静。

古墓在陆家浜有着多种版本的传说和秘闻,流传至今。

相传,墓穴里安葬着一位清代官员,姓龚,名不详,是上海松江府人,官职是炮台督导官,负责看守吴淞口炮台。鸦片战争爆发后,清政府软弱无能,英军气焰嚣张,直逼吴淞口,炮台口失守,清军战败。道光二十二年(1842),英军迫使清政府签订不平等的《南京条约》。道光皇帝下旨,把龚督导押往京城斩首。

龚氏是官宦世家,代代为官,实力雄厚,为体面办丧,决定为龚督导佩装"金首"隆重入葬。同时,四处寻找著名的风水先生,挑选最佳墓葬宝地。传说,为防止"金首"被盗,拟建有72座龚氏墓地,以混淆视听。在上海青浦赵屯桥三江口处也有龚氏坟墓,可见龚氏当时的名望极盛。

龚家四处寻宝地、建坟墓,为后代造福,以求东山再起,永葆家族昌盛。道光二十二年(1842)农历九月初的一天,阳光明媚,秋风送爽。几名风水先生从松江出发,在龚家人的陪同下,前往昆山探查墓地,从吴淞江水路而来,到了菉葭浜境地。其中一人说道:"此处菉葭浜很有名气,可以进去看看。"于是,船只沿木瓜河往东至韩泾河口。三人上岸仔细观察地形,用夹盘一测,思忖片刻,不语许久。另一人说:"这里地势高燥,三面环河,水清地灵,坐北朝南,是子孙后代发迹不息的灵地。"龚家人听罢,当即决定买下这块风水宝地,遂去找此地的主人商议,最后以重金买下,当日回松江。

第二天,龚家派遣30多人至宝地,规划建造墓基。请道士先生先做了三场道场,第一场为期七天,开挖典礼仪式十分隆重;第二场为期五天,工匠进场,选购材料,搭建工棚和进行基础设施布局;第三场为期三天,举行引领新墓入灵仪式,拜谢周围百姓。据说,龚家坟起建经历半年多时间,耗用大量石料精雕细刻,使用的石粉、胶矾不计其数。工程之浩大、使用人力之多,为当时之最。

龚家坟不但建造精细,而且十分讲究。开挖前再请阴阳先生卜卦,看风水，定穴门方位。造墓开工后，处处有人监督，把控细节，不惜一切代价。因此，建墓工程隆重，来往参观的四乡八里的民众达数千人次。建成后，举行了坟地祭祀仪式，供设牛头、马头、猪头、羊头等物品拜祭，举行了一天的太平道场，热闹非凡。当晚设宴，招待造墓者及随行人员。据说，当晚亲朋好友都原地留宿墓基上，之后陆续回松江。

道光二十三年（1843）清明这一天，从松江移送龚督导棺木灵柩入新墓地，举行了隆重的落葬仪式。随行人员众多，仪仗队肃立两旁，护卫棺椁进墓。特邀有名的道士进场，再做两场对台道场，携全家人员叩拜，寄托小辈的哀思。墓穴上搭棚，上面用红毯子覆盖，放铳二十一响后封墓。举行肃立、拜天、拜地、谢百姓仪式。随后，款待亲朋及随行人员，大摆酒席，场面热闹。三天后散去，留两人守墓，其余人返程。宴席后剩下的物资分发给周边百姓人家，以示谢意。

一年后，传闻四起，说是在龚家坟正南方不远处的玉皇殿庙顶上，深夜有瓦片响声，且声响巨大，如人在屋面上走动发出的声音。几次惊动看庙的夫妇俩，深夜起来查看，却未曾发现异常。为保安宁，在庙里摆上香斋佛，却不见成效。人们开始议论纷纷，不知缘何如此，也有人主张应请高僧卜卦。之后，集各方高僧之见，认为龚家坟风水旺盛，正对玉皇殿，声响是深夜石马外出巡视跳过玉皇殿屋脊所致。各路高僧一致认为玉皇殿庙顶需加高三尺以上，方能镇定风水。待玉皇殿屋顶加高后，果然灵验，深夜庙顶风平浪静，无声无息。但是，没过多久，有百姓反映，深夜龚家坟马嘶声不绝，甚至不少人还看到马群在龚家坟河边奔跑，吓得周围人家紧关门户。

又过了一年，又发生怪事。菉葭浜镇中有座跨街楼的曹家馆饭店，在当时是较有名气的面店，天天早上顾客盈门，生意兴隆。有一天早晨，店里下好了一锅面，准备捞起上桌，就在店主转身捞面时，奇怪的事情发生了：原来满满一锅面居然只剩下小半锅了。店里的食客纷纷上前查看，异口同声地说道："仙气。"人人面面相觑，店主哭笑不得。

这种现象一连出现一月有余，店家思来想去，就是找不到原因。突然，一天中午，一个叫王二的老人跑到饭店，说龚家坟的两个石人嘴上都拖着几根面条。店主一听马上跟随老人到龚家坟探视，果然如老人所说，两个石人嘴上挂着面条。王二说，他在龚家坟旁边割草，无意中望了一眼石人，发现此情，就联想起饭店发生的怪事，才去告诉店主。一语道破天机。从此以后，曹家面馆再也没有发生过少大半锅面的怪事。

在蓑葭浜，有关龚家坟的传说众多：石马半夜嘶叫，惊天动地；坟里灯火明亮，马围着墓基奔跑时，脖子上的铃铛发出恐怖响声；石羊夜晚跑出来撞人；等等。这些传说经常成为当地百姓茶余饭后的谈资，为生活增添一丝乐趣。

1952年，当地政府请石匠师傅将龚家坟上的石旗杆卸下，一开两段。其中一段由身强力壮的8个人扛至南圣堂桥上，加宽桥面方便行人。后来，村民拆除龚家坟，填没墓前小浜，改为水田。

2003年，陆家村境内全面推平坟墓，规划成住宅小区，龚家坟彻底消失。

玉皇殿逸闻

旧时，在陆家村境内分布着11座庙宇，民间有"阴包阳"之说。其中，始建于明代嘉靖年间的玉皇殿，占地面积约6亩，建有亭台楼阁，气势宏伟独特，供奉玉皇大帝等神像数尊，是一座远近闻名的庙宇。玉皇殿香火兴盛，信奉者极多，在民间流传着许多逸闻趣事。

相传，明代时，有一风水先生云游到昆山境内，行至吴淞江拐弯处、木瓜河口的蓑葭境内时立停止步。这时，有几个老百姓迎面走来。风水先生一见，便对这些百姓说："这里地势平坦，适宜农耕，是个好地方。可是，东海龙王的4个儿子经常在吴淞江一带耍技闹腾，一旦兴风作浪，顷刻间暴雨倾盆，吴淞江水位就会暴涨，淹没大批良田。想要解决危难，只有在这里建造一座庙宇，供奉玉皇大帝，保佑一方平安。"

瞬时，风起云涌，东方雾气腾腾，大家定睛一看，风水先生早已不知去向。大家对视片刻，难道是神仙？

大家奔走相告，消息很快传到官府，后经地方官员分析研究，认为有一定道理。随后，官员出言要请高僧查看风水来判断，论定是神赐天意，就选址建造了一座气宇不凡的玉皇殿，起名"香严观"。从此，这一带平静了许多，百姓安居乐业，六畜兴旺。

玉皇殿所在地形独特，庙基高燥，紧靠潘正浦西岸，在镇南市东南侧400米处，三面旱地环抱，东面临水，水陆通行便捷，庙宇规模庞大。南三门、正殿、偏殿、三天门及天库，两廊连通。中间是长方形的天井，用方砖铺设。天井中安置着一个铁铸大香炉，高挺焕然，庙殿建筑共12间。

三门殿前面有一个庙场，约800平方米，场上4棵古银杏成四角排列，棵棵两人环抱有余，参天耸立。场前有一条小河浜，约100米长，20米宽。北岸有石埠滩，专供香客船只停靠。东出口有一座小石桥，响板石面，玲珑独具。过桥南桥堍有一面照墙，东西向排列，黄色墙面，高25米，宽4米。照墙东西两侧各有一棵塔柏，巍然挺拔，高达4米许，四季常青，生气勃勃，独领风骚。

庙后有一座长方形园林，面积500多平方米。园内有百年以上名木数株及榆、桦、柏树等古树，树木高大挺拔，草木茂盛。春天一到，百花齐放，景色悠然，是香客进香拜佛和休闲的好地方，也是鸟类筑巢繁衍的好去处，环境优美，堪称当地之最。

正殿，十八级石阶步步升高，由汉白玉石叠砌。殿内庄严肃穆，高雅别致，四根朱漆支柱油光敞亮。后壁挂着一副楷书对联，上联"玉字澄清好雨知时萌万物"，下联"神州浩瀚寒风驱尽发千花"。室内陈设富丽堂皇，玉皇大帝正坐中央，威风无比。走进三门殿，一派威严，令人生畏。四大金刚肃立，姿态各异，雄壮威武，气宇不凡。

久负盛名的玉皇殿，有着淳厚的民俗风情。每逢庙会节庆，各地百姓不约而同前来供香礼拜。正月初九是玉皇大帝的生日，纪念节庆相当隆重。从昆山各乡镇及太仓、嘉定、青浦、松江、常熟等地远道而来的善男信女，提前三天吃素，部分香客还带来给念经道士的供奉食品。

春节期间，玉皇殿人气更旺。从烧香到做生意，热闹非凡，形式多样。

三天节场，借此机会，商贾前来设摊位做生意。除了当地的商贩，外地的经商者也慕名而来，场面非常热闹。庙中烧香的，庙外买东西的，村上走亲访友的，都汇在一起，人山人海，门庭若市。

还有太仓丝竹队进行吹唱表演，倾听者汇成人流。张浦龙灯表演，宣卷队说唱，精彩非凡，展现了民俗特色。有些年份，有外来马戏团进行精彩的表演，动作敏捷，千姿百态，惊险动人。此外，还有杂技走钢丝表演等，五花八门，是乡土特有的精彩场景。成天待在家里、田里的平民百姓有机会一饱眼福，逢会必到。

庙会上，商贾云集，货物琳琅满目。有临时开设饭店的，预先选址搭棚、遮盖帐篷，砌起临时柴灶。小商品摊位连片，卖香烛的从西庙门出口几乎排到南市梢。饮食类有面、面饼、馒头、馄饨、饭及糖枣、海棠糕、豆腐花之类的点心，用品有刀剪、镜子、木梳、毛巾、肥皂、牙刷、纽扣、针、发夹等，日常用具有竹篮、筛子、提桶、脸盆、碗筷、小脚桶、扫帚、簸箕、纺纱锭子、织布梭子等。商品皆是热门货，百姓采购热烈。庙会，不仅让香客们烧香拜佛，兼具旧时农村集贸市场流通展销的功能。

玉皇殿庙会每年有两次，另一次是农历七月三十，为鬼神节。这天为了出会，各庙派一尊神像代表汇集玉皇殿。玉帝要听取各庙汇报，如某地方犯了多少坏事，某地方善人做了多少好事，某地方灾情怎样，各庙钱粮解了多少，等等。然后玉帝训话，两旁道士连续念经，不断叩拜。同时，众多香客集聚玉皇殿，人群如潮。各地有龙灯队前来表演才艺，菉葭浜舞龙队亦出足风头。年轻健壮的小伙子们不顾天气炎热进行表演，技艺娴熟，动作协调，花样玲珑，凸显优美姿态。龙灯在晚上表演，龙体节节上灯火，灯光五颜六色，在夜幕中好似颗颗连珠明星从天降落人间，点缀出最优美的景观，体现着蓁葭的民俗风情。围观者赞不绝口，流连忘返。

玉皇殿有着数百年历史。1950年，庙里的神像集中烧毁，庙屋留作公共开会场所。1955年后，有蓁葭中学寄宿生借住庙内。1957年，当地民众把玉皇殿庙房拆去，材料运去建筑蓁葭中学。从此，玉皇殿荡然无存。如今只在木瓜河南留下一条香严街，以地名怀旧。

陆家村地名趣闻

杨厅弄

在陆家镇老街的东弄与石皮弄之间有一条杨厅弄，该弄堂宽约2米，全长200余米，花岗岩路面，南北两侧居住着10多户居民。杨厅弄因明清古建筑杨厅得名，在当时的陆家老街也算得上赫赫有名。

今天的杨厅又名"金诚大院"，现存门楼和一进住宅，是昆山市文物保护单位。据史料记载，杨厅始建于清嘉庆元年（1796），相传是昆山富商杨家为大少爷所建的宅府。杨家育有两子，到了成家立业、各立门户的年纪，杨老爷特地请了城里最有名的算命先生为两子测算。算命先生认定长子出南，次子出东为好。因此，杨大少爷的宅府选址在陆家浜。

当时，杨家请了昆山最有名的能工巧匠，历时3年最终建造完成。杨

杨厅

厅占地10亩，前厅为店面跑堂，厅堂门面，上盖四檐瓦棚顶，下竖花岗磨光石柱，红漆大门，墙面上方镶嵌8块对应的磨光青砖，雕刻梅兰竹菊。正厅为杨大少爷家眷的寝室，建筑高雅别致，砖木结构，黑瓦屋面，哺鸡屋脊，檐盖花纹瓦头。后花园为养心休闲地，内设荷花池、假山石、亭廊、花卉苗木、石凳等设施。整个杨厅的围墙高2米，墙头明矾糯米嵌线，花架门窗均嵌鱼鳞纹，落地全部铺设磨光青方砖，整幢建筑散发着大户人家的富贵气息。

据说，在杨厅建造期间，杨老太太数次前往工地监工。杨老太太虽然双目失明，但她靠着一听、二摸、三敲击的方法，全程监督着各位工匠，保证工程质量。因此，建成后的杨厅非常豪华气派，被誉为"陆家浜第一厅"。

杨厅建成后的第二年，杨家为大少爷举办了盛大的婚礼，婚庆排场之豪华可谓陆家浜第一。谁知，婚后半月，杨大少爷突然离家出走，害得大少奶奶独守空房，整天郁郁寡欢。3年后，在夏天的一个傍晚，雷鸣电闪，大雨倾盆，外面有个叫花子走进杨厅弄，站在杨厅外墙门下躲雨。杨家守门老仆看到叫花子后激动地大喊："大少爷回来了！"大少奶奶听到喊声，走过来一看，大吃一惊，连忙叫丫鬟请大少爷进屋。

杨家人发现大少爷回来后，一改以前游手好闲的性格，变得勤快务实。经过一年多的打拼，杨家的生意更加兴旺。孤儿二宝在杨家店堂做学徒，手脚勤快，忠厚老实，杨大少爷做主让他与大少奶奶的丫鬟结婚成家，并出资在杨厅后院造了三间平房。杨家邻居陆阿生子女众多，家境贫寒。杨大少爷送钱上门让其老母治病，又介绍其子建生进银店当学徒，3年后，建生在杨厅弄开办了银匠铺。

在杨大少爷的资助下，居住在杨厅弄附近的居民们，也相继开店做生意。坊间也有传言，说那叫花子不是真的杨大少爷，只不过是长得很像。但总会遭到杨厅弄居民的反驳，杨大少爷乐善好施，附近居民都很拥护他。渐渐地，杨厅弄的人气越来越旺，成了陆家老街上最有名的一条弄堂。

蚬壳滩

在陆家村陈家浜与木瓜河拐弯处有一滩，名叫"蚬壳滩"。滩高2.3米，宽1.2米，全长约17米，全部由蚬壳堆积、泥沙集聚而成。每逢雨过天晴，此处会发出银灰色的光。无论春夏秋冬，都是人们休闲、健身的佳处。

相传，吴淞江东岸的龙王庙附近来了两艘苏北逃难船，一艘是兄长秦显一家四口，另一艘是弟弟秦民一家三口，到此落地安家。为了谋生，兄弟俩逛市勘察，发现陆家浜集市上没有蚬类水产品供应。于是，秦家弟兄俩商定赴周庄白蚬河拖蚬做蚬肉销售生意。

几天后，第一船蚬子运到木瓜河拐弯处，兄弟俩在岸上的树荫下砌了口蒸笼灶。半夜时分开始烧煮蚬子，蚬子煮熟后倒入木制容器，用冷水浇浸，待蚬子遇上冷水，蚬壳自然张开后，一一取出蚬肉，装入箩筐准备上市销售。

一开始，秦显挑上一担蚬肉，带着女儿上市销售。担子一放下，蚬肉醇香扑鼻，吸引了众多购买者。父女俩一人称重，一人收钱，不到一个时辰，一担蚬肉一销而光。后来，秦显又挑上一担上市销售，五六个顾客定了500斤蚬肉，约定下午到船上来取。秦显夫妇俩一盘算，一船蚬子4天后可以卖光，开心得合不上嘴。待秦民一船蚬子赶到，秦显介绍了销售方法及蒸蚬、出笼、浸水、取肉、清壳等程序技巧，并鼓励大家多挣钱，争取早日上岸定居。

一年深秋，秦显载了一船蚬子返回，刚入白淀，突然狂风大作，船只失控，帆下桅倒，船只被卷入漩涡不停打转，危在旦夕。突然，一道电光闪入漩涡，一瞬间，船停止了旋转，风平浪静了。此时，秦显忽然想到大概是陆家浜西行宫城隍为民除妖。当秦显醒悟过来时，蚬船已到原地停靠，他发现对岸西行宫灯火通明。从此，秦家立下规矩，出行前先去西行宫进香，以保太平。

秦家四代人经营蚬肉生意，100多年的艰苦磨合，为陆家人民增加了一道美味佳肴，又为当地增添了一个新地名——"蚬壳滩"。

奶妈坟

旧时，在陆家村鹤塘路南端，原先有个大坟堡，占地半亩多，墓穴堆土直径6米，高3米，属明朝毕姓官员后裔毕公子的奶妈沈氏的墓地，当地人称"奶妈坟"，是鹤塘路上很有名的一个地方。

相传，毕公子祖上三代为官，明朝时，毕家后裔毕景阳迁居陆家浜镇鹤塘路定居。那年，毕景阳夫人生下小公子，一家人都非常欢喜。但是夫人无奶喂养，急坏了家人，四处托人寻找奶妈。正巧，沈氏丈夫参战阵亡，带了刚满月的婴儿逃难来到陆家浜。镇上的曹大妈看到母子俩乞讨为生，十分可怜，便收留了沈氏母子俩。消息一传出，毕家当即派人到曹家商量，聘沈氏为奶妈。

沈氏是个贤良淑德、知书达理、勤劳朴实、有情有义的农家妇女。进了毕家当奶妈后，与毕家人相处融洽，喂奶先喂小公子，喂饱了再喂自己的孩子。沈氏手脚勤快，洗衣做饭样样在行，毕家十分器重她，给她发加倍的薪金，让其享受与家人同等的待遇。沈氏十分满足，非常感激毕家，用心照顾小公子，也希望自己的儿子在毕家长大后，与小公子一样出类拔萃，成为对社会有用的人才。

有一年，毕景阳要去新地方赴任，准备将两个孩子一起带走，把毕家托付给沈氏照管。因为担心沈氏孤苦一人，临别前，希望她能寻个伴作陪。沈氏谢绝了毕公子的好意，说："让我看家，我答应，但是找伴不可以。丈夫为国牺牲，自己甘愿终身守节，忠于丈夫。"毕景阳与夫人听了十分钦佩，竖起大拇指夸赞道："沈奶妈是个真正的忠贞烈女！"

20年后，沈氏年迈病逝。毕景阳夫妇俩以明朝葬礼习俗为奶妈送葬，坟墓建在鹤塘路，人们习惯称之为"奶妈坟"。

叫化仓与叫化浜

陆家，旧时称"蒗葭"，又名"蒗葭浜"，地处昆南水乡集镇。在镇南市梢，横贯着一条蜿蜒悠长的木瓜河，木瓜河以南200米处，有个不起眼的小村庄，房屋简陋低矮，聚集了来自全国各地的难民，住宅名"叫化仓"，住宅东南侧有个小浜，称"叫化浜"。关于这两个地名的来历，要从讨饭帮说起。

相传，南宋时期，金兵入侵，百姓逃至南方。当时，有几户有实力的人家到了蒗葭境内，花钱买房买地，在此落户生根，繁衍后代。还有一些穷苦百姓成群结队，一路乞讨而来，到了木瓜河一带，依河搭建草棚，安顿下来后，因无地可种，平日里以乞讨为生。

因为乞讨人员众多，渐渐形成丐帮。乞讨者出门手中拿一根棒，常带一只破碗，终年不分寒暑，身背褡裢，每天串村进户上门要饭吃。

乞讨者一时粥饭吃饱了，就讨大米、面粉、糕饼及其他食物，装进褡裢里。走累了，就在牛车棚或路边柴堆上歇息一会儿，然后离开继续求乞，一直到下午近晚饭时分才陆续归家。

乞讨者们吃了百家饭，一天下来，百姓人家给的米、糕、面粉等食物之类，数量渐多，种类不少，存积的食物短时间内吃不掉。于是，他们在住宿地中留了一间房专门存放食物。时间一长，仓库里的食物变质、发霉，甚至腐烂。乞讨者只得把它们扔在前面的小河浜中，去喂养鱼虾蟹之类的水产动物。后来，乞讨者经常从仓库里拿出食物来"清仓"，日积月累，成了习惯。人们就把这个地方叫作"叫化仓"。而门前的那个小河浜，也自然被称为"叫化浜"。据说，此地乞讨者最多时，难民房有前后两排20来间，难民房边种植了6株榆树。到了新中国成立前，每棵都长成了参天大树，一人两手都抱不住，树龄估计有150至200年，可见叫化仓的历史之久。

旧时，农户几乎家家养狗，一旦乞讨者被狗咬伤，那就麻烦了，他们赖着不走，敲诈说是"狗咬一口，白米三斗"。一定要拿到大米或铜钿，方肯离开。

叫化浜现景

当地农户家家小心，遇到乞讨者上门讨饭，就立即把狗关起来，以免惹上麻烦。据说，叫化仓里有个名叫蒯根的乞丐，能专门医治被狗咬伤的病者。说是用秘方配成草药来医治狗咬伤口，而且药到病除，但是从不外传。

叫化仓人多势众，出了几个丐帮头子。有些乞丐会在讨饭时趁机作乱、诈骗、敲诈。他们三五成群，策划谋取钱财，对象大都是富裕家庭。相传，有一年初冬，丐帮三人单衣短裤去花家桥讨饭，一路走到鸡鸣塘，看到有一家豪宅围墙高筑，房屋别致高雅。他们打听后得知，原来这是名声在外的富豪——杨家。丐帮三人哭丧着脸，做出一副苦怜相，冷得瑟瑟发抖，进了墙门，见了杨家老爷，跪着求救，诉说自己逃难到此，家里却遇上特大火灾，烧得一无所有，无家可归，一家八口都流散在外讨饭活命，自家本也姓杨，求老爷救救可怜人……杨家老爷信以为真，发了善心，救济丐帮三人大米五斗，还捐送了一批食物、衣裳以及其他生活用品。

还有少数丐帮，会边乞讨边探察乡情，对当地农户摸底，伺机作案，将哪家富裕、田种多少、水车在哪里都弄得清清楚楚。晚上则结伙行窃，破坏农具（主要是水车），趁着夜深人静，暗处留人望风，根据白天看准的目标，窃取水车重要部件，隐藏在人们难以发现的干枯荒坟中，或河浜水滩的荒草丛、野生芦苇中。农户因此不能戽水灌溉庄稼，只得求丐帮头子，常常用三五斗米或钱财去赎回再安装起来。

但是丐帮也有"兔子不吃窝边草"的规矩，不会去破坏靠近镇边的农户人家的水车。大多选择偏远地区，除吴淞江隔江不便外，王家库、花桥、薛家村、景巷村、陆巷、百家村，北至徐里村、河庄里等，都有类似现象发生。

丐帮这种破坏勒索现象给老百姓带来了灾难，影响了社会治安。相传，直到清光绪年间，老百姓联名上告苏州官府，要求对丐帮进行严惩。后来，苏州府出示告示，严禁此类现象发生。一时间，社会治安相对好了起来。

传说，叫化仓一带兴盛时期，叫化仓上有一户姓陈的大户人家，拥有10间平房。陈家无田无地，不见经商做生意，平日里也不偷不抢，不诈不骗。白天，家里关着门，静悄悄的，人影稀少；晚上，家里灯光亮堂，人声鼎沸。周围百姓很少进陈家做客，对这个家庭的了解不多。但是据菉葭浜镇上的百姓讲，镇上有名的吃客陈大麻子就是叫化仓陈家的一位少爷，此人酷爱美食，出手大方。

金兀术溃兵南下，入侵菉葭浜。有一天晚上，上百名金兵趁黑闯入陈家抢劫，只见院中黑影林立，便乱箭齐放，大刀乱砍。突然，陈家大堂油灯齐亮，只见院中几十个稻草人个个满身箭头，被砍得七歪八斜。

正当金兵暗叫不好时，几十片瓦片从四面八方砸向金兵头部，随后，几十个精壮汉子手持三尺木棒从屋内跃出，对着金兵一阵猛打，只打得金兵鬼哭狼嚎，丢下兵器抱头求饶，声称再也不敢冒犯。

陈家兄弟抗击金兵的事迹在菉葭浜传播开来。抗金将领韩世忠和夫人梁红玉闻悉后，召见陈家兄弟，赞其为百姓树立榜样，并且赏银千两，以资鼓励。陈家兄弟领取赏银后，主动出资建造南更楼，并由丐帮兄弟陈阿小任义务敲更手，表达保家卫国的心意。

陈家一战成名，各地丐帮纷纷加盟，陈家在浜上架起一个个船舫，供各地丐帮兄弟规资入仓，船只停靠过夜。叫化仓很快成为苏浙沪第一仓，实力相当雄厚。

新中国成立后，在土地改革中，叫化仓上的人家同样分得土地，成为农民，有田地耕种，生活有了保障。

随着农村经济发展，在区划调整中，叫化仓和叫化浜这两个地名逐渐退出了历史舞台。

许家村的故事

明末清初，在陆家镇一处三面环水的地方，一个占地10亩的建筑拔地而起，这个宅基地高、墙门高雅别致的村庄引起了周边村民的关注。人们纷纷前来观看，只见村庄内小桥流水、绿树成荫、鸟语花香，8棵榉树巍然耸立。这个庄子，把一个充满着古色古香的苏州园林直接搬了进来，其景观一览无余。人们惊叹不已，这么宏伟的建筑，世间少有。

这个村庄内住着这样两户人家，一户是陈家，一户是蔡家。蔡家父子四人，陈家兄弟两个。陈家兄长陈卜隆性格豪爽，为人正直，是个说一不二的君子。在庄子里，陈家有着很好的声誉，庄子里的人对陈家人都很尊敬，特别是对陈卜隆更是赞不绝口。谁家遇到急事、难事了，都会想到陈卜隆，喜欢找他商讨请教，他也会耐心地了解情况，然后细细地分析，最后给出意见或建议。

陈家人肯吃苦，陈卜隆带着兄弟开垦、种植了60多亩耕地，农忙的时候，那么多的地，一家人实在忙不过来，便雇了几个长工，包吃包住，并付上很高的报酬。报酬高自然要求也高，长工们起早贪黑地跟着陈家兄弟下地干活，不能有丝毫懈怠。陈卜隆对种植的要求非常高，如插秧插几棵，两棵之间要留多少的空隙，他都规定得死死的，长工们稍有不用心，他就会让他们拔了重新种。久而久之，长工们也养成了认真做事的习惯。如此一来，陈卜隆的严格也在庄外传开了，得到了许多老农的称赞。

陈卜隆对长工严格要求，对自己更是严上加严。他家种植出来的三麦、油菜、水稻的产量和质量在镇上总是名列前茅，在方圆百里内也是数一数二的。产量高了、质量好了，收入自然就源源不断地增加了。很快，陈家成了种植大户，陈卜隆也成了有钱人。

陈卜隆不仅有钱，更是个有志气的人。在种植上有了成就后，他并没有沾沾自喜，而是开始向副业发展。一开始，他不知道应该从哪方面入手，寻思许久，他决定考察之后再定。在接下来的几个月中，他走访了周边多个乡镇，细心观察后，他发现油车坊很赚钱，而且他们的庄子三面环水，是个有利的地理环境。他对弟弟说："我们可以在江上搭建大船舫，这样就方便前来打油的船只停靠，肯定会吸引更多的客人。"弟弟一听，拍手道："兄长说得对，这样我们就可以在油车坊中做出名声来了。"见弟弟也同意，陈卜隆就说："事不宜迟，我们马上开始行动吧。"

陈卜隆先是安排弟弟把自家后院的几间空闲房屋收拾出来，自己去镇上购置油车坊的工具。在招收工人这件事上，陈卜隆特地请教了镇上几个有经验的人，油车坊的工作不是谁都可以做的，必须懂榨油的技术才行。

当一切准备就绪后，陈家的油车坊在鞭炮声中隆重开业了。一开始来买油的人，多数是看在陈卜隆的面子上，觉得陈卜隆为人好，他的生意自然要支持的。后来，买的人越来越多，是因为陈家的油确实好，不仅油的质量好，服务也好，收费也不高。就这样，一传十，十传百，慕名前来买油、榨油的农户扩散到了周边的花桥、石浦、千灯、张浦等多个乡镇。

陈家的油车坊出名后，庄子里一下子热闹起来，来来往往的都是生意人。

当初陈卜隆设想的大船舫也派上了大用场，每天在里面停靠的船只不计其数。油车坊为陈家带来了可观的经济收入，几年后，陈家的生意越做越红火，成了远近闻名的有钱大户。陈卜隆也成了赫赫有名的油博士。

陈家成了大户后，在庄子里的威望也更高了，陈卜隆更是受到了庄里老老少少的敬重。庄子里有什么重大节日，都会请陈卜隆到场主持或讲话。

这年初秋，庄子里举行做社仪式，这种仪式主要是祈求秋熟丰收，一般都办得很隆重，以显示对神灵的尊敬。那天，陈卜隆同样被请到了仪式现场，并发言献词。

陈卜隆虽然是名人了，却一点也没有名人的架子，依旧彬彬有礼，他说："感谢土地爷这么多年来的照顾，让我们平安生活，祈盼土地爷再次显灵，助这季秋熟丰收。同时，我愿意出资在本地建一座土地庙，来保佑我们这里风调雨顺、五谷丰登，百姓安居乐业、健康幸福。"陈卜隆说完，仪式现场响起了热烈的掌声。庄子里的老人们都啧啧称赞："陈老爷好啊！陈老爷不但自己富裕，还带领大家一起致富，这样的好人不多啊！"

仪式结束后，陈卜隆回到家中，感觉有点累了，便躺在藤椅上休息，不知不觉中，睡意袭来。

迷迷糊糊中，陈卜隆看到有一个老爷爷向他走来，老爷爷长得胖胖的，满脸慈祥。陈卜隆问："您老是哪位呀？我好像从未见过您。"老爷爷抚了抚胡子，哈哈笑道："我姓许，刚刚修成土地爷，无奈无庙赴任。听说陈老爷要建一座土地庙，不知可否让我这个小仙赴任？"陈卜隆听后大喜，说："大仙谦虚了，我求之不得呢！我只知道建庙，却不知到哪里去请土地爷。这次您找上来，真是天意啊！"陈卜隆说后哈哈大笑，这一笑，就把自己从梦中惊醒了。回忆刚才的梦境，历历在目，陈卜隆感叹道："天助我也！"

那年自然又是一个丰收年，老百姓在庆祝的同时也没忘了给土地爷烧香谢恩。陈卜隆把自己的梦跟庄上有威望的几个老人家一说，老人们喜出望外，都说："如果梦想成真，那土地爷肯定会保佑我们庄子百业兴旺的。"

秋收后，陈卜隆马上请来工人，建造土地庙。很快，土地庙落成，取名为"木古寺土地庙"。接着，陈卜隆请了姓许的土地爷赴任。为了纪念这个姓许的土地爷，陈卜隆的庄子被称为"许家村"，从此，代代相传。

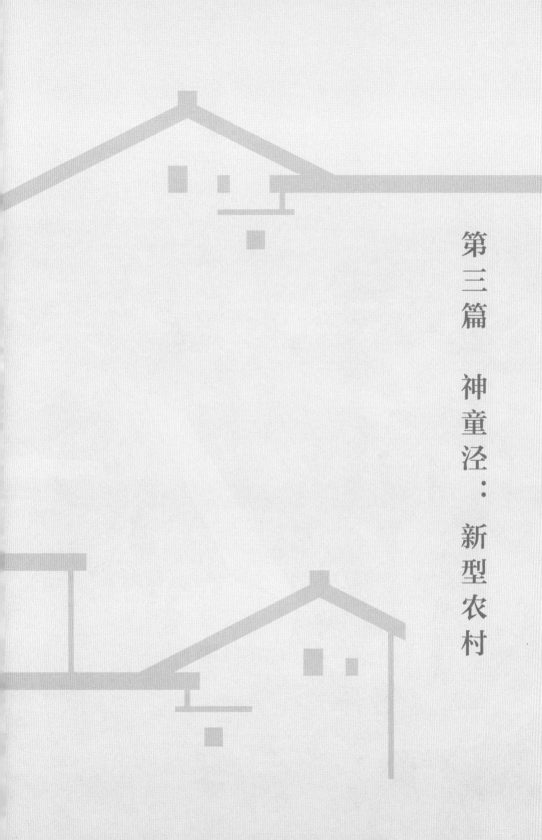

第三篇 神童泾：新型农村

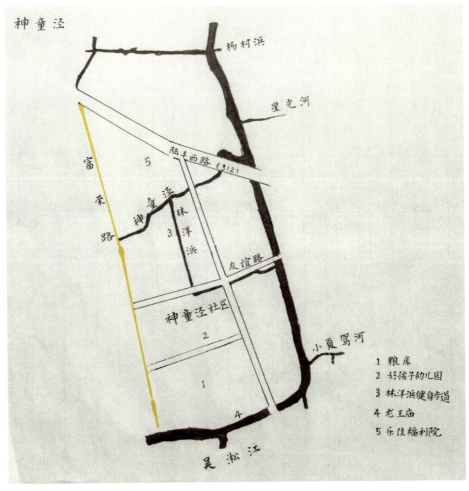

神童泾手绘地图

走在城市社区前列的神童泾

神童泾村，位于陆家镇镇郊接合部，东倚夏驾河与陆家村、夏桥村隔河相望，南临吴淞江与陈巷一衣带水，西至黄浦江中路与昆山开发区中华园街道毗邻，北依车塘河与车塘村接壤，苏州轨道交通11号线地铁口在神童泾境内。

神童泾原先叫"白米囤"，是一个古老的村落，民间流传着许多有趣的传说。

相传，远古时期，在吴淞江与夏驾河之间，有一个古老的村落，地理位置优越，土壤肥沃。村民们日出而作，日落而息，辛勤耕作。此地风调雨顺，不涝不旱，因此五谷丰登，六畜兴旺。老百姓把这里比作吃用不愁的白米囤，于是，"白米囤"就成了这个村落的名字。

可是好景不长，老天突然变了脸，不是一连几个月不下雨，就是一连几个月下雨，使得村民颗粒无收，家家断粮，民不聊生。那么老天为什么会翻脸，连降灾害于白米囤呢？可以说是事出有因。某日，玉皇大帝召集各路神仙，赤脚大仙越班禀奏道："江南有个村落叫'白米囤'，村里人的日子过得开心得不得了，还将村落比作人间天堂。"玉帝听后极为不悦，心想："这些小民如此张扬，口出狂言，竟然忘了是谁给的恩典。"于是让东海龙王听旨："自即日起，白米囤连下半年雨，连出半年日头。"这一下，白米囤的百姓可惨了，出现了"昔日白米囤，今朝啃草根"的凄惨景象。

却说东海龙王同乌鱼精生的儿子，浑身墨黑，被称为"乌龙太子"。因其不是正宗龙子，经常受到歧视，养成了脾气暴躁、行为怪僻的性格，时常不守天庭规矩。赤脚大仙发现后又向天庭打小报告，玉帝大为震怒，派擒龙神到东海把龙王训斥了一顿，将其子就地正法。乌龙太子受刑那日夜里，白米囤一个30多岁的寡妇做了一个奇怪的梦，梦见一条形状可怕的乌龙张牙舞爪地向她扑来，钻进了她的肚子里。她惊醒后，觉得腹中有些异样，不久，发觉自己真的怀孕了。那女子虽是寡妇，但是作风正派，平素很守妇道，现在却不明不白地怀孕了，村里人都很好奇。寡妇的肚子一天天挺起来，到了十月足月，却不见分娩。

直到一年后，她产下一个浑身龙纹的怪异男孩，一出娘胎便会说话走路，而且满口白牙。村里人相信寡妇的梦是真的，都说他就是乌龙投胎，是个神童。

神童出生后，老天变得柔风细雨，四季太平，再无灾难，于是大家都把他奉若神灵。人们为了纪念神童，把龙尾扫出的深沟叫"神童泾"，村庄白米囤也改名"神童泾村"，一直沿用至今。

神童泾几经置分离合，经历了互助合作化，初、高级社，人民公社及乡、镇管村体制等演变过程。在新中国成立初期，属于昆山县蓁葭区蓁葭镇。1958年，境域内有新丰、星生两个生产大队。1982年大队改为神童泾、邵村两个行政村。2000年，行政区划调整，撤销邵村村，与神童泾村合并，新建神童泾村。

在改革开放中，神童泾率先从一个不知名的小村庄，逐渐发展为城市社区型新农村。2003年以来，神童泾抓住机遇，精心规划，启动建设了新型农民社区——邵村示范新村。新村规划分一、二、三期进行开发，全村65%以上的农户进入小区生活。新村设计了3种大小不同的房型，达到了住宅套型的多样化，充分满足了村民们的不同需求。小区实施物业管理，区内功能设施齐全，拥有社区办公用房2100平方米，其中社区多功能活动中心350平方米，便民超市、医疗卫生等服务用房1000平方米，小区绿化率达45%。新村积极贯彻以人为本的理念，创造了一个布局合理、功能齐全、交通便捷、绿意盎然、合理分配，以及使用多项资源、重视环境质量的现代化生活社区。生活在这里的村民大多从事二、三产业。村里每年都要选送一批农村劳动力参加就业培训。同时，村委会积极引导村民参与富民合作社，切实提高村民的资产性收入，并加强对弱势群体的扶贫力度，完善最低生活保障体系。

建设社会主义新农村是一项长期工程。神童泾紧紧围绕新农村建设的"二十字"方针（即"生产发展、生活宽裕、乡风文明、村容整洁、民主管理"），以发展农村经济为中心，扎扎实实地开展新农村建设。

神童泾把发展经济作为新农村建设的首要任务，利用区位优势，发展广告业务，盘活存量资产。同时，全村努力营造"人人思进，人人思富，人人致富"

的浓郁氛围，大力实施人人有技能、个个有工作、家家有物业的"三有工程"，鼓励农民创业，不断完善"五道保障"（最低生活保障、养老保险、医疗保险、拆迁补偿、征地补偿），让更多的农民享受城市居民养老保险，获取更多的利益。

2021年9月，陆家镇撤销神童泾村村民委员会，调整为神童泾社区居民委员会。神童泾社区管理范围：东起夏驾河，西至富荣路，南起吴淞江，北至车塘江。神童泾社区现有徐里新村、珠海新村、南粮花园、好孩子公寓、园丁新村、陆电新村、神童花苑、富荣花园、东方假日城、云立方、兰亭珑悦、光夏花园等居民小区。周边医疗、教育、文化和体育休闲等各项生活设施配套齐全，是全镇发展最繁华的区域。

神童泾被评为江苏省精神文明村、江苏省生态村、苏州市现代化示范村、昆山市农村社会保障先进单位。调整为社区后，被授予"江苏省民主法治示范社区""江苏省和谐社区建设示范村""苏州市公共文化服务示范社区""昆山市

神童泾今景

神童泾境内的珠海新村

先进基层党组织"等荣誉称号。

　　神童泾从一个不知名的小村庄，发展到如今生机勃勃的城市社区型新农村，其间翻天覆地的变化，也许会让这片土地在历史变迁中留下浓重的一笔。当后代子孙再次翻阅神童泾的故事时，将不会再是简单的一页。有更多精彩的故事，将会在神童泾人的手里，被不断地书写出来。

神童泾村地名趣闻

神童泾

在陆家镇龙王庙附近有一条小河，被当地人称为"神童泾"，其所在村庄也被称为"神童泾村"。关于"神童泾"这个地名的来历，还有一段神奇的传说故事。

相传，神童泾所在的村庄坐落在吴淞江与夏驾河之间，此地风景秀丽，风调雨顺，土壤肥沃，水草丰美，因而五谷丰登，六畜兴旺，百姓的生活十分富裕。后来，不知为何，这个村里的孩子每次吃饭时总要掉下一半的粮食。天长日久，地上的白米饭越积越多，大人们来不及清扫，村里的每条小路都变成了白花花的白米路。外面的人便把此地称作"白米囤"。

有一天，赤脚大仙正巧路过此地，看到这种情景，便上天告状，说这里的百姓暴殄天物，任意糟蹋粮食。玉帝知道后龙颜大怒，惩罚此地3年内不得降雨，让百姓尝尝没有粮食的滋味。自此，白米囤这个地方真的连续3年干旱无雨，河床干裂，家家断粮，民不聊生。

话说有一日，汾水龙王七太子途经此地，看到眼前的凄凉景象，不忍百姓遭殃，便违反天规私降大雨。龙王七太子的行为惹怒了天庭，玉帝降罪，七太子被斩成九段，龙身残体被抛落在吴淞江地带。

当地百姓痛哭流涕，悲痛欲绝，他们找到七太子的龙身残体，用银针将童男童女的发丝穿线，把太子的龙身残体缝合完整。陆家百姓为了感谢七太子，建了汾水龙王庙，将七太子的龙体供奉在龙王庙殿上，祭祀七天七夜，祈求玉帝开恩，让龙王七太子复活。

农历三月十八是祭祀的最后一天。这天深夜，突然一道金光从天而降，照到七太子的龙体上。只见龙体上金光闪闪，不一会儿，七太子的龙体瞬间消失。当地百姓看到龙体消失，赶紧用竹篾编成龙头、龙体、龙尾，糊上白纸，用笔为龙画鳞点睛，继续供奉在龙王殿上，并将每年的农历三月十八定为七太子祭日。

祭祀结束，当地百姓舞起段龙，敲起锣鼓，从此诞生了陆家段龙舞。

再说，就在七太子被斩的第二年，吴淞江地区洪水暴发，泛滥成灾。白米囤的百姓刚从旱灾中喘过气来，又遭受了一场洪涝之灾。

就在当地百姓绝望之际，有天夜里，白米囤的寡妇徐林氏突然做了一个奇怪的梦，她梦见一条小白龙张牙舞爪地向她扑来。徐林氏惊醒后觉得腹中有些异样，第二天一看，肚大如孕。徐林氏惊恐不已，村民们更是议论纷纷，想那徐林氏守寡10余年，始终安分守己，怎么会怀孕呢？

更让人料想不到的是，到了第三天的半夜，徐林氏突然腹痛难忍，半个时辰后生下了一个男婴。男婴一落地，见风就长，转眼就长成了一个五六岁的男童。男童眉清目秀，满身龙纹，天资聪颖。徐林氏惊吓得说不出话来，但见男童双膝跪地，冲着徐林氏磕了三个响头："多谢母亲生育之恩，孩儿今生只为

神童泾20世纪90年代的风景

百姓治水而来。"说罢，男童冲出房门，独自驾着小船沿泾出河，很快到了吴淞江、夏驾河交汇处。

男童驾船在河水交汇处顶着风浪绕了三圈，但见洪水翻滚，江水滔滔，男童站上船头仰天怒骂："老天不公，洪水泛滥，百姓遭殃，岂有此理！"说罢，"扑通"一声跃入激流之中。霎时间，暴雨停止，天空放晴，彩虹高悬，江水平静，庄稼地露出水面，白米囤出现了一条细长的深沟。

白米囤的百姓得救了，但那男童再也没有现身，百姓都说男童肯定是龙王七太子的化身。为了感谢七太子的舍身救助，人们把那条深沟称作"神童泾"，白米囤也改名"神童泾村"。任岁月变迁，"神童泾"的名字却一直沿用至今。

竹丝浜

陆家村有个自然村叫"竹丝浜"，位于陆家浜龙王庙西侧，原先这个村叫"沈家浜"，居住着沈氏家族，十几户人农忙时种田，闲时以编售竹器为业。

沈家浜改名为"竹丝浜"，相传与竹匠沈阿金巧答康熙皇帝的难题有关。

相传，清康熙四十四年（1705），阳春三月，康熙皇帝下江南，途经昆山吴淞江，驻跸陆家浜龙王庙。傍晚，康熙皇帝一行游览龙王庙，勘察民间集市景况。此时，正值龙王庙春季交易旺季，沪渎通济桥两岸摆满摊位，有三元酒坊、陈万兴糕点、正泰米行、杨氏铜器、江氏粽子、曹家馆龙须面、染坊花布、顾家羊肉、蒋家酱鸭、李氏肉庄、施家豆制品等，商品繁多，一应俱全。

康熙皇帝饶有兴趣地边走边观察，发现此地竹器交易特别多。他详细观赏了竹香炉、香篮、蜡笺等制品，便打听竹器的出处，决定前往察访。

康熙皇帝一行来到沈家浜竹匠沈阿金家，看到沈阿金正在刮篾，便指着刮下的篾青问："这是什么呀？"

康熙皇帝这一问，把陪侍在旁的县老爷吓出一身冷汗，心想如果眼前这个竹匠回答是篾青（灭清），恐怕要遭杀头之祸。

沈阿金看了看问者，发现此人气度不凡，定不是普通人，便答道："老爷，这是竹衣。"

康熙皇帝听后，满意地点了点头，又指着一大堆篾黄问："这是什么？"

县老爷听了，心里一阵打战，又偷偷地看了沈阿金一眼。

沈阿金脱口而出："老爷，这是竹肉。"

康熙皇帝又指着头层刮篾问道："这是什么？"

沈阿金说："脱下竹衣，当然是竹皮嘛，竹皮竹肉，各有所用。"

县老爷对沈阿金竖起了大拇指。

康熙皇帝找不到什么破绽，挑了3个造型别致、手艺精巧、编制细腻的竹香炉、竹蜡笺和竹香篮，赞叹道："竹衣、竹皮、竹肉，耕农心诚也，竹丝浜能不兴盛乎？"随行人员也频频点头称赞。

从此，人们称沈家浜为"竹丝浜"，粮农做竹器不再交赋税，竹丝浜竹业生产鼎盛一时。

陆家浜鼓手在世博会上演出

陆家浜鼓手与陆家浜糖枣

陆家浜地处昆山境内的吴淞江畔，那里的百姓善奏，大致在南宋时期就诞生了鼓手音乐。鼓手俗称"吹鼓手"，擅长演奏唢呐、笛、笙等乐器。陆家浜鼓手乐队除了用唢呐、笙、笛等吹奏乐器，还运用二胡、中胡、琵琶、月琴、三弦等丝弦乐器，以及鼓、板、锣、钹之类的打击乐器，乐风粗犷，情绪热烈。

南宋时期，地处江南吴淞江畔的陆家浜，因为土地肥沃，物产丰富，很快就形成了一个热闹繁华的小集镇。这一年盛夏，在陆家浜南市梢，有几名小商贩正在叫卖各自的货物，其中有一个商贩的叫卖声吸引了人们的注意。只听一阵锣鼓声响，有人唱起了"小热昏"：

> 裁缝师傅吃了我的梨膏糖，做出的衣裳真漂亮！
>
> 裁缝师傅不吃我的梨膏糖，领头要做到裤腰上！
>
> 木匠师傅吃了我的梨膏糖，做出的家什真亮堂！
>
> 木匠师傅不吃我的梨膏糖，榔头敲到你脚背上！
>
> ……

这段"小热昏"唱词幽默，曲调诙谐，听得人们哈哈大笑，附近的行人很快就围了过来。

陈万兴正巧路过此地，看见一群人围在一起看热闹，也好奇地挤了进去。一看，原来是镇上的老艺人朱福高在敲锣卖糖，卖艺逗耍。

朱福高卖梨膏糖有一个江湖规矩，那就是"三分卖糖，七分卖唱"。朱福高有一把自制的"枇杷刮"，即把响木雕空，制成一个个如枇杷大小的管子，再将细竹竿装在枇杷管上，枇杷管上涂上7个五颜六色的动物脸孔，并用竹子做成敲棒，在动物脸孔上一一敲打，形成7个好听的音符，连贯起来就成了"枇杷曲"。但见朱福高情绪高涨，表情丰富，一边敲打"枇杷刮"，一边即兴表演说唱，从奇闻逸事到传说典故，"小热昏"唱了一套又一套，听得围观百姓不停地拍手叫好，不到一个时辰，梨膏糖一销而光。

围观百姓看得津津有味，陈万兴却在人们的笑声中陷入了沉思……

说起陈万兴这个人，在陆家浜镇上也算得上小有名气。镇上有一家陈氏糕点店，店主就是陈万兴。陈万兴从小跟着父母学做糕点，10岁时已学会制作麻酥糖、云片糕、桂花糕、芝麻饼、三角饼、月饼等20余种糕点。陈万兴15岁那年，父亲病故，母亲把糕点店生存发展的希望寄托在他的身上。陈万兴遵循母训，刻苦钻研，立志在糕食业争创一番事业。

一天早上，陈万兴起床后发现，由于天气炎热，仓房里隔夜浸泡的几十斤糯米全部变质发酸。陈万兴当时想丢掉却又非常舍不得，一时也想不出好计策的他索性来到街市上散散心。现在看到朱福高老人的"枇杷刮"，陈万兴心想：这枇杷能制成乐器，难道我就不能制成类似的糕点吗？想到家里那几十斤变质发酸的糯米，陈万兴决定试一试。

回家后，陈万兴把那些变质发酸的糯米分批放进石臼里，碾成一个个粉团，再加上蛋黄、老膏和其他佐料，搓成发酵粉条，捏成小段，放进油锅热炸，炸熟出锅后，又放进糖盆拌匀，最后形成了一种类似蚕茧和红枣形的糕点。陈万兴亲口尝了尝，发现糕点既无酸味又无异味，反而香甜松脆，十分可口。

陈万兴心中大喜，第二天正逢龙王庙会，他把炸好的几十斤枣形果带到庙会上销售。庙会上摊贩众多，百姓穿梭往来，十分热闹，人们被陈万兴摊位上的新式糕点吸引住了，这种造型别致、美味松脆的糕点还是第一次品尝到。结果，庙会还未结束，陈万兴带来的新式糕点就已销售一空。

这时，旁边一位老道士问陈万兴："这种糕点叫什么名字？"陈万兴想了想说："这是糯米做的，又加了白糖，形状又似红枣，就叫糯米糖枣吧。"老道士听罢，捋须说道："这糖枣全素，倒很适合作为吃素香客的糕点，我看叫它'节场果'也不错。"陈万兴听了这番话，顿时心花怒放，眼前一片大好商机呀！

回到家后，陈万兴又经过反复试制，逐步改良，以糯米为原料，精心研制了一套配方和制作程序，成功制作成新式糖枣，并形成一定的产量，开始正式投入市场。

由于陈万兴研制的糯米糖枣造型别致、美味可口，很快就成为市场上的抢手货，陈氏糕点店每日顾客盈门，生意红火，每逢庙会，糯米糖枣更是销量第一，不久便成了陆家浜镇上的土特产之王。

这一天，陈万兴找到朱福高老艺人，说有一事请他帮忙。原来，陈万兴的糖枣生意越做越大，就打算改换门面扩大经营。他想在农历三月初三这天举行一次盛大的庆典活动，一来是想把陈氏糕点店更名为"陆家浜糖枣店"，二来是想借庆典活动感谢各路商客和老百姓对糖枣的青睐。饮水思源，陈万兴非常感谢老艺人朱福高当年表演"枇杷刮"给自己带来的灵感，因此他特意邀请朱福高在庆典之日来店里表演助兴。

朱福高听明白陈万兴的来意后，当即点头应允，并提出了一个建议。俗话说："敲锣卖糖，独管一行。"不同的小商贩都是靠自己的一技之长来吸引顾客、售卖货物的，朱福高说："既然是庆典活动，自然是越热闹越好，如果把陆家浜镇上几位有拿手绝活的老艺人都请过来，大家凑在一起献艺逗耍，岂不更加热闹？"

陈万兴一听这个建议，当即点头称赞。朱福高告诉陈万兴，要想把庆典活动办得热闹，一定要请到陆家浜的神鼓手徐金堂。陈万兴一听，心里有点犯难。说起这个徐金堂，在陆家浜镇上也是个响当当的人物。年轻时，徐金堂被征兵役，一直在军队里担任军鼓手。据说，军队打仗时，徐金堂擂起军鼓如同天雷阵阵，气势震撼天地，军队将士在鼓声中士气高涨，个个上阵勇猛杀敌。后来，他因为年纪大了便退伍还乡，此后人们很少见过徐金堂击鼓。

朱福高说，在陆家浜镇上，擅长拉二胡自编自唱的黄世富，吹唢呐无人能敌的陆全兴，还有笛、笙、箫样样能吹的陈祖善和高星照，他们都比较敬重徐金堂，只要陈万兴能请来徐金堂击鼓，其他几个人就肯定没问题。

听了朱福高的建议，陈万兴认真筹备了一番。第二天，他特地准备了一份厚礼来到徐金堂家。起初，徐金堂以年纪大了为由谢绝了陈万兴的邀请。陈万兴使出浑身解数，并许诺在年底徐金堂生辰时帮他筹办一场寿宴，最后终于把

陆家浜鼓手旧影

徐金堂说动了心。接下来，陈万兴又跑了两天，亲自上门邀请其他几位老艺人。

到了三月初三这天上午，陈万兴的店门口彩旗飞舞，锣鼓喧天，鞭炮齐鸣，一块崭新的黑底金字大牌匾"陆家浜糖枣店"挂在了装饰一新的店堂门口。陆家浜地方官员和士绅名流坐在贵宾席上，前来庆贺的各路商客也济济一堂，店门口看热闹的老百姓围得里三层外三层。

店堂上，最引人注目的是8位统一着装的老艺人。为了感谢8位老艺人出席庆典，陈万兴出资找镇上最好的裁缝为每位老艺人定制了一套新衣，黑色滚金边绸缎衫裤，腰上统一扎根红色腰带，整体看来非常有牌面，人也精神。

陈万兴挂好牌匾，撒完赠送的糕点糖果，便恭敬地请堂上端坐的8位老艺人开始表演节目。"咚咚咚……"，只见神鼓手徐金堂首先来了一段欢快激昂的击鼓表演，一下子引起了人们观看的兴致。接着，陆全兴一个脆亮的唢呐高音，仿佛拉开了音乐序幕，随后，琵琶、喇叭、笛、笙、箫、二胡、锣等一一加入。激情高亢、欢快悦耳的音乐在店堂上欢奏起来，有的百姓听出来这是一曲喜庆热闹的《迎宾曲》，那是一曲欢快明亮的《喜临门》，8位老艺人把江南水乡名曲小调连着表演了一个又一个，直看得围观百姓越来越多，拍掌欢呼声接二连三。

陈万兴的庆典活动请来这8位老艺人献演，精彩的表演让参加庆典的商客和老百姓大饱了眼福和耳福。在座的有几位商客当即预约，邀请老艺人们改日也去为他们的店庆表演助兴。

陈万兴见此情景，也乐得合不拢嘴。他来到8位老艺人的宴席前举杯敬酒时，提议说："你们今天的表演非常成功，看来大家很欢迎你们。我有个好主意，如果你们联合起来建立一个民间乐器班子，以后经常为一些店家助兴表演，倒也是一门不错的生意。"

20世纪90年代的农村婚庆

8位老艺人听后，商量了一下，都觉得这个提议不错。朱福高等8位老艺人的精彩表演被陆家浜老百姓交口称赞，一时名声大噪。受到鼓舞的他们准备正式成立一个专业的鼓手班子。虽说他们平时素以卖艺求生，各有一技之长，但毕竟还只具备"敲锣卖糖，独管一行"的音乐个性，如果要整体演出，必须备齐各类乐器设备，还要整理出一套吹拉弹唱打的乐曲谱。陆家浜鼓手正式成立后，定位是个喜庆班子，只受邀参加商家庆典及百姓喜事助兴。因此，只要陆家浜鼓手出现的地方，一定是欢庆热闹的场景。渐渐地，人们把陆家浜鼓手称作"开心果""贺福星"。没过多久，陆家浜鼓手就在吴淞江一带有了名气。

再说这8位老艺人也都是年过五旬或六旬的老人了，他们打出"陆家浜鼓手"的牌子之后，又着手准备接班人的事情。按照"嫡传亲子，只传一人"的行规，8位老艺人每人选定了一位学徒。他们在整理、排练、演出的实践中不断培育新人，在民间音乐形式、风格、品位、特色上，根据时代和群众的要求，逐步形成吹鼓手的统一风格。后来，在陆家浜吹鼓手几代人的共同努力下，陆家浜鼓手渐渐名扬江南大地。

风调雨顺龙王庙会

在神童泾村境内夏驾河口，历史上有一座龙王庙，传为祀吴淞江之神所建。元大德年间创建。明天顺年间，巡抚都御史崔恭疏浚吴淞江时重修。清康熙年间，徽商程大节再修。乾隆时，存正殿一进，驻提标汛兵。1956年，因扩建国二米厂被毁。

庙会是我国一种古老、原始，也最为风行的百姓集会形式。它集崇拜、信仰、祭祀、游乐、走亲、访友、集市等诸多内容于一体。陆家浜龙王庙会，相传与汾水龙王七太子相关，也是陆家段龙舞诞生的缘由。

据说，陆家浜龙王庙建成后，香火三年未断，香烟飘入龙宫，汾水龙王七太子闻到香味，深知民间遇难，毫不犹豫就私自出宫，想要查个究竟。只见民间粮田干裂，求雨百姓面黄肌瘦，满额血斑。七太子看在眼里，痛在心里，激动之际，便作法降雨。顷刻间，大雨倾盆，雨露滋润，大地生辉，禾苗茁壮，百姓有望。

正当百姓集会感恩七太子时，谁知玉帝召见汾水龙王，大怒降罪。汾水龙王七太子因私自降雨触犯了天规，被斩为七段。晴天霹雳，乌云密布，蛙鸣蝉噪，两只雄狮围着七太子的残体，双目通红，悲哀万分，蹦跳不停，寄托哀思。当地百姓痛哭流涕，献出银针银丝，将七太子殿下的残体缝合完整，雄狮助托龙体，供奉在龙王庙殿内，祭祀七天七夜，求玉帝开恩，让七太子复生。

据说，农历三月十八，是祭祀的最后一天。晚上，七太子的龙体金光闪闪，瞬间消失。于是，人们把此日作为七太子祭日，亦称"龙日"，并延长三天三夜祭拜，远近道士、宣卷艺人、鼓手等都来悼念、超度、念经、作法祈祷。几位匠人献出一技之长，竹匠劈篾编龙头、龙体、龙尾共7段，并用竹梢固定在每段中间；纸作师为龙体糊上白纸，为龙头装须贴金；漆匠用笔和漆画鳞点睛。一条形象逼真的段龙供上庙殿。祭拜结束时，7个年轻小伙子一跃而上，举起龙头、龙体、龙尾，在一个全身穿白、两手套装两只小雄狮的小伙子的引领下，开始舞龙。在场的道士、鼓手们也起劲地敲锣打鼓，使舞龙很有节奏、变化异常地舞动，吸引众多人士观赏。从此，陆家浜段龙舞诞生了。此后，人们把段龙舞作为充满祝福的观赏项目，年年出现在龙王庙会上。

庙会当天，人们怀着无比虔诚的心，精心装扮菩萨。大家给菩萨重新漆上金漆，穿上崭新华丽的袍服，再插上寓意祥瑞的新旗。出会前一天清晨，人们搭起棚子，摆好香案，小心翼翼地把菩萨抬到广场。阳光洒在广场上，菩萨闪耀着神圣的光芒。四面八方的香客们纷纷赶来，怀着敬畏之心虔诚地烧香跪拜。

到了出会当天，就要抬着"老爷"出游巡视。走在队伍最前面的是装扮成差役的农民，他们扛着"肃静""回避"的虎头牌，威风凛凛，为后面的队伍开道，那严肃的表情让人不敢轻易靠近。接着是8位年轻的"夜叉"，他们脸上画着奇异的妆容，在队伍中穿梭跳跃，活力四射，就像天地间灵动的精灵。随后，一位头戴七梁道冠、身穿八卦道袍的老法师缓缓走来，他目光深邃，神态庄重，每一步都带着神秘的气息。后面紧跟着震耳欲聋的大锣鼓和色彩斑斓的旗伞，那热闹的场景让人热血沸腾。再后面，黑白无常的出现让人感到一阵阴森，他们神秘的形象仿佛在诉说着阴阳两界的故事。许愿的香客手持清香，目光坚定，心中满是对未来的期待。12名天真可爱的童男童女，边走边拜，纯真无邪。

出会队伍从庙场出发，沿着陆家老街慢慢前行，一路上彩旗飘扬，锣鼓声不断。人们的欢声笑语和祈祷声交织在一起，仿佛是一首独特的交响曲。队伍绕老街一圈后回到庙前，开始了精彩的"朝老爷"表演。安置菩萨的大轿由身强力壮的人抬着，他们步伐整齐，快速猛跪，每一次下跪都充满力量，向神灵表达着最深的敬意。精彩的表演赢得了人们的掌声和欢呼声，将庙会的气氛推向了高潮。

除了庄重的祭祀仪式和精彩的表演，庙会还有热闹的集市。戏台两旁，摊位一个挨着一个，商品琳琅满目。有精美的手工艺品，那细致的雕刻让人赞叹不已；有美味的小吃，香气扑鼻，让人忍不住流口水；有实用的农具，是农民们劳作的好帮手；还有各种各样的生活用品，满足了人们的日常需求。商贩们的吆喝声此起彼伏，充满了生活的烟火气。

在陆家浜龙王庙沪渎通济桥东南的吴淞江边，曾经有个高高隆起的坟茔，相传是康熙皇帝的女儿紫锦公主的坟墓。

当年，康熙皇帝离京南游，把女儿也带了出来，观赏"上有天堂，下有苏杭"的江南美景。巡游至陆家浜后，安顿于龙王庙，岂料弱不禁风的紫锦公主，不知是沿途受了风寒，还是原本就积疾在身，竟卧病不起，因救治无效而亡。康熙皇帝忍痛将爱女暂葬于此，至南巡结束后才把紫锦公主的棺木运往京城。1956年，当地兴建工厂，人们在迁移坟墓时，发现坟里有清代皇室宫扇一把，玉簪一支，弥勒佛一尊。

陆家浜龙王庙庙会见证了历史的变迁，承载了百姓们的喜怒哀乐。它是中华文明在民间的生动体现，也是百姓生活中不可或缺的一部分。在岁月长河中，如同一盏明灯照耀着人们的心灵，传承着一代又一代的记忆。

走过沪渎通济桥

旧时，在神童泾村境内，曾经有一座静静矗立的石拱桥，名叫"沪渎通济桥"。它像一位饱经沧桑的老者，历经无数风雨，承载着数不尽的往事，默默地守护着这片土地。

大约在元大德六年（1302），为了祭祀吴淞江之神，人们修建了沪渎龙王庙，也被称为"汾水龙王庙"。据《昆新两县续修合志》记载，沪渎通济桥位于沪渎龙王庙南，横跨夏驾河。明万历年间，疏浚河道，河闸损坏，一位来自歙县叫程文翊的人将闸改建成桥。清雍正年间进行重修，清乾隆年间又一次重建了这座桥。

夏驾河口的吴淞江被称为"沪渎"，"通济"二字包含着往来通畅、顺遂的美好祈愿。这座架设在沪渎龙王庙前夏驾河上的石拱桥被赋予"沪渎通济桥"这个名号，实在是恰如其分，仿佛它的使命就是连接两岸，守护百姓。

沪渎通济桥南北走向，威风凛凛地横跨在吴淞江和夏驾河二水交汇之处，曾是陆家浜通向龙王庙的唯一通道。沪渎通济桥身约有40米长，6米高，3米宽，单侧桥石阶有25级，两侧相加总共50级。石桥的底座石柱由15层长方形石块精心堆叠而成，形成优美的半圆形弧度。桥的东侧是正面，上方中央镶嵌着一块篆额，"沪渎通济桥"5个大字龙飞凤舞，似乎在诉说它曾经的辉煌岁月。两侧桥垛还竖着一副桥联，上联刻着"临流通慈夏尚客"，下联的前4字为"垒石曾传"，可惜后3字已经

沪渎通济桥旧影

破碎掉落，让人对它完整时的模样充满遐想。

每年农历三月十八是龙王庙庙会的大日子。每到这一日，这里热闹非凡，沪渎通济桥的两侧，人群熙熙攘攘，川流不息。来自苏浙沪各地的人们蜂拥而至，香客们怀着无比虔诚的心聚集在这里，场面既庄重又热烈。当地百姓热情高涨地投入龙灯会、摇快船、抛篙竞赛等活动中。龙灯会的灯火将整个夜空都照亮了，璀璨无比。摇快船的选手们奋力地划动船桨，溅起的水花仿佛激昂的乐章。抛篙竞赛更是充满了力量与技巧的较量。庙会整整持续一周，在这期间，各地的客商也纷纷赶来，带来了各式各样的商品，市场一下子人潮涌动。

人们在庙会上欢庆水患得以治理、庄稼获得丰收，同时，虔诚地祈祷着来年能够风调雨顺、五谷丰登、生活幸福安康。这传统的庙会像一首古老而悠扬的歌谣，一直传唱到新中国成立初期，成为当地百姓难以磨灭的美好记忆。

沪渎通济桥也见证了日寇侵华那段黑暗的历史，成为民族伤痛的无声见证者。抗战时，昆山沦陷，凶残的日军在位于交通要道的沪渎龙王庙内设立了军营，对箓葭浜镇进行严酷管制。一个叫国井太郎的日军大队长在桥头设了岗亭，百姓们从此陷入了深深的恐惧之中。路过的老百姓见到日本兵必须弯腰鞠躬行礼，稍有差池，就会遭到扇耳光甚至毒打。日本兵肆意盘查过往行人，随意拘捕、虐待无辜百姓，甚至放出恶狗撕咬路人。叶世林，一个老实本分的木匠，只是正常地在路上行走，就无故遭到日本兵的毒打，还被抓进监狱。他出狱回家后，终因伤势过重离世，留下孤儿寡母，生活困苦不堪。无奈之下，家人只能把两个孩子都送给他人抚养。

新中国成立后，龙王庙迎来了新的变革。这里先后成立了中粮公司以及国二米厂、陆家粮库。桥边50余亩的土地上，仓库、厂房拔地而起。沪渎通济桥肩负起了更为重要的使命，成为农民交售爱国粮的必经之桥。为了方便群众推车交粮，粮食部门出资修复了桥上的石级，还在桥堍石级上用水泥浇筑出了平坦的车道。这座古老的桥梁默默地奉献着自己，那经过修复变得平坦的桥梯石级，见证了时代的进步和人们的付出。

20世纪70年代，陆家粮库后边开展了浩大的挖泥开河工程，成功疏通了粮库与吴淞江的河道，交粮船能够直接驶进后浜交粮，运输效率大幅提高。为了更好地保护沪渎通济桥这一珍贵的古桥梁，政府多次投入资金，精心重修，桥栏和桥面两侧都用水泥进行了加固，桥下还修筑了美观实用的石栏凳。经过这番修整，古桥保持了它原有的姿态，显得端庄而又充满生机。

1993年，陆家镇人民政府修筑了神童泾路，接通了粮库内路，并在夏驾河上与沪渎通济桥相对平行的位置建造了一座坚固的水泥公路桥。这些举措大大减轻了古桥的交通压力。

夏驾河河面宽广，而古桥桥洞狭窄，水流湍急。大型铁驳运输船队频繁往来，难免会有船只撞击桥体和桥墩，致使大桥受损。1994年，政府再次出资对其进行重修加固，并在南桥堍左侧立了碑石，石上"沪渎通济桥"5个苍劲有力的繁体字仿佛在向世人诉说着它的坚韧不拔。1998年，南桥堍东角的石块又不幸被撞损，沪渎通济桥被认定为危桥。同年10月，这座承载着无数记忆的古桥被拆除，在人们的视野中消失了。

如今，当我们走过那曾经矗立着沪渎通济桥的地方，仿佛还能听到它的低吟，诉说着过去的故事。沪渎通济桥的消失让人深感惋惜，但它所承载的厚重历史和珍贵回忆，将永远铭刻在人们的心中，成为这片土地永恒的文化烙印。它的故事将永远流传，激励着后人铭记历史，珍惜当下，勇敢地去创造更加美好的未来。

陆家浜酱鸭

据《陆家镇志》记载，陆家浜酱鸭源于野味。陆家浜酱鸭，色香味俱全，肥嫩可口，是老百姓喜爱的美味佳肴，又是宴庆招待客人的必备菜肴，传承至今，已有200余年历史。

相传，南宋时期，金兵入侵，抗金英雄韩世忠将军一马当先，在黄天荡一带打败金兵。金兀尤率领残兵逃到陆家浜，扎营镇东南方300米处（现花桥镇金城村，扎营地称"金城基"）。金兵为了抵抗宋军的追击，一路上杀人放火，抢夺掳掠，见桥拆桥，见坝拆坝，给老百姓带来灾难。韩将军率部乘胜追击，并在陆家浜龙王庙一带扎营。当地百姓热烈欢迎，纷纷以不同形式犒劳宋军。

话说在陆家浜东弄，有一个姓蒋名野的年轻人，平日里以打猎为生，家境并不宽裕，便想打一些野味来慰劳宋军。

这天早上，蒋野来到吴淞江附近的一处荒滩上打猎，荒滩的草丛里藏着不少野鸭、野鸡和野兔。忙了大半天，蒋野终于大获丰收，肩上扛着野鸭，手上拎着野鸡、野兔，兴高采烈地准备回家做野味。不料，途经神童泾时，遇到几个金兵。看到蒋野身上的野物，金兵瞪圆了眼睛，上来就抢。蒋野年轻气盛，哪肯屈服，拼命与金兵搏斗，奈何寡不敌众，肩膀被金兵刺了一刀，鲜血直流，疼痛难熬。蒋野只好后退，任由几个金兵拿走了野味。突然，蒋野发现地上有一支箭，心有不甘的他拿起地上的箭，对准走在最后的金兵的后脑袋用力掷射过去，凭着其神箭手的功底，当场击中了这个金兵的后脑袋。被击中的金兵惨叫一声，后面两个金兵回头一看，跑过来把蒋野死死地擒住。一个金兵举起手中的大刀，准备砍向蒋野的脑袋……

就在这千钧一发时，一支利箭从不远处飞来，正中金兵握刀的手。接着，十几个宋军一拥而上，三五下就把那几个金兵消灭掉了。宋军救下了蒋野，因有任务在身，又着急离开了。

躲过一劫的蒋野回过神来后，发现自己打到的野味早已不知所终，原想用野味慰劳宋军的心愿扑了空，蒋野顿时感到有气无力。心情郁闷的他回到家后，茶不饮，饭不食，躺在床上生闷气。

蒋野的妻子看到丈夫神色异常，便上前关心询问，发现他肩上有伤，便拿来开水擦洗干净，涂上乌舌粉消炎，包扎妥当后，再仔细听蒋野讲述路上的遭遇。

明白了蒋野的心事后，妻子说："野味丢了，以后还可以再打。如果着急，也可以把家里的家鸭当成野鸭来做。"

蒋野一听，顿时来了精神。他感谢妻子的理解，说干就干，起身后直奔家里的小屋，从鸭棚里捉了5只家鸭，给每只鸭灌上一勺白酒，关上小屋门赶鸭，让鸭子乱蹦乱叫一阵子，再一一宰杀。

蒋野将五只家鸭拔毛取膛洗净后，放进砂锅煮。锅内倒入煮野味的原汁，再投进自制配方作料（黄酒、姜、葱、萝卜块、茴香、桂皮和盐等）。煮到七成熟时，满屋子飘香，引得左邻右舍纷纷前来，询问蒋野今天擒获了什么野味，烧得这么醇香？

蒋野摇摇头说："是家（吴语音同酱）鸭。"

有个邻居听错了，看到红烧的，认为有酱料："喔，是酱鸭，让我们买点儿尝尝！"

蒋野摇摇头说："对不起，这一锅是慰问宋军的。"

邻居们一听这话，便不好与宋军抢食。大家使劲闻了闻香味，恋恋不舍地离开了。

再说蒋野把煮好的5只家鸭用荷叶分开包装好送进韩营。韩世忠将军拱手致谢，打开其中一只荷叶包，用刀一块块取下分给在座的部下，又取了两块与夫人梁红玉一起品尝。众人品味后，纷纷称赞道："酱（蒋）鸭（野）味美！"

韩将军对部下说："这是陆家浜父老乡亲的一片真情，激励我们抗金的士气啊！"随后，韩将军命令部下把蒋野送来的"鸭味"分发到各营部分享。

韩世忠为了感谢蒋野，取下一张传令纸，写下"陆家浜酱鸭"5个大字送给蒋野。蒋野激动得跪谢韩将军的厚爱。从此，陆家浜酱（蒋）鸭（野）名正言顺地进入市场。

陆家浜酱鸭成为知名特色菜肴，除了蒋野这个创始人，最有名气的传人为诸大庆、柯全福、顾泉兴、陆仁昌等师傅。"陆家浜酱鸭"形成了自己的风味特色，进入市场后广泛占领婚丧喜庆、酒家饭店、点心熟切店，成为老百姓日常餐席的菜肴佳品。

　　陆家浜酱鸭制作工艺精巧、考究、细腻，具有色泽红润，油亮光滑、鲜嫩可口、酥而不烂、肥而不腻、百食不厌的特色，有着浓郁的野味风格，深受广大消费者的青睐。民间有"到了陆家浜品尝不到酱鸭是一大遗憾"的说法。

　　陆家浜酱鸭，主要货源是鸭子，以朝鸭、蛮鸭为主，制作工艺十分讲究。首先，要活杀净羽毛。所谓活杀，即把要宰杀的鸭子先进行追赶，让鸭子有一定的运动量，每只鸭捏嘴灌一勺白酒，之后逐只用刀割颈宰杀，保证只只出血流净。乘鸭子刚气绝，立即放入开水缸内泡，边翻边去嘴、脚黄和全身羽毛。泡羽必须掌握水温，泡到鸭毛一脱而光为好，切忌泡熟影响鸭肉质量。

　　接着，把净羽后的鸭子放进清水漂洗干净，再逐只开膛取出肚杂，并分门别类放入清水容器内。其中，理肠开杂是这一关较复杂的事，因而用剪刀把肠、杂碎打开去除粪便杂渣，洗干净后用黄酒、食盐或面粉一起捏，达到去渣除异味的目的，洗净后备用。

　　做酱鸭最关键的是烧煮烹调。烧煮，靠的是"三分杀，七分煮"，是煮成酱鸭的关键。把洗干净的鸭子及肚杂一起入锅，并投入老姜、黄酒、红椒、桂皮、茴香等作料，用旺火烧煮。待鸭子烧至七八成熟，香味扑鼻、沸声不停时，揭开锅盖，加入酱油等调味品，用文火烧煮，并用铁叉子将鸭子一一翻身，直到鸭子色泽红润、油亮均匀，目测有九成熟后熄火焖熟，最后出锅上市。

　　陆家浜酱鸭出名后，兴盛时，陆家镇酱鸭烧煮户有上百家，日销量五六百只。后来，限于鸭子货源不足，商家开始用山鸭、草鹅代替，烧煮酱鸭和酱鹅，烧煮的方法和技巧均有所改良，在提高特产风味的同时，产品质量仍保持原有的特色。如今，陆家浜酱鸭仍是老百姓餐桌上的一道美食。

顾家白切羊肉

顾家白切羊肉以"色白、无冻、鲜结、肥嫩、味淡、纯香"而著称，先后经销200余年。顾家白切羊肉是家常美食，更是民间红白二事和地方重大庆典宴请时桌面上必备的一道菜。在商业性饮食市场上，顾家白切羊肉也毫不逊色，大家都奔着名头和鲜美的口感争相购买，销量稳居熟切行榜首，常常吸引许多慕名远道而来的客户求购订货，可以说是名扬江南各地。

顾家白切羊肉之所以能如此热销，还得从它的做法和传承说起。

清嘉庆十三年（1808），陆家浜东弄有个叫顾泉生的青年，一心想干一番属于自己的事业。经过一番观察，他发现陆家浜镇上有五六个肉庄，却没有一个销售羊肉的摊位，要是自己经营个羊肉摊，不知能不能立得下脚。

虽说羊肉摊算是个小买卖，但对一个青年来说也是一笔大投入。看到了商机的顾泉生还是十分慎重，连续多日到集市上观察，发现牵着羊上街兜售的农民很多，一问才知，陆家浜农村家家户户养殖山羊和绵羊。

羊肉的好处大家都知道，味甘性温，归脾、肾经，有补肾健脾、散寒温中的功效，是冬令食补的佳肴。想着陆家浜人有着冬令季节食羊肉暖身食补的习惯，而且民间办宴席也少不了羊肉这道荤菜。因此，顾泉生下定决心就做羊肉生意，争取发个"羊财"。

俗话讲："砻糠搓绳起头难。"顾泉生是个踏实细心的人，在打出"顾家白切羊肉"招牌前，做好了相应的准备工作。他先是邀请了上海马陆、苏州木渎、太仓双凤几位做羊肉生意的朋友，了解行情和有关生意技巧。还请他们上门指导，听从他们的建议，腾空了家里的三间小屋，做成烧煮和临时圈养房，又在宅后河滩旁搭建屠宰房和存粪渣池。做好这些前期基础工作后，这才到市场购买了烧煮和售卖所需的设备，还到集市上敲定销售摊点。确认已是万事俱备后，他才用前期备足的流动资金，上集市选购了村民的肥羊，正式开始了自己的事业。

正如顾泉生心里期盼的开门红那样，开张第一天，他携带5只山羊和2只绵羊的白切羊肉赶到自己预定的摊位上，还没等他开口叫卖，羊肉的鲜香味就已帮他打了广告，立马引来众多顾客围观。顾泉生腾出一角，切了些羊肉免费让顾客品尝。集市还是第一次出现羊肉摊，大家自然争相品尝。

镇上有个叫陈大麻子的吃货，吃遍苏浙沪三地，门槛精到六百三，号称"陆家浜吃荤精怪"，传说他吃猪肉能辨得出雌雄来。看到人们围着一个摊点争购，陈大麻子也挤进去品尝了一小块，吃后竖起大拇指连声称赞，说自己终于吃到真正原汁原味的正宗白切羊肉了。大家品尝后本来就觉得十分鲜美好吃，又听到吃货都这么说了，纷纷争相购买，不到两个时辰，羊肉一销而空。陈大麻子更是起劲，他吃过后逢人就夸赞这道人间美味有多么好，还让顾泉生每天帮他留一斤，生怕去晚了买不到，真正是百吃不厌。

顾家白切羊肉成名后，日销量从最初的6到8只羊，很快增加到10只。随着每天销售量的增加，货源成了一个关键环节。顾泉生深知原材料的好坏是能否成功的关键，于是在采购上下足了功夫，先是与本地区养羊户预约上门收购，又开船到太仓双凤山羊、绵羊产地收购。

活羊收购全凭真本领和相关技巧，顾泉生靠长年累月摸索出的经验，炼就了一双火眼金睛。到了收购地点，他只要看上一眼，就能辨明羊的品种、年龄、性别、肥瘦。随后，他会靠近想购买的山羊或绵羊，伸手摸背节、肋下及肚皮，心里立马知道这羊的出肉率和肚子的食量。更为叫绝的是，那个年代还没有磅秤，很少有百余斤的大秤。顾泉生只要把羊抱起一掂，就知此羊的重量，每次相差不超过1斤。随后，他会视羊的年龄、性别、肥瘦等情况，定出三等九价，这样既不亏了自己，也不损害养殖户的利益，做到两全其美。

就这样，从顾泉生自创"顾家白切羊肉"品牌至今的200余年里，先后传承5代，有正宗传人10余人，主要传人为顾泉生、顾金宝、顾海威、顾林生、顾建华，一代代为美食文化添枝增辉。

据顾家白切羊肉第四代传人顾林生老人介绍，顾家的白切羊肉烧煮并不复杂，主要坚持"原汁原味"原则，绝不加任何作料，包括不加食盐、味精、桂皮、茴香之类的作料和调味品，始终保持"五字经"：一纯，全部是纯羊肉，不掺杂任何噱头；二鲜，都是活杀活烧，也就是杀后即泡，泡后即分割入锅；三白，保持白羊原来本色；四香，保持草羊的本原香味，香而无异腥味；五味，味淡，由品尝者按自己的口味适当蘸取酱油、醋等调味品。这样做出来的白切羊肉，真正保持了羊肉的原汁原味和草羊熟肉本色及清香纯真的特色风味。讲到兴头上，顾林生还会实地展示活杀泡羊及烧煮等工艺。

活杀自不必说，泡羊是羊毛脱尽的重要一环，最考验杀猪宰羊师傅的本领，也是个力气加技巧的活。只见顾林生看准水头，让头泡开水正好渗没整羊，然后用手不停翻滚，使羊毛全部渗透，其间还顺带去掉了羊脚壳。眼看羊已泡"熟"，这才迅速把那些易脱的毛全部拔净。随后开启扫尾工作，边拔边刮，把羊全身的毛除净。有时局部地方的毛无法拔净，还要进行开水补泡，直到全身不留一毛为止。开膛剖肚也是细致活，必须确保清洁无异味。

羊肉俗称"生对刀，熟对刀"，意思是一只毛重100斤的活羊，宰杀后肉只有50斤，烧熟后仅25斤，所以烧煮是关键。

顾家烧煮羊肉时用的都是稻柴，这样火力比较平稳。因为不放任何作料，为了去除羊腥味，就用水萝卜洗净切成大块，与羊肉一起烧煮，羊肉烧到拎起肋骨能与肉自然分离时方可熄火开始焖，这样的羊肉自然香酥。

顾林生当家是在新中国成立后的计划经济时代，那时，每天白切羊肉的销售量是5至6只羊。他还帮助长风、同心饭店，每天杀3只羊，烧煮后供食面浇头和饭店菜肴。此外，他的生意做得很活，上海、苏州、无锡、常州等地的外贸部门，经常派人前来收购羊毛，订购羊皮、羊肠，一个小小羊肉摊为外贸作出了贡献。

第五代传人顾建华，推出了顾家白露羊肉，使白切羊肉提前上市，他还紧跟改革开放步伐，做大白切羊肉生意，日销量达10到15只，真正做亮"顾家白切羊肉"品牌，弘扬传统美食精华。

柯家走油蹄子

在陆家浜有一道菜肴赫赫有名,那就是柯家走油蹄子。同样是蹄子,做法不同,口味也就各不相同。柯家走油蹄子的烹饪方法可以说是独一无二的,做出的蹄子不仅色泽红润,蹄皮柔韧似皱纹纸,切开皮层后,里面的脂肪更是洁白如棉,油亮润口。更让人垂涎欲滴的是,蹄上的精肉酥而不烂,香、甜、鲜、辣四味俱全,深受男女老少喜爱。别看柯家走油蹄子只是一道美食,却已有百余年的历史,其中还有一个传承故事。

当年,陆家浜镇上有个杨姓的大户人家,他家的大少爷迎来结婚大喜,准备大办婚宴。因为柯家祖上就是从事厨师行业的,在镇上也颇有名气,当时他家烧制的走油蹄子虽还没有成名,却已是一道拿手的当家菜。东家特地上门邀请,要柯家厨师来掌勺,还专门点名要吃走油蹄子。

在陆家浜有个礼俗,走油蹄子这道主菜,上桌后只能看不能吃,到散席时是要赠送给贵客的。杨家为了显气派,特地关照当天值桌的告诉宾朋,上桌的走油蹄子可以放心品尝,让柯家另外加烧49只走油蹄子,用来馈赠49位贵客。

接到这个任务后,柯家当时的主厨柯老爷,想着儿子柯宝忠跟着自己做事已有多年,难得能遇上这样的大场面,该让他露露身手了。于是把柯宝忠叫到身边,一番吩咐后,就让儿子担起大梁当主厨,负责这场婚宴的全部烧煮工作。

听到手把手教自己的父亲这么一说后,柯宝忠也是下了决心要争口气。为了能一炮打响,圆满完成这项艰巨的任务,柯宝忠仔细看了父亲留下的那些配料单,按着主家预定的桌数,列出了食材清单,让主家派人按上面的数量去采购,唯有猪蹄他要自己选购。为此,他专程到集市上找到卖猪肉的摊点,告诉老板自己要160只三斤左右的新鲜猪蹄。

老板听说是杨家婚宴要用,自然也不敢马虎,按要求于婚礼当天一早送上了门。柯宝忠与打下手的人一起用清水将猪蹄洗干净,放进开水锅里,再放进清水缸漂洗干净,随后他开始一个人操作,亲手把泡熟的猪蹄放进装满水的锅中，投入老姜、黄酒、香葱、红椒、食盐等作料，用旺火烧煮到八成熟后出锅放凉。接着就是油汆，把煮熟放凉的蹄子分批入油锅汆。这是考验基本功的时刻，看到煎至蹄皮缩紧呈金黄色，蹄筋精肉红白分明、枯缩露骨时，柯宝忠赶紧出锅，因为他心里知道，火候过了，猪蹄会变老咬不动，火候不到又太油腻了。

接下来就是用温水把油汆过的蹄子进行涨发，让它恢复到原来的形状，随后把水涨过的蹄子放入大锅旺火烧煮，煮沸后加入酱油、红糖、桂皮、茴香等作料和调味品，等到酥而不烂、色泽引人、香味扑鼻时，这才焖着待出锅上桌。

由于柯宝忠的全心准备，不仅当天晚宴吃了108桌，创下新高，宾朋也对菜肴赞不绝口，特别是108只走油蹄子上桌后更是引起一个高潮。只见走油蹄子颜色鲜艳，造型别致，看看都是一份难得的享受。当被告知今晚的走油蹄子可以放心品尝后，宾朋们更是惊喜万分，纷纷伸出筷子去夹，一只走油蹄子很快就被吃得精光，有的连蹄骨也不放过，把它舔得不留油痕，大家都夸赞说还是第一次吃到这么鲜美的走油蹄子。

经过精心烹煮后的柯家走油蹄子，使得蹄内的维生素、蛋白质、蹄骨脂肪等多种养分全部得到充分发挥和凝聚，又是刚出锅，更是难得在宴会餐桌上食用，自然成为抢手美食。柯家走油蹄子一举成名，柯宝忠还意外地收到49位贵客每人一份赏钱。

柯家走油蹄子走红后，大家都把它当作最后一道主菜来招待客人。不过绝大多数人家还是遵循着以往的惯例，也就有了"吃七看八"的说法，意思是一般人家会上八道大菜，其中第七道是东坡肉，第八道是走油蹄子，东坡肉可以吃掉，走油蹄子又被称为"看蹄"，客人只能观赏，闻其香味，席后作为赠品，让贵宾带回家慢慢品尝。像杨家那样让客人在宴席上吃到走油蹄子只是个别现象。这样一来，走油蹄子更显贵重了。

为了这只能看不能吃的走油蹄子，还闹出过一个笑话。说有个小男孩，跟着大人一起去吃席。看到最后上来的这道主菜，平时非常喜欢吃肉的他，立马露出了惊喜的目光，人也从凳子上站了起来，主人才把肉碗放定，他的筷子已插到了蹄子里。这时，他感到有人在拉自己的衣服，回头一看是自己的母亲，管她呢，先吃了肉再说。只见他用筷子使劲一搅，一大块精肉就下来了，在一桌人惊讶的目光下，那肉就进了他的嘴巴，味道不要太好了。

看到男孩这一系列的动作，上菜的主人当即愣住了，好长时间才回过神来，满脸尴尬地说："走油蹄子要趁热吃，大家不要客气了。"说罢到厨房拿了双筷子，把已被挖走一块肉的蹄子给分开了。看到主人这么热情，大伙你一块我一块地把一只蹄子给消灭掉了。

本来想让桌上长辈带走的走油蹄子就这样被吃了，真要是让长辈空手回去，面子就丢到家了，幸好主人家里有两瓶好酒，这才算应付了过去。据说从没挨过打的男孩，那晚被父亲结结实实地揍了一顿，此后看到走油蹄子再也不敢贸然动筷了，生怕吃错了又得挨打骂。

正因走油蹄子是要赠送的，柯家在制作时产生了一个想法。那就是做成走油蹄子生坯，这样携带方便又不易腐变，等到节假日期间招待贵客，只要取出蒸熟即可食用。而且走亲访友时也能成为馈赠的佳品，此举得到了食客的一致好评。

现如今，传承百年的柯家走油蹄子已是一道特色菜肴，赢得消费者的青睐，成为宴席招待客人的佳品菜肴，畅销不衰，走红水乡江南。

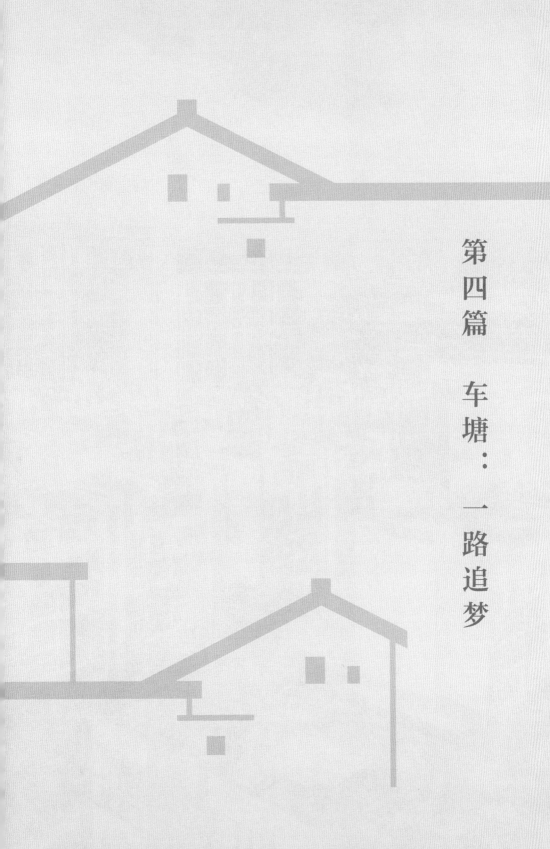

第四篇 车塘：一路追梦

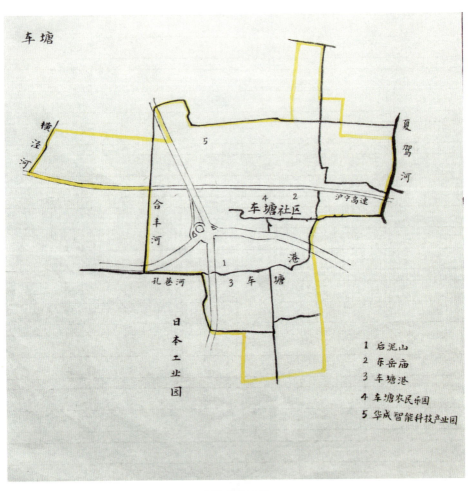

车塘手绘地图

一路追梦话车塘

车塘村，位于陆家镇西北部，东濒夏驾河与夏桥村隔水相望，南隔车塘江与神童泾村濒水相连，西沿中环路与合丰村毗邻，北倚金阳中路，水陆交通发达。

车塘，旧时又称"墨庄"，早在唐朝时就已建立村庄。关于车塘村名的来历，传闻不少，其中有传说是先有塘后凿港。相传，此地在平原冲积时留下一个天然的琵琶形大塘，东西走向，周边是一片平地。几十户人家相继在这定居，围耕种植，繁衍生息。大塘里的水是唯一的水资源，除了饮水和汰衣洗刷，各家各户在塘岸四周摆满了牛水车、风打车、人撑车和踏水车。夏秋季节，水车像琵琶上的弦一样，形成一道风景。这个村庄因此被命名为"车塘"。

当时，村民种田还是靠天吃饭，遇上干旱年，大塘底裂，无水灌溉，禾苗枯黄，百姓遭殃。治水是当地百姓唯一的出路。在地保、里老的倡导下，村民们先后在大塘东、西两端开挖河道，东至夏驾河，西接广浦河，流通青阳港，全长2.1千米，河道命名为"车塘港"。此后，车塘港两岸百姓旱涝无患，安居乐业。

千百年来，车塘是江南历史文化传承的名村，东汲山流传着十三妹大战能仁寺的民间故事，后汲山有着猴泥山、鲤鱼石、望港亭与逸仙廊等传说。同时，车塘又是佛教、道教的圣地，先后有东岳庙、金太太庙、府神庙、崇恩观、阎王殿等6座庙宇，并形成了三大有特色的庙会节场。庙场上有舞段龙、闹花灯、摇荡船、调狮子、唱大戏、变戏法、念宣卷等表演，还有各类竞技比赛，现场人山人海，锣鼓喧天，热闹非凡。尤其是各路商客设摊推销各种民用商品，盛会给村庄带来了繁荣昌盛。

梁天监二年（503），有一魏氏长者捐出自己的宅院，改造成罗汉禅院，把四邻八方那些虔诚的信徒都聚集在一起。后唐长兴二年（931），人们把罗汉禅院扩建为德义院。宋大中祥符元年（1008），人们又重新建造了规模宏大的能仁寺。鼎盛时期，方圆千里的信徒们都来能仁寺敬香拜佛。一时间，通往能仁寺的路上香气袭人，能仁寺前的一座石桥因此名叫"香花桥"，通往能仁寺的一条路名为"香花路"。

昔日的繁华盛景早已烟消云散，但从"无天陆家浜"的民间俚语中似乎能感受到能仁寺曾有的风光。据说当年能仁寺的香火极为旺盛，敬香拜佛的人终日络绎不绝，能仁寺整日笼罩在香火之中，连能仁寺上面的天空都被遮盖住了。人们抬头朝天上看，却只能看到能仁寺的香火迷雾，于是人们都说能仁寺所在的陆家浜没有天空，"无天陆家浜"就这样传开了。

新中国成立后，车塘经受了时代变革的考验，庙、观、寺相继被改建成学校、企业、道路、住宅和粮田。车塘村民积极投入社会主义现代化建设，让全村人民富裕幸福。

香花路街景

　　车塘在新中国成立初属于昆山县蓬阆（1966年改名为"蓬朗"）区白杨乡，1954年划入菉葭区，1958年人民公社化时取名"车塘大队"，1982年改称"车塘行政村"。2001年，车塘与新春村、石头湾村合并，成立新的车塘村村民委员会。

　　在改革开放的进程中，车塘村积极开拓出一条富民强村的道路。2004年，创办陆家镇首个富民合作社，共投资金额1000多万元，年均回报率在15%左右，参股数占全村总户数的50%以上。车塘村积极开展新农村建设，逐步壮大村级经济，并先后投入千万元资金，加强对全村道路、环境及其他设施的改造建设。

　　走进现代化建设中的车塘，渐渐褪去旧时江南水乡的风貌，只见宽阔笔直的马路旁，商铺林立，好一个繁华热闹的集市。车塘村村委会附近，有一座农民乐园，那是村民们休闲娱乐的好去处。昔日企盼风调雨顺、四季丰收的人们，如今正安享着盛世好年华。

　　在车塘境内，有一座崇恩观非常有名。据史料记载，宋朝诗人范良遂捐献宅基建造道观，因观内主供神灵东岳大帝，故称"车塘东岳庙"。清乾隆皇帝下江南时赐额"崇恩观"。19世纪中期，太平天国战争波及车塘村，道观被付之一炬，清同治年间又恢复重建，直至新中国成立后因修建学校而被拆除。

　　改革开放以后，随着政策落实，道教活动逐渐复苏。崇恩观于2005年由昆山市道教协会负责恢复重建，供奉有东岳大帝、财神、药王、文昌、城隍等神灵，并恢复庙会节场活动。2010年，东岳庙会被列为第三批昆山市级非物质文化遗产，有效地保护了这一项道教文化和传统风俗。

　　曾经祖祖辈辈面朝黄土背朝天，而今远离农具的老头老太们，口袋里揣着养老金卡和医保卡，小日子过得有滋有味。他们可以在老年秧歌队里扭一扭腰，可以在车塘乐队里展一展歌喉，照样也可以在庙里烧一炷清香。香火旺盛，不正是盛世年华的好兆头吗？兵荒马乱的年代，神佛都没有立身之地，哪来一路追梦啊！

在庙东侧不远处，有一座小学，孩子们在这里学习科学文化知识。琅琅的读书声，常常伴着袅袅的香火飘向遥远的天际。

车塘农民乐园

2021年9月，陆家镇撤销车塘村村民委员会，调整为车塘社区居民委员会。村改社区后，在新时代进程中，车塘社区以"网格化、大数据、积分制"为主要抓手，创新建立"4+1"家庭积分管理制度。"4"代表"破解社会治理攻坚难题""倡导乡风文明村规民约""助推生活垃圾分类工作""倡导公益服务暖心关爱"四大积分规则，"1"代表"发挥党员先锋模范作用"积分规则。因为成绩突出，车塘近年来获评江苏省文明村、苏州市先锋村、昆山市先锋基层党组织等。

在车塘这片神奇的土地上，传统与现代、农业与工业、科学与信仰、外来与本土，一切都合理地存在着，一切都安详地融合着。

风雨能仁寺

在历史上，陆家有一座规模宏大的寺庙——能仁寺，位于陆家镇北部，在车塘村境内。据史料记载，能仁寺是梁天监二年（503）由里人魏氏所建，初为罗汉禅院；后唐长兴二年（931），改为德义院；宋大中祥符元年（1008），改为能仁寺。寺后为东山，有一座春风亭。大殿前有双鲤鱼石，每当阴雨天能见鱼迹。

能仁寺在历史上因为战火等原因多次被毁坏，后又多次进行过修缮。明洪武年间，僧永年重建。清康熙初，邑人金瑞玉重修，之后被毁。现只留下高达10余米的土墩，俗称"后泥山"。

关于能仁寺，在陆家有很多传说。

明朝永乐初年，能仁寺内梵声阵阵，香烟袅袅。每年农历四月十八到四月二十，举办3天庙会，总是人山人海，热闹非凡。

这天深夜，忙碌了一天的人们都已进入梦乡，寺庙四周寂静无声。忽然，一阵急促的敲门声打破了沉寂，小元和尚与在寺内值夜的惠空法师被惊醒了。二人披上袈裟来到园内，刚打开庙门，门外就跌进来一个人，那人不偏不倚，正好倒在了小元和尚的怀里。

借着淡淡的月光，二人看清，是一个三十来岁的年轻人，眉清目秀，皮肤白嫩，只是身上多处受伤，虚弱得连站都站不住了。看这架势，不是仇家寻仇，便是歹人追杀。惠空法师刚想说多一事不如少一事，可小元和尚已将那人抱入了庙门，于是他也只好改口："我佛慈悲！救人一命胜造七级浮屠。"

二人刚把年轻人扶进禅房，他就晕过去了。等帮他擦洗干净，敷上伤药，屋外的天色已慢慢放亮了。这时，门外又"嘭嘭嘭"响起了砸门声。小元和尚开门一看，门外吵吵嚷嚷围着好多人，为首的是女侠杨三妹，她骑在马上，挥舞着宝剑，让小元和尚把人交出来。

叫嚷声惊动了惠空法师，他战战兢兢地来到门前，一看情形已明白了八九分，心想："幸亏我早有安排。"惠空问杨三妹来找何人，杨三妹说来找她的未婚夫安公子。惠空法师又问："你怎么知道安公子在寺庙内？"杨三妹哈哈一笑，指着庙门说："老和尚，你看你的庙门上还留着他的血手印呢！"

惠空法师见无法隐瞒，便又改口道："女侠请息怒！老衲已差人去请知府大人，等知府大人一到，人自然会让你带走的。"

果然，没过多时，小元和尚已将知府大人杨海山给请来了。等听完两人的述说，杨知府也为难了，他将惠空法师拉到一边，劝他把安公子还给杨三妹。惠空法师没办法，很不情愿地回到禅房，磨蹭了老半天，才把安公子从禅房内背了出来。

等杨三妹带着安公子离开寺庙，惠空法师突然"扑通"一声跪在地上，说出了一个惊天秘密。昨晚，惠空法师在给安公子清洗伤口时，在安公子的包裹内发现了一方玉玺，正是失踪已久的建文帝的大印。自从"靖难之役"后，建文帝就失踪了，永乐皇帝朱棣愁得睡不着觉，吃不下饭，派出大内高手四处寻找。惠空法师做梦也没想到，建文帝跑了半天，竟落到了自己的手里。他又惊又喜：惊的是，这事如果处理不当，那可是要脑袋搬家的；喜的是，要是能安排周全，也许就此青云直上。

惠空法师拉着杨知府进了禅房。这禅房一共两间，外边一间是小元和尚睡的，里边那间是惠空法师睡的。杨知府随惠空法师刚走进里边那间，就看见床上躺着一个人，双目紧闭，气若游丝。惠空法师告诉杨知府，这床上躺着的就是杨三妹想找的安公子，而刚才他背出去的那个人，是小元和尚假扮的。

按照惠空法师的安排，杨知府当即给皇上写了封奏折，谁知，他前脚刚差人去送奏折，杨三妹后脚就闯了进来。她指着惠空法师破口大骂，惠空法师躲在杨知府身后一声不响，等杨三妹骂累了，杨知府才出来打圆场。他按照惠空法师的授意，说过几天等方丈云游回来，给安公子服下"还魂丹"调治一下，最多不超过七八天，就可以把人还给杨三妹。其实，杨知府心里明白，不出十天，皇上的圣旨就到了，到那时，杨三妹就是有三头六臂他也不怕了。见今天不能硬来，杨三妹只得无奈地离去。

杨知府的算盘没有打错，第六天晚上，方丈真的回来了。在惠空法师的劝说下，方丈不顾旅途疲劳，当晚就给安公子诊了脉，服了"还魂丹"。经过两天的休养，安公子可以下床走动了。杨知府和惠空法师看到这情景，心里甭提有多美了。

正当二人美滋滋的当口，钦差大人也带着皇上的圣旨风尘仆仆地赶来了。只是令人大感意外的是，这位钦差大人不是别人，竟然就是女侠杨三妹。原来杨三妹的真实身份不是江湖侠女，而是永乐皇帝的大内高手。她这次南下，就是奉命抓捕建文帝的。这下，把杨知府和惠空法师吓出一身冷汗，两人赶紧带着杨三妹向禅房奔来。可走进房间一看，两人傻眼了，昨晚还好好的安公子，现在竟又躺在床上一动不动了。

"装什么死呀，我可被你害惨了。"惠空法师满腹怨气，刚想动手拉安公子，却被杨三妹一把推开了。

杨三妹怒目圆睁，大骂道："你们两个混蛋，到现在还在耍什么小聪明，是不是活得不耐烦了？"

二人被骂得莫名其妙，再朝床上仔细一看，直吓得倒吸一口凉气。床上躺着的不是安公子，而是小和尚小元。小元和尚被人点了穴，光瞪眼却不能动。杨三妹右手翻飞，在小元和尚身上蜻蜓点水似的点了几下，小元和尚"啊"的一声才缓过气来。

小元和尚说，刚才方丈来到禅房，趁他不注意点了他的穴位，然后救走了安公子。大伙一听顿时炸了锅，你推我搡地向后园冲来。杨三妹一脚踢开方丈的房门，却见方丈坐在莲花椅上已经圆寂了。房内没有安公子，杨三妹发疯似的命人四处寻找，可整个庙宇都翻了个遍，还是不见安公子的半点影子。

眼看到嘴的鸭子要飞了，杨三妹气得暴跳如雷，她不相信一个大活人能在众人眼皮底下消失。今天活不能见人，便是死了也得见到尸体，要不然皇上那边就无法交差了。杨三妹一声令下，无数火把向庙宇间飞去。刹那间，偌大个能仁寺变成了一片火海。

大火烧了一天一夜，把能仁寺烧得片瓦不留。等火灭了，人们才发现，方丈的莲花椅下面是个地道。杨三妹第一个冲了进去，这是一条直通外界的地道，但安公子却没有逃脱，而是坐在地道内活活被烟熏死了，那样子看上去很安逸。"他明明可以逃生，可为什么不走呢？"这个疑问杨三妹直到死都没有弄明白。

其实，这个安公子并不是建文帝，而是建文帝的一个贴身随从，叫小安子。因为他长得颇似建文帝，所以才扮成主子的模样，在外边招摇过市，吸引众人，结果真的把杨三妹等人给骗住了。

后泥山的传说

车塘村有座泥山叫"后泥山",又名"猴泥山",这里有一个有趣的传说。

相传很久以前,陆家浜车塘岸边并没有泥山,只是一块平地。那个时候,岸边的居民和孩子们都喜欢到那块平地上去,居民们在那边劳作、休息,孩子们在那里放牛、玩耍。

在这群放牛娃中,最顽皮的要数胡福山的儿子胡平元了。胡平元是胡家老三,天真活泼、聪明绝顶,按村上老人的话说,那娃是拆天拆地,天不怕地不怕。胡福山拿这个儿子也没办法,只能放任不管。于是,胡平元成天在外面撒野,经常玩得一身泥回家,村里人就为他取了个外号叫"泥猴子",久而久之,胡平元的真正大名倒没人叫了,无论大人小孩都管他叫"泥猴子"。

话说这"泥猴子"也是真顽皮,但他心地善良,常常帮助村里的老人做些力所能及的事,老人们也打心眼里喜欢他。"泥猴子"除了心眼好,还能说会道,村里的孩子们都服他,很快,他就成了当地有名的小孩王。每天,"泥猴子"率领着他的孩儿团割草、放牛、玩耍。"泥猴子"还会说笑话,每说完一个笑话,就把大家逗得哈哈大笑。除了说笑话,"泥猴子"还会讲故事,而且讲得惟妙惟肖、活灵活现,孩子们都信以为真。

有一天,"泥猴子"照往常一样,带着他的孩儿团在车塘岸边的荒地上放牛,他们在草地上打滚、摔跤。玩累了,一帮人就躺在地上,望着天空,天南地北地聊起来。再后来,实在没话了,他们就求"泥猴子"给他们讲故事。

"泥猴子"转动着大眼睛,想了想,说:"这次我跟你们讲个真实的故事吧。"孩子们马上拍起手来,异口同声地叫好。"泥猴子"开始绘声绘色地讲道:"昨晚我做了个梦,梦到自己碰到了一个白发仙翁,仙翁说我们这边没什么玩的,要送我们一座泥山,好让我们爬山玩。"孩子们一听都一愣,爬山?这是多么美好的事情呀,这是孩子们梦寐以求的,可是,这里一直都是平地,连个土堆都没有。堆一座山谈何容易,孩子们摇头叹息,都说:"原来是梦啊,梦就是假的。""泥猴子"说："可是，我感觉这个梦是真的呢。"孩子们笑了，笑"泥猴子"傻。

"泥猴子"见别人不信，也懒得理他们。这时，天空乌云四起，眼看着一场大雨即将来临。孩子们叫嚷着："快跑，快跑，要下大雨了。"一眨眼的工夫，雨就下起来了，岸边就剩下"泥猴子"一人，他不急着回去，爬上牛背继续放他的牛。

突然，一阵怪风刮来，差点把"泥猴子"从牛背上吹下来。"泥猴子"眼疾手快，赶紧抓起一把伞挡风，虽然那把伞早就沾满了污泥，脏得不成样子，但挡风的效果还是不错的。这时候，"泥猴子"听到有人说话："喂，'泥猴子'，你挡风的那个是什么东西？""泥猴子"定睛一看，一位身穿长衫、满头白发的长者不知何时站在他的面前。

"泥猴子"觉得这位长者有点面熟，好似在哪里见过，他看着沾满烂泥的伞，笑道："这是猴泥伞呀。""猴泥伞！"长者抚着白胡子哈哈笑道："好名字呀，今儿我高兴，你说个愿望吧，我帮你实现。""泥猴子"盯着长者看，说："我们在哪里见过吗？我怎么觉得见过你？"长者又一阵哈哈大笑，说："在梦中。""泥猴子"一听，拍了下脑袋，说："对的，就是在梦中。咦，你怎么知道的？"长者微微含笑点头，道："我是拔山大仙，所以你的梦可以成真。""泥猴子"一听，大喜："真的？你真能送一座山给我们？"拔山大仙说："绝不食言，但这次我只能满足你一个愿望，你可想好了。""泥猴子"说："一个就够了，我不要什么，只要一座山，这样我们这里的孩子就可以爬山玩了。"

"好。"拔山大仙说完，伸手从后颈取出一把折扇，仰天摇晃了三下，将折扇向能仁寺东侧一扇，嘴里念念有词。只听"轰"的一声，声音震动方圆百里，把附近的老百姓吓了一跳，以为出了什么大事，纷纷跑向车塘。瞬时间，一座高十丈、周长百米的泥山突然出现。"泥猴子"瞪着眼睛，看得呆住了。当他终于清醒过来，再找拔山大仙时，早已不见踪影。这时候，大雨倾盆，"泥猴子"被淋成了一个落汤鸡。

一时间，车塘出了座泥山的消息传开了，邻村的老百姓也都前来观看。再说那"泥猴子"，他帮全村的孩子们实现了心愿，很是开心。只是，拔山大仙施

后泥山遗址

法那天的大雨让"泥猴子"受了寒，本以为吃几次药就好了，没想到一直高烧不退，从此一病不起。父亲胡福山请了许多中医来给他看病，都摇头而去。有一位年纪很大的医生为"泥猴子"把了脉，说："这病有点奇怪，按说不会这么严重。"最后，老中医感叹道："天意呀！"

"泥猴子"死后，村里的老百姓为了纪念"泥猴子"，就把泥山叫作"猴泥山"。"泥猴子"下葬后没多久，他看守多年的老牛也随他而去了。说来也奇怪，不久后，猴泥山山顶东侧上长出一棵青松，青松旁边突然出现了一头石牛，牛背上爬着一个"泥猴子"。

村里人都说那是"泥猴子"和老牛的化身。也有传说，说"泥猴子"跟着拔山大仙走了，只因那拔山大仙看中了"泥猴子"的聪明、调皮、善良，很是喜欢，就把他带在了身边。从此，"泥猴子"跟着拔山大仙环游大好河山去了。

但"泥猴子"和猴泥山的传说一直流传至今，后来，人们又把猴泥山的"猴"字误传为"后"，也就出现了"后泥山"的叫法。

望港亭与逸仙廊

陆家浜有许多美丽的传说，镇八景之一的望港亭和逸仙廊就是其中之一，美如仙境的地方竟然在东山一夜间形成，不得不说这个故事充满着奇迹。

相传，陆家浜汾水龙王有个女儿，长得美丽，心地又善良，最难得的是还足智多谋。这个女儿从小就喜欢跟着龙王打转，很受龙王的喜爱，取名为"姣姣"。姣姣公主与别的公主有所不同，在她的姐妹们学着做女红和打扮的时候，她只喜欢跟着兄长们在外玩耍，久而久之，养成了男儿般豪爽的性格，喜欢广交朋友。龙王本就是豪爽之人，见姣姣没有一点女孩儿的娇羞，完全是一个女中豪杰，更是宠爱有加。

姣姣公主长大后，不想像别的公主那样成日里无所事事，就向龙王恳求恩赐她一个差事。龙王说："你一个女孩家，能做什么？"姣姣公主不服气地说："父王小看我了，我虽是女儿身，却志在四方，也是能为您分忧解难的。"龙王大笑，说："好一个分忧解难！父王身边就缺能为我分忧解难的孩儿。"于是，龙王就把姣姣公主封为巡吏。巡吏可不是个好差使，专管河神，而河神们分散四处，要管好他们也并非容易的事。

姣姣公主一上任就非常勤快，每日里马不停蹄地赶往各地，查看各地的河流情况。一天，她去了车塘港。她问侍从："车塘港的河神是谁？"侍从回答道："公主，此处的河神叫'浪浪'，这个车塘港由他管理。"姣姣公主站在车塘港上，放眼望去，河水洁净，周边有渔民在捕鱼，江边有百姓在洗衣，一派安居乐业的繁荣景象。姣姣公主很高兴，说："这浪浪河神还算有点本事。"

说话间，有人来报："禀报公主，浪浪河神前来接驾。"姣姣公主还没反应过来，但见一个翩翩少年出现在她面前。姣姣公主细细看去，见少年浓眉大眼，嘴角微微向上，正向她微笑呢。少年躬身行礼，说："不知公主驾到，没有远迎，望公主见谅。"姣姣公主一听，赶紧收回目光，轻咳了一声，说："无妨，不知者无罪。"姣姣公主本以为浪浪河神是个白发老头，没想却这般年轻，惊讶之余也很感慨，心想："这少年到底有什么本事，怎么把车塘港管理得这么好呢？"姣姣公主一下子忘了劳累，命令浪浪河神陪同，一起巡视车塘港。

一路上，两人时而化身鱼儿，游于车塘港中，了解水中的情况，时而化成鸟儿，飞翔在车塘港的上空，视察江面的情况。浪浪河神对姣姣公主照顾周到，一路上更是侃侃而谈，详细介绍车塘港，还讲了他如何治理车塘港的大水，如何组织周边百姓筑坝，等等，姣姣公主听得入了迷。

来到车塘港的岸边，浪浪河神指着一座泥山说："这座泥山不知是何时冒出来的，不过很神奇，自从有了这座泥山后，能仁寺的香火越来越旺，江边百姓的生活也越过越红火。"姣姣公主听后，要去泥山上看一看。浪浪河神说："泥山上没有什么东西，真没什么好看的。"姣姣公主不信，说："这么神的山，一点东西都没有吗？"浪浪河神说："不信，我们上去转转。"

于是，俩人跃上泥山，在山上兜了一圈，发现泥山上除了泥猴子和他喂养的石牛，确实没有什么了。姣姣公主惋惜地说："可惜了，这么好的环境。"突然，姣姣公主提议道："既然来了，我们何不在泥山上作法留下点景致，好供后人游玩观赏呢？"浪浪河神一听大喜，拍手道："好啊，我也正有此意，请公主作法赐这泥山美景。"

姣姣公主沉思了一会儿，掏出一块洁白的手帕，摊在石牛背上，随手摘下一枝猴子松，就在手帕上画了起来。只一会工夫，姣姣公主扔掉猴子松，对浪浪河神说："看，怎么样？"浪浪河神拿过手帕一看：猴泥山上一座漂亮的亭子落成，亭边一条长廊直通能仁寺。浪浪河神连声说好。"好"声还未落，姣姣公主已经飞上云霄，她从嘴里吐出母后送与她的一颗璀璨神珠，抛入空中，正好落在了猴泥山上，此时，山上闪闪发光，一座亭子瞬间出现，亭子的六根柱子

老车塘沿岸

像刚出土的春笋。一条通向能仁寺的仙廊紧随其后，像一条真丝彩带，飘向能仁寺，一阵风吹来，彩带随风摆动，如梦如幻。泥山上顿时光芒四射。浪浪河神见此，马上拿出了祖传的宝贝螺石椅，抛向泥山亭，螺石椅正好落在仙廊旁边，这宝椅是由千万只螺蛳献身结晶而成的，坐上后有疲劳顿消的奇效。这下，这如画的景致更加完美了。

泥山一下子成为仙宫，被人称为"东山仙境"。浪浪河神请姣姣公主为亭子和仙廊赐名。姣姣公主不假思索地说："就叫'望港亭'和'逸仙廊'吧。"浪浪河神捡起一枝青松，一跃而起，挥笔在亭上写上了"望港亭"3个大字。因此

113

民间便有了"姣姣献亭、浪浪题额"的说法。

　　自此，游客来泥山游玩，都会坐一坐螺石椅，据说有修身养性、舒心解闷的功效。据说有一个不孕的女子，前来能仁寺拜佛求子，烧完香就从仙廊上山一游，途中累了，就坐在螺石椅上休息。回家不久，那女子就怀上了孩子，后人便传说这螺石椅有送子怀孕的奇兆，便把螺石椅称为"修心椅""子孙椅"等。于是，方圆百里的香客络绎不绝地来进香，一游仙境。姣姣公主和浪浪河神的传说也便越传越远。

鲤鱼石的故事

　　车塘港在陆家镇车塘村境内，当地民间流传着一个美丽的神话故事。

　　传说，龙王的女儿姣姣公主和河神浪浪在车塘港大显身手，使得车塘港有了望港亭和逸仙廊这样的仙境，深得老百姓的喜爱。龙王的女儿们知道后，纷纷表示向往，都想去那里一睹美景。龙王一看女儿们都要去，那怎么得了，只得下禁令，没有他的允许，公主不得走出龙宫半步。这么一来，公主们只能作罢。但是龙王最小的女儿玲玲不甘心，几次想逃出去，都被捉了回来。

　　龙王把玲玲公主关了起来，命令螃蟹将军亲自看守。这个螃蟹将军平日对玲玲公主就好，据说螃蟹将军因工作失误差点被军法处置时，玲玲公主出生了，龙王大喜，就饶过了螃蟹将军。自那以后，螃蟹将军就把玲玲公主视为救命恩人，看着她长大，在她身边保护着。玲玲公主请求螃蟹将军放了她，并帮她逃出龙宫。螃蟹将军问："公主还回不回来了？"玲玲公主说："我是龙女，自然要回来的，我只是想出去看看世面。"螃蟹将军思索半刻，说："好吧，我就帮公主完成这个心愿。"说着，螃蟹将军从身上拿出一件红鳞衣，说："穿上它，公主可化成一条红鲤鱼，逃出宫去。千万牢记，到了龙日那天一定要回宫，不然龙王发怒，你我都没好下场。"玲玲公主点头，将这番话牢记在心。螃蟹将军又叮嘱道："回来时，这件红鳞衣不许带回，务必要由一个善良的未婚男人送到东山的螺石椅旁，这样你才能安全回宫。"玲玲公主问何故，螃蟹将军说："天机不可泄露，这是红鳞衣的使命，而这个使命必须由一位公主前去完成。"

玲玲公主很是欢喜，既能出去游玩又能帮红鳞衣完成它的使命，那何乐而不为呢？况且她年纪尚小，功力还不够，要逃出去只能穿上红鳞衣来变身红鲤鱼。玲玲公主二话没说，就穿上了红鳞衣，一瞬间，玲玲公主就变成了一条八两重的红鲤鱼。红鲤鱼混入了虾兵蟹将中，逃出了龙宫。

来到车塘港，看到那里风景如画，玲玲公主陶醉了。她时而窜入水中，时而跃出水面，跳到泥山上，好不快活。也是玲玲公主自己不小心，在跃出水面时，被一根水草绊了下，扭伤了脚。玲玲公主疼痛不已。这个时候，突然电闪雷鸣，天空乌云密布，眼看着一场大雨即将来临。玲玲公主想："反正一时也回不去，就在此地休息吧。"于是躺在湖底的一块大石头上睡了起来。

朦朦胧胧中，玲玲公主感觉自己躺在一个袋子中摇晃，还以为在做梦，就轻轻掐了自己一下。她感觉有点疼，知道不是做梦，睁开眼一看，原来自己在一个渔网中，玲玲公主这才知道自己被渔民捉住了。本来以玲玲公主的功力脱网是分分钟的事，可是她竟然觉得蛮有趣的，而且自己的脚受了伤，走不了多远，何不到那个渔民家里休养几日，也顺便看看岸上的百姓是怎样生活的。这么一想，玲玲公主就心甘情愿地被渔民带回去了。

抓住玲玲公主的渔民姓徐名小二，是车塘岸上的一个孤儿，从小靠叔父拉扯长大，因家里贫穷，一直娶不到媳妇。徐小二租了2亩地糊口度日，平时以捕捞打鱼为生。这日，眼看着要下大雨，徐小二还没捕到一条鱼，于是，他在车塘桥南抛下最后一网，决定不管这一网有没有鱼都要收网回家了。没想到，收网时捞到了一条七八两重的红鲤鱼，红鲤鱼两眼忽闪忽闪地望着徐小二，很是让人怜爱。徐小二小心翼翼地把红鲤鱼放在篓子里，开开心心地回家了。

回到家里，徐小二把红鲤鱼养在水缸中，每天要换四五次水，精心喂养，晚上，还要起夜查看，就怕猫把鲤鱼叼走了。其实水缸上盖着盖子，根本不用担心。玲玲公主就笑徐小二傻，可那恰恰证明他善良，心里还是很感动的。

从此，每当徐小二出去干活或者捕鱼，玲玲公主就会恢复龙女之身，帮他收拾屋子，洗衣做饭，把一个破旧的家打扫得干干净净的。收拾妥当后，若尚早，玲玲公主还会去附近的渔民家里串门，和岸上的阿婆阿婶们聊天。有几次，她有意无意地说到徐小二，渔民们都夸他是个好后生，勤劳朴实，心地善良，又乐于助人。玲玲公主听着心里美滋滋的，心想若能嫁给这样的人多好啊！出去闲逛时，玲玲公主也是会看好时间的，总会在徐小二回来前回到家，变身红鲤鱼后，在水缸里优哉游哉地玩耍。

回家后的徐小二做的第一件事就是看红鲤鱼，见她游来游去的快活样子就开心。自从有了红鲤鱼后，最让徐小二纳闷的是家里变得干净了，而且灶上还做好了热气腾腾的饭。徐小二以为是隔壁阿婆帮他做的，跑去问阿婆，阿婆说没有。再去问邻居阿婶，阿婶也说没有。他百思不得其解。"难不成家里有仙？"徐小二想。

为了一探究竟，转天，徐小二照样拿着渔具出门了。只是，这次他没走多远就回来了，偷偷躲在门后，只见家里水缸的盖子动了，红鲤鱼从里面跳了出来，蹦跳了几下后，鱼鳞闪闪发光，一个楚楚动人的美貌少女出现在徐小二的眼前。徐小二看得呆了，他手中的渔具就掉到了地上，声音把玲玲公主惊动了。这时候，徐小二不得不从门后面出来，木讷地站着，不知该说什么。玲玲公主见他这副傻样笑了，说："既然你看到了也好，明天就是龙日了，我也不能久留，感谢你这几天的照顾。"

第二天，玲玲公主和徐小二依依告别，并赠与龙扇。临行时，玲玲公主把红鳞衣变为红鲤鱼化石，慎重地交到徐小二手中，说："等我走后，你把红鳞衣放到东山的螺石椅旁，记住，放的时候一定要先在石椅上坐一坐。"说完，她深情地握了握徐小二的手，伤心而去。

徐小二按照玲玲公主的叮嘱，来到东山，在螺石椅子坐下，只听"轰"的一声，红鳞衣从他的口袋里蹦了出来，一块造型逼真的红鲤鱼石就落在了螺石椅前，成了螺石椅的茶几。

从此，每逢雾天，人们会隐约地看到红鲤鱼石变成玲玲公主的身影，翩翩起舞，这一景致成为东山的一大亮点。

唱唱村里的"幸福歌"

车塘村位于陆家镇西北部，东濒夏驾河与夏桥村隔水相望，南隔车塘江与神童泾村濒水相连。改革开放以来，车塘村坚持以经济建设为中心，在经济、文化、社会发展、治安管理、环境卫生、农户拆迁、村容村貌、外来人口管理等方方面面做了大量工作，取得了不少成绩。车塘村干部群众团结拼搏，开拓创新，尽心、尽力、尽职，与时俱进，为建设社会主义的新车塘而努力奋斗。

"房东经济"让村民富了口袋

车塘村村民陈振球是一个普通的农民，当改革开放的春风吹到昆山，很多富裕起来的农民，都在思考如何把手里的存款变成更多的钞票。善于观察思考的陈振球发现，许多外来企业来到昆山后，急着投产见效益，可是又苦于没有现成的厂房。于是，陈振球大胆地提出了一个想法：联合乡亲们把手里的余钱投资建造标准厂房。

陈振球的提议很快得到了乡亲们的支持。他们向村里租了土地，把厂房建起来后，再把厂房租借给投资办厂的企业。2004年，当时的租金大约是80元每平方米，10年内基本上可以收回成本。

在陈振球的带动下，车塘村的村民们不种农田"种厂房"。来昆山投资的企业越多，租借的厂房需求也越多。"房东经济"成为昆山农民增加收入的主要来源。陈振球算了一笔账，厂房租借的年收益率能达到15%。

2004年，车塘村党支部书记在接受记者采访时，乐呵呵地说："车塘村用

车塘新景

于出租的厂房有9000多平方米，'房东经济'让村里的老百姓得到了实惠，农民单靠种田是拿不到这个收入的。这是改革开放给昆山农民带来的好处。"

第一家富民合作社

富民合作社最早开始于2000年，出现在陆家镇车塘村。

富民合作社，是以行政村或组为单位建立的一种农民组织。将农民相关资源集中入股，通过多形式的市场运作，年终按股分红。这一创新举措给农民吃了"定心丸"，让他们的收入有了稳定来源。在昆山，股本有的是土地承包权，有的是闲散资金，有的是专业技术，还有的是劳动力。

2000年，车塘村党支部书记和村里的一些农户成立了陆家镇车塘村首家农民投资协会。通过入股的方式，由投资协会在村里的建设用地上建造标准厂房、打工楼、店面房、农贸市场等用以出租，年底分红。这项措施很快得到了车塘村大多数村民的支持和拥护。入股的村民们得到了实实在在的经济实惠。后来，这一协会的运作方式在整个昆山市被推广，投资协会统一改为富民合作社。

便民服务得民心

车塘村有2000多位村民，为了更好地服务好村民，车塘村村委会开设了便民服务窗口，以高效、热情、贴心的服务，满足村民们的基本服务需求。

一

2013年8月16日上午，村委会会计蒋福元的手机响了起来。

"你好，183……号来电。"一听手机报号，蒋福元便清楚地知道，这是原石头湾村6组时桂芬家里人的来电。

在蒋福元的手机、电脑、办公室资料袋里，保存着车塘村2356名村民的联系方式和基本资料。为了区分清楚，蒋福元给每个人都编了编号。2001年，陆家镇行政区划改革，车塘村、石头湾村、新春村3个村合并成车塘行政村，村委会的服务对象一下子增加了1000多人。为了把每个村民记清楚，蒋福元自创"长短号"，给每户人家编号。

刚开始是手工记号。后来，蒋福元学会了用电脑，买了手机，便按照这样的编号建立了电子档案，存储了手机联系人名单。查询时，只需知道村民的姓名或者编号，便能在档案袋、电脑、手机里轻松获取其详细信息。

"查询村民资料只需要1分钟，真的很方便！"蒋福元的"系统"为前来办事的村民和村委会工作人员节省了不少时间。

二

2013年8月1日，车塘村村委会工作人员将一张丧假证明送到一村民手中。

丧假证明上写着："兹有贵公司员工陆明（化名），其母亲梁兰（化名）系我村村民，不幸于2013年7月30日病故，需奔丧。特此证明！"

同时送上门的，还有陆明母亲的死亡证明、留在村里来不及取走的资金账单、亡故后申领保险金的步骤单和他自己的继承证明。

这5张单子，省却了陆明到相关单位办理各种手续的烦琐程序，也为他接下来要做的事情理清了思路。

这是车塘村村委会为村民们提供的便民服务内容之一。村干部看到村里有人过世后，家属本就伤心难过，要料理逝者，招呼亲友，安排丧葬，哪里还有心思和精力去办理相关手续？为此，自2001年起，村委会便开始向逝者家属提供死亡证明、丧假证明、继承证明、债务清单、申领保险金5张单子送上门的服务，以减轻家属的负担。同时，村委会还会送上一个花圈，以示哀悼。

别小看这薄薄的几张纸，它们可为村民省下了不少精力，同时也体现了村委会为民所想、解民所忧的贴心服务。

三

车塘村多数年轻人在外务工，每次遇到证件挂失、老人证办理、银行取款等事宜时，老人们总有诸多不便。于是，村委会工作人员为其代劳便成了家常便饭。

在村会计蒋福元的记录本里，记录着村里756位退休老人的身份证、老人证、医保卡、市民卡等证件号码，遇到老人证件丢失需要挂失时，他便调出资料，为老人到相关部门走一趟。

工作10多年来，蒋福元从未出过差错，有些老人信任他，还让他去银行代为取款。其实，车塘村村委会每个工作人员都不止一次为村民跑过腿：邮寄信件，采购日用品，办理证件和证明……

无论哪件事，村委会工作人员都尽心尽力去完成，且从不要报酬。而这样的办事方式也让村民的心里更踏实。车塘村的老人们经常夸赞说："村委会里都是热心又可靠的人，我们都放心让他们办事。"

车塘村的便民服务事例还有好多，每一项便民措施，都深入民心，赢得了村民们的赞许。

"无天陆家浜"和"眼望陆家浜"

"无天陆家浜"和"眼望陆家浜"是吴语地区的方言。"无天陆家浜"表示很大的意思，比如某个人吹牛吹豁边了，就说"这人牛皮吹得无天陆家浜"。"眼望陆家浜"有心不在焉的意思，比如老师上课讲得认真，学生却开着小差，这时大家会说："老师在台上讲，他在台下眼睛望着陆家浜……"

这两句方言，都与陆家车塘村境内的能仁寺有关。

据史料记载，能仁寺是梁天监二年（503）由里人魏氏所建，初为罗汉禅院；到了后唐长兴二年（931），改为德义院；宋大中祥符元年（1008），改称"能仁寺"。能仁寺多次毁于战火，又多次得到修缮。在修缮中，规模一次比一次扩大。能仁寺规模最大时是在清康熙、乾隆年间，当时，能仁寺殿宇重重，共建有5000多间，分布在东到夏驾河、西至青阳港、南到吴淞江、北至太仓塘这样大的范围内。能仁寺规模大，影响范围更广。每到寺庙祭祀之日，善男信女们从四面八方云集而来，烧香磕头，求神拜佛。方圆上百里都能听到撞钟声和念经诵佛声，都能见到袅袅的香烟。

因到处是烟雾，在陆家浜抬头望天，只能看见遮天蔽日的烟雾，很难看见青天白日，所以有"无天陆家浜"之说。当然，开始时，"无天陆家浜"只是用来形容能仁寺的规模。后来，这一吴语的语义有了变化，也用于形容其他事物。再后来，又被用来形容吹牛等现象，且带有贬义。

"眼望陆家浜"的出现，不仅与能仁寺有关，而且与朱元璋和张士诚这两位历史人物有关。

元朝末年，民不聊生，各地爆发起义。元至正十六年（1356），张士诚从苏北起义，渡江南下，占领平江府（今苏州）。他起初自称"周王"，建都苏州后，改称"吴王"。张士诚一方面修缮城池，从事建设，为苏州百姓做了不少好事；另一方面举兵西上，与朱元璋对抗，力争扩大地盘，进一步称王称霸。但是，在军事较量中，朱元璋的军队所向披靡，张士诚的部队节节败退。不到10年，张士诚就被朱元璋打败了。

据说，朱元璋的军队攻占苏州城时，没有捉拿到张士诚。他躲过一劫逃了出来。因为他在百姓中的口碑很好，有不少拥护者，所以被一些百姓保护了起来。他们带着他逃出苏州，一路东行来到陆家浜能仁寺。能仁寺在张士诚称王的10年里得到很大发展，和尚们对他心怀感激。他们见张士诚落难，二话没说，就让他假扮和尚，在寺里藏了起来。

能仁寺的住持天天给张士诚讲经，也天天跟他谈心。住持知书达理，句句都讲到张士诚的心坎上。他见大势已去，且朱元璋也做了不少有益于百姓的事情，很快也得到了老百姓的拥护，就劝说张士诚放弃与朱元璋斗到底的想法。一开始，张士诚总想不通，觉得还要跟朱元璋对抗下去，否则就对不起那么多战死的弟兄。后来，张士诚的想法有所改变。他也觉得国泰民安是最重要的，如果一直打下去，不仅会让更多战士作无谓的牺牲，也会使更多百姓流离失所、家破人亡。张士诚想通后，也就安心待在能仁寺了。他还利用在能仁寺的有利条件，不时对一些前来烧香拜佛的人做起了住持给他做的那些思想工作。

就在张士诚放弃跟朱元璋斗到底的想法后不久，他从一群烧香百姓的交谈中得知，他原先的一个部下在太湖三山岛上拉了一帮人要跟朱元璋决战到底。张士诚知道三山岛的情况，那里地势险恶，是一个易于防守的地方。但是，三山岛毕竟是太湖中央的岛屿，周边的水路运输一旦被切断，用不着从外面去进攻，岛屿上的人就会撑不下去。再说朱元璋已比以往任何时期都强大，几百个人依靠一个小小的三山岛去跟朱元璋斗简直是以卵击石。张士诚想着，就为那部下和士兵着急。他决定亲自去三山岛一趟，劝说他们。他跟住持商量了一下，然后乔装打扮，一个人上了路。

然而，张士诚走了不到半个时辰，还没有走到昆山城，一支朱元璋的部队发现了他。那支部队原本要到陆家浜去，正好与他相遇。为首的小官发现他有点可疑，就把他扣下来押回昆山城里。在昆山城里，张士诚被那里的守军认出，这事就闹大了，惊动了远在南京的朱元璋。因为昆山离南京有五百多里路，说远不远，说近也不近，如果让昆山守军把张士诚押到南京去，路上万一出个什么意外，事情就不好办了。为此，朱元璋命令驻守在苏州的部队前来增援昆山，要求对张士诚严加看管，然后他带上大批人马连夜往昆山方向赶来。

后来，朱元璋就在昆山的迎薰门那里审问张士诚。朱元璋一开始并不想杀他，只是想让他交代清楚他在苏州城破后的去向以及这次重新出来的目的。朱元璋知道张士诚是一个不可多得的人才，想慢慢地感化他，让他归顺自己。可是审讯并不顺利。张士诚对朱元璋还有顾虑，好多话还不想说出来。他怕说出这些天自己待在能仁寺会使能仁寺遭遇不测，更怕说出手下在三山岛上谋划着与朱元璋决战到底，会让他们遭受灭顶之灾。张士诚不主动交代，让朱元璋很恼火，他觉得张士诚不死心，还想谋反。

就在这时，一阵风把能仁寺上空的烟雾送了过来。张士诚下意识地抬头望去，定定地看着烟雾，看着能仁寺和陆家浜的方向。张士诚想到了带自己逃出苏州城的老百姓，想到了能仁寺的住持和众和尚，想到了烧香拜佛的民众，不由得走了神。朱元璋后来再审问他的话，他都没有听见。

张士诚眼睛望着陆家浜，那种心不在焉、对朱元璋藐视的样子让朱元璋大怒。朱元璋断定他还在拉着一帮人反自己，为了"擒贼先擒王"，让跟着他谋反的人闹不起来，朱元璋果断决定处死张士诚。

这件事情传开来以后，"眼望陆家浜"的吴语也就慢慢传开了。

东岳庙抢亲习俗

在车塘村，有一座崇恩观。据史料记载，崇恩观始建于南宋初期，原为宋朝诗人范良遂的宅基，因观内主供神灵东岳大帝，故称"车塘东岳庙"。清乾隆皇帝下江南时赐额"崇恩观"。太平天国时，道观被付之一炬，清同治十二年（1873）又恢复重建，新中国成立后因修建学校而被拆除。2005年，昆山市道教协会重建东岳庙。2014年，东岳庙正式恢复历史旧称"崇恩观"。

在历史上，抢亲是车塘东岳庙有别于其他地方庙会的重要活动。抢亲是指男女双方两情相悦，又怕父母不允，便借着东岳庙会的"草台戏"上演"抢亲节目"，在大庭广众之下拜堂成亲，使台上的节目变成现实，男女双方终成眷属，有"假戏真做"的意思。

相传，明朝内阁首辅顾鼎臣告老回乡，回到昆山安度晚年。这年五月，他来到泗桥义女陆素贞开的小饭店吃饭。一桌色香味俱全的豆腐宴吃得他眉开眼笑。

"素贞，今天这桌豆腐宴是哪位大厨做的啊？"往常顾鼎臣来吃饭，都是陆素贞亲自下厨。今天陆素贞只是从厨房端出菜来，顾鼎臣料定厨师另有其人。

"爹爹明鉴，今天这桌豆腐宴是我的表妹陈阿香精心制作的，恳请爹爹为我表妹做主。"陆素贞说完，从厨房内拉出一个年轻的少妇。少妇一身素白，乌黑的发髻上戴着一朵白花，一看就知道是在戴孝。

少妇一见到顾鼎臣立即跪拜磕头："民女陈阿香见过顾老爷，还请顾老爷为民女做主。"

顾鼎臣连忙上前搀扶她起来："不必行此大礼，有事坐下来慢慢说。"

陈阿香欲言又止，只落下两行清泪。陆素贞看不过去，就把事情的原委一五一十地说给顾鼎臣听。

陈阿香出生在泗桥镇南浜头一个普通农户家庭。阿香长得清秀可爱，小伙子们都喜欢阿香，但她独独喜欢孤儿秋生。秋生家境贫寒，平日里靠种菜卖菜为生。阿香18岁那年，她爹娘嫌贫爱富，非要阿香嫁给镇上吴老爷的儿子。吴少爷天生体弱多病，阿香嫁过去半年后，吴少爷就病死了。

再说那秋生自从阿香出嫁后，经常趁着到镇上卖菜的机会在吴家门口转悠。吴老爷知道阿香与秋生情投意合，他怕阿香年纪轻轻守不住，就想方设法留住阿香。吴老爷为了让阿香死心塌地守寡，不惜花费大把银子，通过官府买来个"建坊牒"，只要阿香在牒上按了手印，保证一辈子坚守贞节，官府将为她建一座牌坊，以示表彰。吴老爷软硬兼施，逼着阿香按手印，并动员吴氏家族的长辈一个个前来劝告阿香，说这是天大的荣耀，多少人想争都争不来的。

阿香原本就是被爹娘逼着嫁到吴家的，不到一年就做了寡妇，想到要一辈子为吴家守寡，她实在是心有不甘。再说秋生还在等着她，更是不愿意要什么贞节牌坊。当初嫌贫爱富的阿香父母，看到女儿如今的境况，也是心生悔意，希望阿香能跳出苦海，去寻求自己的幸福。

"爹爹，您看我这表妹过了年才满20岁，又没生下一儿半女，就让她这样一辈子为吴家守寡，实在是太残忍了。求爹爹想个办法，救阿香脱离苦海，让她和秋生好好过日子吧。"陆素贞在边上替陈阿香求情。

顾鼎臣听明白了事情的前因后果，沉思了半晌，轻捻着胡须说道："如今这两人，一个是吴家寡妇，一个是贫穷小子，若想明媒正娶结成夫妻，恐怕行不通。"

陈阿香一听这话，顿时泪如泉涌，满脸绝望。陆素贞急了："爹爹，难道一点希望也没有了吗？"

顾鼎臣轻轻摆手道："素贞，莫急，先听我讲一桩事情。"

顾鼎臣说，前几年，有一次他途经车塘东岳庙时，突然看到前面一阵喧闹，有人高呼："抢亲啦，抢亲啦！"当时，顾鼎臣还身居官职，心想光天化日之下竟然有人胆敢抢亲，便要上前主持公道。但是顾鼎臣发现一个奇怪的现象，人们只是嘴上喊着"抢亲"，却没有一个人出来阻止。再看那被抢的新娘，半推半就，那娇羞的模样，哪有一点被人抢亲的悲痛之情？顾鼎臣百思不解，忙请教旁边的老乡。老乡告诉顾鼎臣，这是东岳庙特有的抢亲风俗。

陆素贞是个聪明人，听了顾鼎臣的这番话，立刻心领神会："爹爹，您是想让秋生也来抢亲？"

顾鼎臣点点头，含笑不语。陆素贞赞道："爹爹这个主意好。这样一来，秋生省了一笔彩礼，阿香因为是被抢过去成亲的，也算是被迫改嫁，脸面上也要好看些。"

陈阿香再次跪地叩拜："谢谢顾老爷，小女子一辈子忘不了您的大恩大德。"

顾鼎臣哈哈一笑说："姑娘，快快请起，顾某只是出了一个歪主意，要办成事情还得靠你娘家人支持啊！"

陆素贞马上应道："我这就去告诉姑妈，这一次让他们别再提什么彩礼了，先前就是为了多要点彩礼，才把阿香祸害成现在这样。秋生孤身一人，抢亲这事儿还要我们大家帮他一起操办。"

半个月后的一天，车塘东岳庙会上商贩云集，人声鼎沸，卖艺杂耍，买货卖货，行人游客，熙熙攘攘，整个庙会热闹非凡。在一处戏台上，一群草台班子演员正在上演"王老五抢亲"的戏码。戏演到精彩处，台下突然一阵骚动，只听有人惊呼："哎呀，有人抢亲！"

此时台上正演得热闹，台下的抢亲戏码虽不多见，但老百姓也见怪不怪，肯定又是哪一对姑娘、小伙子看对眼了，家里爹娘不同意，就干脆在大庭广众之下抢亲，生米煮成熟饭，事后爹娘们知道这事后，大多也会顺水推舟成全了他们。

"哎呀，是泗桥的吴家寡妇被人抢亲了。"眼尖的人们发现，被抢的女子正是陈阿香。一时间，周围的老百姓议论纷纷："看来，吴老爷的如意算盘要落空了。""哈哈，吴家的贞节牌坊立不起来了。"

看到陈阿香被一群陌生的小伙子抢走，也没见陈阿香哭天哭地地呼叫抹泪，有人就看出了端倪，说这里面肯定有名堂。

很快，人们就知道是秋生带着一帮人来抢亲，趁着陈阿香逛庙会时把她抢了，上了岸边停靠的一条小船后就离开了。吴老爷听到消息后，连忙派人驾驶一条小船一路追踪过去，一边追赶一边高呼："有人抢亲啦！有人抢亲啦！"可是路上的人们只是看热闹，没有一个人出来阻止。吴老爷气得不行，管家对他说："老爷，在东岳庙会上抢亲本就是个平常事，恐怕我们喊破嗓子也是没用的。"

新中国成立后，提倡婚姻自由，现在车塘东岳庙的抢亲习俗已彻底消失。

第五篇　合丰：乡村都市

合丰

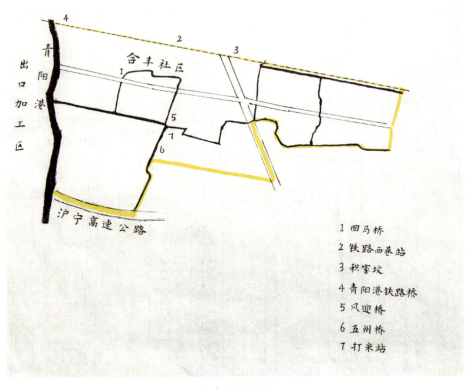

合丰手绘地图

乡村都市在合丰

合丰村，位于陆家镇西北部，村驻地金阳西路南侧，东沿赵田路与夏桥村相连，南靠沪宁高速公路与车塘村相望，西濒青阳港，北至沪宁铁路。

4000多年前，合丰境内原有一小镇，名"沙喜镇"，后改称"沙家村""沙葛村"。繁盛时期，方圆数里的各自然村村民来小镇赶集。集市附近有一座小石桥，当地百姓称之为"回马桥"。据说，只要是马来到这座桥边，就死活不肯过桥。

在合丰有一个叫"吴村"的自然村，曾经有一座吴庙，香火很旺，后来毁于战火。在合丰新安境内，有一个叫"白杨庙"的自然村，明嘉靖五年（1526）时，曾在此建造了一座白文公祠，俗称"白杨庙"，据说是为了纪念诗人白居易。

合丰境内还有一个毛竹巷自然村，明永乐年间，有一户姓毛的人家从石浦迁居此地。毛氏父子抓住此处水陆交通和地理环境的优势，沿滩开办了一个规模空前的毛竹行，当时属独家经营的强劲行业，竹架林立，品类齐全，价廉物美，生意兴隆。毛家为后代积聚钱财，也给村民带来可观的劳务收益，村庄随之兴盛，故名"毛竹巷"。

明弘治六年（1493），毛竹巷出了陆家第一个状元毛澄（1460—1523），字宪清，号白斋，晚号三江。毛澄在明弘治六年状元及第，授翰林院修撰，参与编修《大明会典》，后迁右谕德，讲学于东宫。毛澄著有《毛文简集》《大礼奏议》《临雍录》《毛文简公类稿》等。

合丰村，新中国成立初属于昆山县蓬阆区沙葛乡。后几经变革，1958年，撤乡（镇）建立人民公社，村境内设3个生产大队。2000年8月和2001年8月，新安村和白阳村相继并入合丰村。当时的合丰村有18个自然村，3845名常住人口，3.5万名外来务工经商人员，5个动迁住宅区，8个住宅老区，50多家三资企业。

改革开放后，合丰经济迅速腾飞。20世纪90年代初，创建合丰开发区，吸引海内外的商企纷纷落户。历经30多年的发展，合丰村农工商经济多翼腾飞，以工业经济发展尤为凸显。

合丰，是一片沸腾的土地。"合丰"二字，聚集的是不断激增的人气，沸腾的是不断发展的经济。合丰村地处开发区中心，直接受到外向经济的辐射，因而老百姓的经商意识很强。2004年，在昆山市委、市政府关于大力推广"富民强村"、全面落实"基石工程"的精神鼓舞下，合丰村村委会根据村情民意，于2004年8月组建了为民合作社，当年就有334户村民入股，入股户数为陆家镇之首，股金达1030多万元。村里建造了5幢打工楼，建筑面积达8000多平方米，打工楼大部分出租给外资企业做员工宿舍楼。而合丰村区域内建造的300多套店面房，九成以上由合丰村村民购买，其中八成以上是用来自己经营。

靠着天时地利，合丰村的经济收入主要来源于社区管理用房出租、标准厂房出租、农贸市场出租、广告牌出租等，全年村级经济总收入逐年递增。由于外来人口不断涌入，合丰村老百姓的房东经济收入也十分可观。以2008年为例，合丰村的房东经济收入有2054万元，村民人均收入为17500元。而为民合作社也收益丰厚，村民按11%的红利进行分红，分红金额为50多万元。合丰村被评为富民强村先进单位。

在改革开放的进程中，合丰村的经济飞速发展，随之而来的是村庄的大变样。学校、银行、邮电所、商业街、小商品市场、环卫所、警务室、城管队、便民服务中心、老年协会活动室、社区卫生服务中心、农贸市场……昔日江南水乡的旧村貌，早已有了现代都市的繁荣气息。

2008年，合丰村700多名老年人已全部实行一卡通兑付政策，计划生育一次性奖励对象135人，每人3600元已全部打入个人账户。每年，村委会都会利用重阳、春节等节日对全村的老年人进行慰问。

生活在合丰是便利的，合丰设有便民服务室，以"一切方便群众"为原则，办理老年证、联系卡、服务卡、老人乘车证，购买自来水、数字电视……每年约受理5000多件。

曾经世代为农民的合丰村村民，早已远离了面朝黄土背朝天的农耕生活，

合丰里巷新村鸟瞰全景

现有30亩耕地早已分包给2个农场经营。因为建设厂房、土地征迁，合丰村建起了一幢幢现代化的住宅楼，家家户户过起了城里人的生活。

物质生活富裕了的合丰村村民，开始追求丰富的精神生活。合丰村成立了一支艺丰文体演出队，把村里那些能说会道、能歌善舞的村民聚集到一起，利用业余时间排练节目，逢年过节在村里搭台为村民们演出。有时逢陆家镇举办文艺活动，演出队就会精心编排一两个好节目出去亮相。

2021年9月，陆家镇撤销合丰村村民委员会，调整为合丰社区居民委员会。调整后的合丰社区居民委员会管理范围：东起赵田路，西至青阳港，南起沪宁高速铁路、新民路，北至京沪铁路。

合丰社区党委积极打造党建服务品牌，通过区域共建，凝聚起党员群众磅磅力量，构建合丰完整的治理体系。社区党委围绕"党建融社建"的服务理念，结合合丰实际，由社区党委书记担任第一责任人，搭建以区域党建为核心、以社区党委为中心、以党员为重心的区域化党员联动平台，建立工作制度，明确主要职能。在充分考虑区域内党组织、党员队伍特点、党建资源分布状况的基础上，按照有利于党组织发挥作用、有利于党员开展活动、有利于统筹党建资源、有利于提升管理水平的原则，积极形成"区域共融、多元共治、服务共享"的党建工作格局。通过区域内党组织、党员和群众共同参与，努力实现党的组织全覆盖、工作全覆盖和服务全覆盖，持续提升区域化党建工作科学化水平。

得天独厚的地理位置，前景广阔的经济区域，村强民富的小康生活，在历

穿越合丰的京沪高铁鸟瞰图

史的洗涤下，合丰早已褪去了远古村落的痕迹，在21世纪高速发展的经济时代，合丰，这片沸腾的热土，正以另一种全新的面貌来延续这种灿烂辉煌！

回马桥的传说

在合丰村有个自然村叫"沙家村"，沙家村河西角处有一座石板桥，叫"回马桥"。回马桥东西跨白沿河，两端石桥墩，每塊六至七阶起步石条，跨河宽8米，双块石条桥面。初造时无护栏，民国十七年（1928），河西角富户叶家对回马桥进行翻修，在桥两侧加筑护栏。20世纪80年代，村民们骑摩托车时通行受阻，村中商议后把桥面放低，遂成平桥。

有关石桥为何起名叫"回马桥"，在当地有不少传说。

清咸丰十年（1860）四月下旬，太平军攻下昆山县城后，有一部分人马来到陆家塘家村，开挖塘家村后浜，用泥土填筑营地，筑寨扎营屯兵，后人称此为"营盘里"。营盘里和塘家村一河之隔，西濒青阳港，北、东是广袤的庄稼土地，地理位置优越。太平军扎营休整的同时，驻军首领开始熟悉周围的环境，沙家村集市及周边自然村位于其营地东北处，是他首先考虑去熟悉的地方。

这天，首领带着一队人马，策马直奔沙家村而来，跨越南石桥，沙家村街市即在眼下。但是老百姓害怕太平军，都已关门离去，街道中冷清得看不见人影。首领骑马来到白沿河边，见有一座石桥横架河上，正想上桥，忽然拉住缰绳，喝令部下停止前进。原来，首领看到石桥上端端正正放着一双不同寻常的鞋子，一眼望去，这双鞋子的尺码特别大，大的像一只摇篮，可以躺下一个婴儿。首领低头紧锁双眉思量着，这是一个不祥的信号，这附近村中谁需穿这么大码的鞋？那他的身躯也一定十分魁梧，武艺也一定非常高强……如果冒失过桥，恐怕凶多吉少，为防万一，首领命令人马掉转马头，沿原路返回营地。

据传，河西角正有一位武艺高强的巨人汉子，他力大无穷，双手抓住强壮的水牛角，水牛就无力动弹。巨人获知太平军过来了，就施计用巨鞋震慑一下，不想还真的管用。此后，为记住这个颇具传奇色彩的故事，村民们就把这座石桥改称为"回马桥"。

而另外一个回马桥的传说竟然和曹操有关。

据传，曹操一直想灭掉刘备和孙权，可交锋了几次，也没赚到什么便宜。后来，听说刘备又三顾茅庐请来了诸葛亮，这下就像老虎长了翅膀似的，更了不得了。曹操愁得整天唉声叹气，他的心事被丁夫人看穿了。晚上，丁夫人对曹操说："相公，你要去攻打刘备和孙权，首先得请一位熟悉江南风土人情的谋士。我听说江南鹿城有个隐士叫陆逊，上知天文，下知地理，熟读兵法，那能耐不在诸葛亮之下。相公要是能请他出山，那就不愁打不过刘备和孙权了。"

"这有何难，"曹操一听就来了兴趣，"只要世上有这人，我就是掘地三尺也要找到他。"

丁夫人说："相公万万不可声张，此事一定得从长计议，要是被众谋士知道就麻烦了。"在丁夫人的安排下，第二天一早，曹操换上便装，带上数名随从，悄悄地从后门溜了出去。

一路上昼行夜宿，曹操来到了陆家鹤塘浜。鹤塘浜是个小镇，镇上有一座城隍庙，庙门口坐着个老和尚。曹操上前问道："老师傅，可知道陆逊陆先生住在哪里？"老和尚用手一指前方说："过了那座桥，便是陆隐士住的村庄。"真是天助我也！曹操急着催马前行，可没走多远，后边却传来一声大喊："快回来，你再不站住，我就叫曹阿瞒了！"

曹操吓得一激灵，在这偏僻乡村还会有人认识我？他回头一看，只见身后站着个四五岁的小男孩，不远处有个老妇人，拿着根竹竿气喘吁吁地追了上来。原来是老妇人在吓孩子，并不是有人认识自己。

曹操继续催马上桥，刚走上桥面，忽然桥对面冲出一个捉蛇的叫花子，向曹操直摆手："壮士留步，请千万不要伤害它。"曹操不知缘由，抬头向前望去，只见桥中央横着一条三尺来长的青蛇，那蛇似醉未醉，似醒未醒，软绵绵地躺在桥面上，正有气无力地向桥墩游去。那叫花子冲上桥来，不管三七二十一，抓住青蛇就往篓子里一塞，然后朝曹操拱拱手，嘿嘿笑了一下便扬长而去。

平时，曹操最忌讳这些，真是出师不利呀！曹操只好从桥上退了下来，回到庙中，向老和尚借宿。晚上，曹操向老和尚打听道："老师傅，你们镇上谁叫曹阿瞒？"

老和尚告诉曹操，这镇上没有姓曹的，刚才那妇人说的曹阿瞒就是当朝丞相曹操曹孟德。因为曹操要从北方带兵来这边打仗，弄得大伙都人心惶惶的。不要说孩子听到"曹阿瞒"3个字会吓得直哭，就是大人听见了也都像见了老虎似的。所以碰到哪个孩子不听话，大人就会用曹阿瞒来吓唬他。这一晚，曹操躺在床上像烙饼似的，怎么也睡不着。

早上起床，曹操只觉得浑身无力，头昏脑涨。等再次骑马走上石板桥，那马儿突然尥起了蹶子，前蹄一抬，竟把曹操给摔下马来。这一下可摔得不轻，只见曹操从地上爬起来还捂着屁股直"哎哟"。他不知道这马儿为什么突然尥蹶子，就回头查看起桥面，当目光移到桥中央时，他的脸色顿时变得煞白。桥中央有三堆黑乎乎的东西，仔细一看，竟是3个"杀"字！每一个字都像脸盆那么大，最奇怪的是，这些字不是人写出来的，而是成千上万只蚂蚁堆出来的。

回到家中，曹操大病一场，整日躺在床上大门不出，二门不迈，对于兵伐江东之事更是只字不提。这一切被谋士贾诩他们知道了，他们经过一番暗中调查，弄清了事情的原委，就告诉曹操，说："丞相，你被骗了！其实，那陆逊是孙权手下的一名谋士，根本不住在鹤塘浜。你看到的一切全都是假象，那蛇是有人提前熏了雄黄，放在桥上的；那字也是先用砂糖写好了，蚂蚁才爬上去的……"

曹操恍然大悟，想想自己拥兵百万，有什么好怕的？于是就带领百万大军直扑江东，可他万万没有想到，这次赤壁之战，他被诸葛亮和周瑜联手打得一败涂地，差点连老命都丢在江东。

等曹操回来时，丁夫人已服毒自尽，桌案上只留下了一封遗书。原来，丁夫人为了劝告曹操不要轻易出兵，才想出了这个缓兵之计。那城隍庙的老和尚是丁夫人的远房亲戚，在曹操去之前，丁夫人就暗中写信和他联系好了。曹操在桥上看到的蛇和蚂蚁都是老和尚精心安排的……只可惜，当曹操明白这一切已太晚了。而曹操没上回马桥的传说也就这样在当地民间流传开了。

解放田的故事

合丰村有个自然村叫"金毛村"，有一块田被当地老百姓称为"解放田"。关于解放田的来历，有着一个感人至深的故事。

1949年5月12日傍晚，金毛村的村民们在晚饭后，聚在村东头的大榆树下，如同往常一样热烈地聊天。不过，今天闲聊的不是乡村异闻，而是眼前的局势。

有几个经常外出走街串巷做小生意的村民说，他们在外面听到消息，解放军渡江南下，很快就要解放上海，昆山这边也应该快了。村民们一听，顿时议论纷纷，大家都在盼着昆山能够早日解放。

就在村民们热火朝天地议论时局时，突然看到前面村口来了一支解放军队伍。村民们赶紧迎了上去，像看到了自家亲人一样。

"老乡们，大家赶紧回家吧，马上要打仗了。今天晚上，大家要关好门窗，都睡在地上，防止被流弹误伤。"为首的一位解放军首长叮嘱大家。

听到解放军这样说，聚在一起聊天的村民们也赶紧散了，各自回家。解放军战士们也分散开来，挨家挨户上门叮嘱村民，今天晚上千万不要外出。

村民们各自回家后，遵照解放军的嘱咐，紧闭门窗，全家一起睡在地上，既兴奋又忐忑。

5月12日，中国人民解放军在完成对上海的战略包围之后，在当天傍晚6时，发起上海战役外围战——解放昆山的战斗。

当天晚上，解放军战士为了解放昆山，与敌人进行了一夜激战。与此同时，金毛村的村民们也是一夜无眠。那天晚上，只听得到外面此起彼伏的枪声，还有一阵阵震耳欲聋的巨大轰鸣声，村民们都被冲击波震得惊惶不安。事后才知，那是敌军炸毁青阳港铁路和公路大桥的爆炸声。

第二天拂晓，昆山全境解放。金毛村的村民们听到这个消息，激动得全家出门，来到村口聚集。这时，村民们看到从村周围和西巷车站方向，有一些解放军战士抬着一名名在战斗中牺牲的战友，陆续赶到金毛村来。

经过打听，村民们了解到，战斗结束后，解放军首长与地方负责人协商后，决定在金毛村东南横澄河西岸，专门辟出一块耕田，将牺牲的战士就地埋葬。

得知这一情况后，村民们赶紧上前帮忙，一起抬着牺牲的战士，把他们先安放在村里的公共空地上，再协助解放军一起给他们整理遗容。看着那一张张年轻的脸庞，村民们忍不住痛哭出声。眼前的这些战士，是为了老百姓能过上好日子才牺牲的。

解放军通过检查、辨认和登记，做好了牺牲战士的名单。在村民们的帮助下，在金毛村指定好的一块耕田里，为每一位牺牲的战士挖好墓穴，并用木板代替墓碑，将牺牲战士的姓名、部队番号分别写上。前前后后一共埋葬了16名牺牲的战士。

从那以后，金毛村的村民们将这块田地称为"解放田"，当地民政部门每年都会对这些墓地进行整理，将墓碑上的字迹描得更清晰。金毛村有些村民还会在清明节，在烈士墓前烧些纸钱，告慰这些为国为民牺牲的战士。

1956年5月8日，昆山县民政局发出"昆民优字第26号"通知。通知上说，昆山县内烈士墓地分散多处，平时照顾、祭扫不方便，况且有些陵园长期未加整理，有些墓地姓名不详，难以辨认，须加以整修。为了更好地纪念先烈，便于群众举行祭扫仪式，以教育后代，准备将全县6处烈士墓地迁移至马鞍山，新建一处烈士陵园。

根据相关政策，位于金毛村的16位烈士的墓穴也一并迁移至昆山马鞍山烈士陵园，长眠安息。迁移当日，金毛村的村民们自发来到解放田，在每个烈士墓前,点上清香,烧上纸钱,作最后一次祭扫凭吊。

事后,金毛村的这块解放田又恢复成耕田,种上了庄稼。但是解放田的名字却一直保留着。有细心的村民发现,那些种在解放田里的庄稼,每年的收成都很好。春天金灿灿的油菜花,夏天绿油油的秧苗,秋天沉甸甸的稻穗,五谷丰登的背后,是战士保家卫国挥洒的热血,是农民辛勤耕种流下的汗水。

金毛村的解放田,时时刻刻提醒着人们,这些牺牲的解放军战士,为了让千千万万的老百姓永远摆脱黑暗统治,浴血奋战在黎明前的黑夜里,不惜牺牲自己的生命,为老百姓赢得了光明。

解放田里四季丰盈的庄稼,在告慰那些为了这片土地而牺牲的战士,烈士们的鲜血没有白流,他们永远活在村民们的心中。解放田的故事也将代代相传,被子孙后代永远铭记。

用智慧和勇气打造“聚宝盆”

合丰村,一片充满机遇与活力的土地。它毗邻昆山技术开发区,地理位置得天独厚。早年,众多外资企业纷纷在此落户,经过10多年的发展,这片仅5.3平方千米的土地上,汇聚了近6万人,消费需求日益旺盛,商业气息愈发浓郁。

2010年,对于合丰村来说,是一个具有里程碑意义的年份。那时的合丰村虽已初具规模,但相比周边区域,仍显得有些默默无闻。睿智而果敢的合丰村领导毅然决定建设综合市场,大力发展商贸流通业。在镇党委、政府的大力支持下,合丰与镇内其他7个村携手,共同在合丰汽车站对面启动了一项宏大的工程——合丰综合市场。这个占地17万平方米、拥有270间商铺的综合市场,不仅是对合丰村商贸潜力的深度挖掘,更是对未来发展蓝图的坚定描绘。

2011年,合丰综合市场竣工。6月10日,合丰综合市场拍租会在陆家经济服务中心隆重举行。这场盛会不仅吸引了众多投资者的目光,更成为村民们热议的焦点。村里的群众、党员、老干部代表们齐聚一堂，眼睛都紧紧聚焦在拍卖台上，这是一个关乎村庄未来的重要时刻。

现场气氛紧张而热烈，每一声报价都牵动着在场每一个人的心弦。"综合市场出租租金起拍底价为520万元，请各位客商竞拍！"拍卖师洪亮的声音刚落，现场立刻响起此起彼伏的竞价声。"600万元""700万元"……数字不断攀升，竞争愈发激烈。当价格飙升到1000万元时，场上瞬间陷入一片寂静，空气仿佛都凝固了。"还有要加价的吗？"就在大家都以为尘埃落定之时，一个声音打破了沉默："我出1020万！"一位客商喊出了最后的价格。拍卖师的锤子终于重重落下。

拍租的形式不仅让综合市场的租金价格大幅增加，更重要的是，其公开、公正、公平的过程让群众心服口服。这一数字的背后，是合丰村商贸业蓬勃发展的生动写照，也是村民们对未来美好生活的坚定信心。按照规定，拍租所得的一半资金直接归入合丰村集体账户，为村里的基础设施建设、民生改善提供了坚实的财力支持。合丰村有了更加坚实的经济基础，商贸崛起的步伐也更加坚定有力。走进合丰综合市场，人来人往，热闹非凡，吆喝声、讨价还价声交织成一首欢快的商贸交响曲。

在商贸流通业蓬勃发展的同时，合丰村并未满足于现状，而是继续深挖潜力、拓宽财源。村里原有的外资企业厂房出租业务一直在稳定运行，为村集体带来了可观的收入，形成了多元化的收入结构。

值得一提的是合丰村在商铺出租上的战略眼光。面对外界的"卖铺套现"建议，村领导班子坚持"蓄水养鱼"的理念，认为只有将这些商铺牢牢掌握在手中，才能形成源源不断的"长流水"。如今，这些商铺已成为合丰村名副其实的"蓄金池"，为村集体带来了稳定的租金收入。由于合丰村外资企业众多，为企业配套建设厂房出租成了壮大集体经济的早期尝试。经过多年的经营，现在厂房出租每年能为村里带来几十万元的稳定收入。村农贸市场的租金也是一笔可观的收入，每年30万元的租金为村庄的发展添砖加瓦。

合丰新景

　　合丰村党支部书记说，近几年来，村里做好综合整治工作，给经商户和群众创造了良好的经营和购物环境。村里投入了很多人力、物力，也取得了明显成效。

　　合丰村农贸市场商户顾阿妹说："市场环境好了，我们生意更好了。"

　　随着村集体经济的快速增长，合丰村始终将百姓们的福祉放在首位，犹如一位慈爱的母亲，降下了滋润心田的及时雨，用实际行动回馈着每一位村民。为了改善村民们的居住环境，合丰村毅然投入了几十万元资金，对里巷新村、南岸泾、沙葛新村、珠竹花苑等老旧小区进行了全面细致的综合整治。从道路的硬化平整到墙面的粉刷一新，从绿化带的精心布置到公共设施的完善升级，每一个细节都凝聚着合丰村对村民生活的深切关怀。经过整治，这些曾经略显陈旧的小区旧貌换新颜，仿佛一夜之间穿越回了青春年华。村民们漫步在干净整洁的街道上，享受着绿树成荫、花香四溢的美好环境，无不交口称赞。

村民江春华家境贫寒，儿子江伟东的学业曾让这个家庭陷入困境。村里得知后，毅然资助江伟东从初中一直到读完大学。如今，江伟东在开发区一家企业上班，家庭状况逐渐改善。村民陶生红几年前因为一场车祸，生活不能自理，让他的人生轨迹骤然改变。合丰村没有忘记这位曾经勤劳的村民，每年固定的资助、贴心的轮椅以及那精心设计的无障碍通道，无一不彰显着村子的温情与关怀。陶生红坐在轮椅上，心中满是感激。他知道，这份关爱让他重新找回了生活的尊严与希望。得益于村里的政策扶持，村民高秀涛租下了4间临街商铺，经营起了自己的生意。从昔日的微薄收入到如今的年收益几十万元，高秀涛的生活发生了翻天覆地的变化。他常说，是合丰村让他有机会实现自己的梦想，过上富足而美好的生活。

在合丰村，人们都在村子的发展中找到了属于自己的希望和梦想。每一条街道、每一个巷口都弥漫着幸福的气息。回望合丰村的发展历程，借人气、聚财气、有底气，他们凭借着智慧和勇气，走出了一条独具特色的乡村发展之路，成功打造出了属于自己的"聚宝盆"。

合丰公园鸟瞰图

从最初的默默无闻到如今的商贸繁荣，合丰村用自己的实践开启了乡村振兴的壮丽篇章。

白杨湾如何变成物流湾

白杨湾是合丰村境内的一处风水宝地，地处昆山开发区陆家配套区的核心地带，位于金阳路、312国道交叉口。在老百姓的眼里，白杨湾是"聚宝盆"，是"金饭碗"，因为白杨湾还有一个别称——"物流湾"。

物流行业，被业界称为"第三利润源"，被媒体称为"21世纪最大的行业"。白杨湾，究竟是怎么从一个普通的乡村小村落，变成汇聚八方之才的"物流湾"的呢？

早在1984年，敢第一个吃螃蟹的昆山人在改革开放的浪潮中勇立潮头，自费创办了开发区。随着经济的不断发展，昆山开发区在1992年成为国家级经济技术开发区。昆山的经济发展离不开物流业的支持，然而，昆山的物流企业大部分各据一方，松散式发展。各个企业一家一个山头，一家一个价格，经营管理很不规范，有老百姓戏称是"马路游击队"。

昆山物流行业中这种各自为战的发展模式，显然不能适应新的经济发展形势。2003年4月，徐奋扣经过多次考察，看中了白杨湾这个地方，准备为一些物流企业建造一个大本营。

于是，徐奋扣和昆山交运公司在陆家镇合丰西路68号成立了江苏白杨湾物流中心有限公司。白杨湾物流中心占地45亩，建造了统一的营业房，吸引全市物流企业进驻发展。由于中心在原312国道边上，来往上海、苏州、昆山非常便利，中心建成后，许多物流企业进驻其中。

物流中心的建立为物流企业营造了良好的环境，同时，统一的管理让企业的生产运输更加安全。尤其令企业主开心的是，由于物流企业集中在一起，集聚效应凸显，生意反而比零散经营好了。企业有业务到白杨湾来，选择余地大，价格实惠，供需双方达到了双赢的目的。

2004年，白杨湾物流中心作为全市率先发展的生产性服务业项目开始营业，取得了良好回报，当年营业额达5亿元，成为昆山一个经济新亮点。

随着白杨湾物流中心的影响力越来越大，入驻的企业也越来越多。企业一多，加之企业来自全国各地，文化不同，问题矛盾就慢慢暴露出来了：企业管理不规范，经常与客户产生纠纷等。

面对这些顽症，具有丰富管理经验的徐奋扣开出了两个药方。一个药方是公司在经营户中开展争创 A 级企业活动，对评上 A 级企业的经营户给予奖励，并将市里的奖励发放到位。徐奋扣把争创 A 级企业的通知一下发，经营户积极响应，热情很高。徐奋扣接着把争创条件一项项地明确，让经营户按章办事，规范经营并承诺严格落实奖励措施。徐奋扣说，要评上 A 级企业，就要通过 ISO9000（质量体系标准）认证，这就要求经营户必须规范经营、讲诚信、重质量。

创建 A 级企业的东风让经营户遍地开花。经营户创到 A 级企业后，拿到了不菲的奖金。看到了实实在在的"真金白银"，其他企业争创的劲头更足了。

莫岳青是物流中心的第一批经营户，他是在 2003 年进驻

白杨湾物流中心

中心的，一晃 8 年时间过去了，企业的经营越来越规范，自己的客户也越来越多，每天要送到温州的货至少有 6 辆汽车。在莫岳青的办公桌上，摆着一个 AA 级企业的奖牌。对于莫岳青来说，这个奖牌就是自己公司的一张名片，一年能为他带来不小的回报。

徐奋扣的另一个药方，就是组织物流中心的经营户上各种保险。他以昆山市物流协会的名义，组织经营户统一购买人身保险、车辆保险、货物保险、财产保险等。这些保险让经营户消除了后顾之忧，经营户与客户之间的纠纷也减少了很多。

随着昆山经济的快速发展，白杨湾物流中心每天车来车往，货物进进出

出，一派忙碌景象。同时，不断扩张的经营户也让物流中心显得有些拥挤了。

为了帮助经营户做大做强，徐奋扣建立了融资平台，以自己的企业作为担保，为大家融资。他与民生银行、昆山农村商业银行、鹿城银行合作，拥有5亿元的授信，为企业融资帮了大忙。单在2011年，徐奋扣就为企业融资1亿多元，使得一些企业得到了快速发展。其中，大地物流公司、北方物流公司逐渐长成了"小巨人"，已经从白杨湾搬离，在外面另立门户了。

为了推动物流企业放开手脚做大做强，徐奋扣还经常利用培训的机会和各个经营户进行交流，以自身的创业经历来鼓励企业主们扩大生产规模。经过资金扶持和其他多方面的帮助，白杨湾物流中心每年有2家企业走出这个孵化器，开始新的发展。面对拥挤的问题，徐奋扣在陆家镇金阳路附近投资了扩建工程。扩建工程占地90亩，主要是为了容纳来昆山创业的物流企业和白杨湾里需要扩大发展的企业。

在徐奋扣的计划里，他还要建设一幢信息大厦，吸引更多的企业进驻，此举可以把昆山的物流业务更多地留给本地企业，为当地税收作出一定贡献。

为了给经营户创造更好的创业条件，徐奋扣还决定对原来的物流中心进行改造，他投资760万元建立了信息化系统。今后，各个经营户可以通过信息系统进行网上交易、网上跟踪，对车辆的信息进行查询，这样可以更好地服务客户。

如今的白杨湾物流中心，是昆山市人民政府批准的唯一的区外（昆山出口加工区外）物流中心，是昆山交通行业管理重点培育的唯一的货运市场，是昆山运输服务业企业唯一指定集中服务中心，也是江苏三大时效性区域运送型物流园区之一和江苏省交通厅规划的江苏省十家物流试点企业之一。

白杨湾，物流湾，一个创造财富的地方。闪着金光的白杨湾，已成为拉动昆山生产性服务业发展的一个有力引擎。

毛竹巷与毛澄

合丰村有一个自然村，名叫"毛竹巷"，旧时，当地村民以种植水稻、小麦、油菜为业。"毛竹巷"这个地名的由来，与陆家第一个状元毛澄有着颇深的渊源。

毛澄的爷爷名叫毛弼，父亲名叫毛升。毛家可谓是书香门第，毛家父子俩都在朝中做过官。明朝永乐年间，毛家从石浦迁居陆家合丰村。

合丰村的地理位置很是优越，水陆交通便捷，来往客商频繁。毛家父子见状，认为这里除了务农，还可以做点小买卖。那么做什么买卖呢？不知是读书人偏爱竹子，还是其他什么原因，当时，毛弼对儿子说："升儿，我觉得在这里开个毛竹行挺好的。你看，门前就是河道，运货非常方便。"

听父亲这么一说，毛升也点头应道："父亲言之有理！竹，坚韧不拔，清雅高洁，我们毛家开竹行，就是要把这些优良的品质传给子孙后代。"

选了个吉日良辰，毛家竹行便热热闹闹地正式开业了。鞭炮一放，把左邻右舍都吸引过来了，人们围在一起议论纷纷。有的说，这些竹子的品质真好，光亮光亮的，看了就想买；有的说，这么好的竹器品，价格一点也不贵；还有人说，毛家父子为人诚实，以后一定会生意兴隆的……

还真被人说对了，竹行开业后生意兴隆，门庭若市。南来北往的顾客络绎不绝，也给村民们带来了不少商机，沿街开了不少商店，卖吃的、用的，把一个小村庄变成了热闹的集市。由于村庄随着毛家竹行而兴盛，因而被命名为"毛竹行村"，后传为"毛竹巷村"。

再说毛家，这一年添了一个大胖孙子，把爷爷毛弼乐得逢人就要发红蛋。爷爷给孙子起了个好听的名字叫毛澄，他希望孙子长大后像竹子一样清清白白。

毛澄没有辜负祖父的期望，他从小就喜欢读书，7岁时便会写诗、对对联，他非常勤奋用功，就连写字都一笔一画认认真真的。不过，毛澄童年时也很不幸，10岁那年，父亲就因病离世了，他是靠爷爷抚养长大的。

这年，毛澄要赴京赶考，家里全靠夫人照顾。毛澄的夫人非常贤惠，当年兵部侍郎看重毛澄的才华，亲自做媒将自己的外甥女许配给毛澄。这一年，爷爷已经快90岁了，临行时，见毛澄依依不舍的样子，他竟哈哈地笑道："家里的事你不用牵挂，把心放在肚子里好好考，等你回来，爷爷为你摆宴庆祝。"

这次赶考，毛澄的运气非常好。在殿试时，他和其他考生一样，试卷交上去时并没有引起主考官的注意，主考官也就没有特别向皇上推荐。不料孝宗皇帝读到毛澄的文章时，眼前赫然一亮，感觉毛澄的策论见解独到，视野开阔，特别是那一手飘逸洒脱的隶书更使人赏心悦目。孝宗皇帝龙心大悦，御笔一挥，钦点毛澄为头名状元。

毛弸百岁大寿之际，苏州知府特意在昆山城里为爷孙俩立了座牌坊，名曰"人瑞坊"。

毛澄从小受爷爷的教诲，为人要像竹子一样，坚韧不拔，刚正不阿。所以，每当在朝廷上遇到不守礼仪的事情，毛澄总是据理力争，直言不讳，就是碰上皇帝，他也不会低头让步，所以文武百官都称他为"刚正直谏一毛澄"。

明正德元年（1506），孝宗皇帝过世后，由15岁的太子朱厚照即位，即明武宗。朱厚照在做太子时，就被太监刘瑾等人诱惑，经常吃喝玩乐。如今，见太子成了皇帝，那些太监就更加肆无忌惮了，整日缠着皇帝寻欢作乐，弄得后宫乌烟瘴气。

毛澄是皇帝的老师，他见自己的学生整天不理朝政，荒淫无道，心中十分着急。当年孝宗皇帝时，朝中有很多刚正廉洁的大臣，毛澄便和这帮老臣联络，联名向皇帝上书，要求严惩以刘瑾为首的"太监帮"。

见老师说话了，朱厚照也有点顾忌，谁知他刚想收敛些，刘瑾却"扑通"一声跪了下来说："皇上，咱家对皇上是一片忠心，苍天可鉴，您可不能中了那些老家伙的离间计呀……"

朱厚照耳朵根软，被刘瑾这么一哭一闹，他又犯迷糊了，不仅不怪罪太监们，反而下旨惩罚进谏的大臣们。这下，刘瑾他们在朝中就更加肆无忌惮了。

　　毛澄为此气得差点吐血，面对刘瑾他们的作威作福，他针锋相对，丝毫不肯退让。有一次，朱厚照听信太监们的蛊惑，想借带兵出征为由出去游玩。毛澄得知后，不顾自身安危，联合100多名大臣上书，劝阻皇上出行，最终皇帝见众怒难犯，打消了外出的主意。

　　后来朱厚照过世后，由他的堂弟朱厚熜即位，就是嘉靖皇帝。新皇帝登基不久就听说毛澄脾气耿直，一身正气，在朝堂上深得人心。为了拉拢毛澄，嘉靖皇帝想给这头"犟牛"送点礼。

　　这天，毛澄正在回家路上，忽然一名太监跪在他的跟前，一个劲地磕头。毛澄见状吓了一跳，忙问道："公公这是为了何事？"

　　那太监磕完头说："我是奉皇上之命来给您送礼的。"说着，太监从包裹里拿出许多金银珠宝递给毛澄。毛澄一见，顿时气得浑身哆嗦，正色道："我虽老了，但还没有昏庸到不知礼度！"说罢，拂袖而去。

　　回到家里，毛澄彻夜难眠，想想这些年为了大明天下，他不遗余力，据理力争，可自己年岁已老，力不从心。又想起以前住在老家合丰村，爷爷开竹行，自己静心读书，周围的邻居们互帮互助，和蔼可亲，哪像现在朝廷中那些大臣，钩心斗角，尔虞我诈……

　　于是，毛澄向皇帝提出想要告老还乡，皇帝不允，毛澄便一直郁郁寡欢。直到第二年，皇帝才同意了毛澄的请求。不料，毛澄在归家途中受了风寒，最终不幸病逝在半道上。毛澄死后，被葬于太仓盐铁塘东岸。其传世著作有《毛文简公类稿》《大礼奏议》《临雍录》等。

　　后来，毛竹巷的售竹行业被战火焚毁，全村百姓牢记毛家父子的殷切教诲，做人应该堂堂正正。村民们勤俭持家，忙时田里搞农业生产，闲时多余劳力外出做生意。世代传承下来，到了21世纪，毛竹巷村成为陆家镇首个文明富裕村。

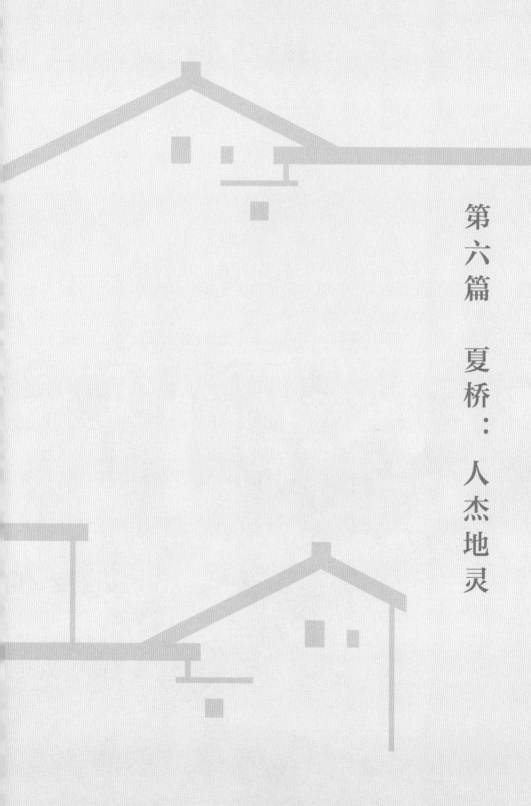

第六篇　夏桥：人杰地灵

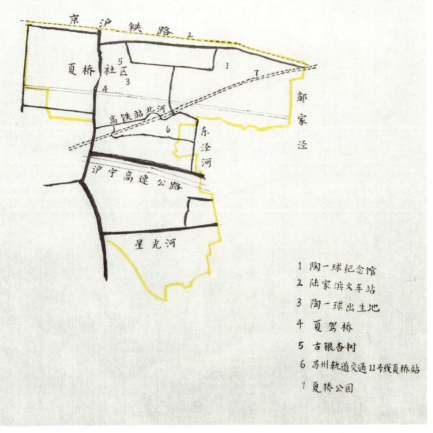

夏桥

京沪铁路 2

夏桥社区 5 3 1 7

4

高铁站北河 6 东泾河

邹家泾

沪宁高速公路

星光河

1 陶一球纪念馆
2 陆家浜火车站
3 陶一球出生地
4 夏驾桥
5 古银杏树
6 苏州轨道交通11号线夏桥站
7 夏桥公园

夏桥手绘地图

人杰地灵有夏桥

夏桥村，位于陆家镇北，南靠312国道，北依沪宁铁路，西邻金阳中路，沪宁高速公路及出口处、苏州轨道交通11号线地铁口在夏桥境内。村的形态呈 T 字形，312 国道、沪宁铁路、沪宁高速公路、沪宁城际铁路、京沪高速铁路穿村而过。

夏桥家园新景

夏桥村自古就是交通枢纽，境内的夏驾河上有一座夏驾桥连接东西。据史料记载，明永乐元年（1403），吴淞江一带遭遇水患。当时的户部尚书夏原吉（1366—1430，字维喆，湖南人），体恤乡民疾苦，携通政赵居仁、大理寺少卿袁复等官员，凿吴淞江，收夏驾浦，导吴淞江水入浏河，此为历史上有名的"掣淞入浏"。

夏原吉日察水情，夜读经书，制定治水方略。他布衣徒步，以身恭行，使苏淞地区的水患有所改善。夏原吉接受乡民的请愿，在河上建造了一座石拱桥，并亲笔题名"青云桥"。后人为了颂扬夏原吉的治水功绩，将青云桥改称为"夏驾桥"。后来夏驾桥的附近逐渐发展成村落，人们就将此村命名为"夏驾桥村"。

在岁月流转中，夏驾桥村经过历代村民的辛勤努力，逐渐繁荣，发展成一个小镇，曾经拥有京沪铁路小站，一度非常热闹。后来又历经几次变迁，逐渐回落成乡村。新中国成立初属于昆山县蓬阆区，1956年划入昆山市菉葭区，1958年人民公社化时取名"夏桥大队"，1982年改称"夏桥行政村"。在区划调整中，分别于2000年、2001年撤销河浦村村民委员会、河庄村村民委员会，与夏桥合并组建夏桥村村民委员会。

在夏桥这片土地上，沧海桑田之间曾经出现过许多深受世人敬仰的人物。

在夏桥境内河庄里南村头大路口，前后有两座牌坊。相传，明末清初时，曾有一户秦姓大户人家，婆婆吕氏和媳妇沈氏都是年轻时就守寡，婆媳两人含辛茹苦操持家业，守礼守节的风范赢得了族人的赞颂。后来在族人的提议下，秦家为婆媳二人建造一前一后两座贞节牌坊。后来不知何故，婆婆吕氏的贞节牌坊在建造不久之后就倒塌，只剩下4根有柱无顶的石柱架，而媳妇沈氏的贞节牌坊却是四柱两塔，塔层中间刻着"沈氏贞节坊"，庄严肃穆，巍然矗立数百载。

清光绪年间，昆山地区出了一位戏剧大师王文显（1886—1968），号力山，祖籍昆山夏驾桥。他一生致力于戏剧教学，曹禺、李健吾等著名戏剧家都是他的学生。王文显生前著有《王文显剧作选》，他创作的《委曲求全》《梦里京华》2部讽刺戏剧，深受欧美戏剧界赞誉。

说起抗日英雄陶一球，夏桥人妇孺皆知。陶一球（1905—1973），又名杏泉，就出生在夏桥这个地方。陶一球是地主家庭出身，为人正直，极富正义感。年轻时，陶一球曾担任夏驾桥镇镇长，组织地方自卫团，为维护地方治安、支援抗日前线做了不少工作。后来，陶一球接受共产党的影响和教育，于1939年8月创建昆山地区受共产党领导的第一支抗日武装力量，人称"陶一球部队"。陶一球不惜几度变卖田产，购买武器装备，为抗日战争的胜利立下了汗马功劳。

为纪念中共特别党员陶一球的英勇事迹，陆家镇党委、政府先后于1996年和2005年建造了以陶一球等为原型的昆山第一支抗日武装雕像和陶一球纪念馆。2022年，陆家镇党委、政府在陶一球出生地夏桥村境内河浦路北侧、东庄路东侧新建陶一球纪念馆。此馆现为苏州市爱国主义教育基地。

在夏桥村，除了陶一球，还有革命烈士陶一阳（1920—1946），曾名周力果，出生在夏驾桥镇一个比较富裕的家庭，是抗日英雄陶一球的堂弟，19岁参加抗日活动。1946年在盐城的一场战斗中，时任华中野战军某团通讯连指导员的陶一阳，在组织部队突围时，不幸壮烈牺牲。

人杰地灵的夏桥，在数千年的岁月里，见证了一个又一个可歌可泣的动人故事。在改革开放的40多年里，夏桥人用勤劳和智慧创造美好家园。在21世纪初，夏桥的村级经济来源主要依靠现有存量资产盘活，结合原有的临时用地的租赁，以及借助沪宁高速公路、顺陈路的地理优势竖立广告牌。以2008年为例，全年仅广告牌租金一项就有130多万元，当年全村人均收入达到14306元。

2021年9月，陆家镇撤销夏桥村村民委员会，调整为夏桥社区居民委员会。

在陆家镇"一城四区"远景规划蓝图上，夏桥因独特的区位优势，成为陆家新城所在地。

村改社区后，夏桥倾力打造"服务下千家、共架连心桥"党建服务品牌，先后组建"宜居家园""美丽家园""幸福家园""绿色家园"等行动支部。积极探索党建阵地"建管用"机制，打造"五桥连心"党群服务中心、"七彩夏桥"党群服务点，创新改造闲置小屋，搭建"暖心、温心、贴心、连心、交心、爱心"六心驿站，将闲置流动采样车改造再利用为"八方联动"网格治理应急服务车，形成"15分钟党群服务圈"。夏桥以"四红四强"为目标，发挥共建单位资源优势，链接服务资源，确定服务清单，通过党群议事会、入户走访等，听民声、收

夏桥小学新景

民意、集民情，推动党的组织优势向社区治理效能、人民幸福指数转变。

夏桥曾获评江苏省生态村、江苏省和谐社区建设示范社区、江苏省五星级示范农家书屋、苏州市民主法治村、苏州市乡风文明建设先进集体等。

夏桥境内两棵有着200多年树龄的银杏树，见证了夏桥人一代代艰苦奋斗的足迹。在这片土地上的人们，世代传承着一种顽强不屈、勇敢拼搏的精神。正是这种精神，让今天的夏桥人，在奔向现代化幸福生活的道路上，走得更加精神抖擞、斗志昂扬！

陆家浜火车站在夏桥

夏桥村位于陆家镇北端，夏驾河穿村而过。夏桥又名"夏驾桥"，曾是一个小集镇，曾属昆山蓬朗区。昆山抗日英雄、中共特别党员陶一球曾任夏驾桥镇镇长。新中国成立后，夏驾桥划归陆家镇。21世纪初，河浦村、河庄村分别并入夏桥村。从清光绪年间到20世纪80年代，河浦紧挨沪宁铁路，陆家浜火车站就设在村里，每天有众多的乘客前来车站乘火车，天长日久，火车站边也就变得商铺林立，一派繁荣盛景。现如今，陆家浜火车站旧址就在夏桥村内。当年，人们都说，陆家浜火车站不在陆家，为什么会出现这种情况呢？据史书考据，它还真有一段传奇的故事呢。

清光绪二十年（1894），张之洞调任两江总督。作为洋务派首领之一，张之洞到任后对修筑沪宁铁路十分感兴趣，多次致电、上奏政府，提议修筑沪宁铁路，并委派德国工程师锡乐巴从南京至苏州、吴淞至苏州分两头对沪宁铁路进行勘测。

清光绪二十四年（1898）3月23日，光绪皇帝委派官办商人、被誉为"中国实业之父"的盛宣怀在上海与英国中英银公司怡和洋行签订《沪宁铁路借款草合同》。

清光绪二十九年（1903）5月13日，盛宣怀与英方中英银公司（汇丰银行与怡和洋行联合组成）代表碧利南正式签订《沪宁铁路借款合同》。《沪宁铁路借款合同》规定，借款总额325万英镑，按9折实付，以全部路产及营业进款担保期限50年，25年后开始还本，每半年须按年息5厘付息1次，而且还要分红，每年铁路营业的余利提取五分之一为英方所得。筑路的材料由英方工程师认可，并按材料费5%付给英方酬劳。同时，合同第25款还规定："本合同有中英文本各5份……若有文字可疑之处，以英方为准。"8月，沪宁铁路开始复测线路。

清光绪三十年（1904）3月22日，沪宁铁路动工。全线分4个区段施工，即上海至苏州、苏州至常州、常州至镇江、镇江至南京同时开工。

陆家浜火车站旧景

　　这条沪宁线最初规划时，要经过陆家浜镇，并且要在陆家浜设立车站。可是陆家浜镇上有一座华东地区闻名遐迩的天主堂，主教是梵蒂冈总部派来的蓬彼得。蓬彼得知道陆家浜要造铁路之事，顿时气急败坏，暴跳如雷。他想："如果让这条铁路建成，一天一夜火车不知道要进出多少次，轰隆隆的响声会让教堂不得安宁。看来我得想办法把车站移走，不然有失我主教的威严。"

　　蓬彼得日思夜想，当他听说这条铁路由英国人督造时，欣喜若狂，决定亲自出马，去上海找英国总领事馆总领事。第二天，他坐轮船赶往上海。一到上海，蓬彼得就气势汹汹地直奔英国总领事馆，找到英国总领事，对着他说道："尊贵的总领事先生，您知道的，教堂是个神圣的地方，如果在那儿建造火车站，人声、车鸣声一定会影响主的安宁。陆家浜天主堂在华东地区可是数一数二的大教堂，妨碍主的休息会得不偿失，沪宁线必定会凶多吉少。"

位于夏桥境内的城际铁路花桥站

蓬彼得声情并茂的说辞，不知道总领事是听得烦了，还是被说感动了，他想了半天，竟然握着蓬彼得的手说道："你的诚心感动了我，为了主的安宁，我立刻命令沪宁线的总设计师格林森改变设计方案，一定要他让火车站绕过陆家浜天主堂的位置，重新设计火车站新地址。"没多久，沪宁线设计师格林森果然屈从于上司的压力，不得不重新设计火车站，将铁路线改道，从东面的天福庵火车站向北移动4千米。这样，新火车站就绕过了陆家浜，落在了陆家浜最北面的河浦村了。

清光绪三十二年（1906），沪宁铁路上海至苏州段通车。清光绪三十四年4月1日，沪宁铁路建成通车，并开行6对列车。沪宁铁路建成的同时，设立了沪宁铁路管理局，该局名义上派华人总办主持局务，但路政实权却在英国人手中。

铁路建在河浦村，为什么站名不叫"河浦站"，而叫"陆家浜站"呢？原来，在修沪宁线路时，沪宁线全部的站名早已向世人公布，而且改道的方案因为担心光绪皇帝不同意，也就偷偷地进行，没有向世人公开，所以站名不便更改，依旧叫"陆家浜站"。从此，站址在河浦村的陆家浜火车站站名一直沿用下来，造成了陆家浜火车站不在陆家浜的怪事。

因为车站的兴建，河浦村还存在过一所大学，即东庄师范学校。"东庄"为自然村名，属河浦村所辖。民国初期，为了培养师资、教化国民，老家在东庄的仁人志士，联络国外的同窗好友，在东庄创办师范大学。共设3个班，有学生100余名、教师8名，其中英籍教员2名，后因战乱等原因，东庄师范大学第二年便迁往嘉定县安亭镇，取名"安亭师范学校"。

民国十八年（1929）后，国民政府铁道部逐步收回沪宁铁路的经营管理权。

新中国成立后，在公路四通八达的情况下，为了确保火车的提速，小火车站的设立已影响到交通事业的发展。因此，在20世纪80年代，陆家浜火车站完成了它的使命后，终于退出了历史舞台。

陆家浜火车站，从光绪年间到民国再到新中国，岁月匆匆在瞬间定格，又消失在漫长岁月中。

永不忘记党恩深

民国十七年（1928），有一个男婴出生后第九天，名字还没来得及取，因为家境十分贫困，就被父亲送到了昆山育婴堂。一个月后，一个叫王杏生的人把男婴领回家中抚养，男婴便跟了王姓。王杏生也是一个穷苦之人，他给地主看守祠堂，平时与妻子住在祠堂里，靠租种地主家的3亩田艰难度日。后来，王杏生的妻子在怀孕时生病而亡，王杏生无法一个人照顾男婴，迫于无奈，只好将男孩又过继给方阿桂抚养。男婴因此又改姓方，取名"方元奎"。

在方元奎幼小的心灵里，隐藏着无法言说的伤痛。他不知道自己的亲生父母是谁，在8年时间里，三易人家，家家贫穷，都是过着讨饭般的生活。在方元奎的记忆里，童年时的自己，头上帽子有补丁，脚上鞋子无后跟，腰里扎根布条筋，样子就像讨饭人。原本以为这样的童年已经很苦了，方元奎没想到自己的苦难童年因为日本侵略中国而变得更加悲惨。

在方元奎9岁那年，日本侵略军入侵昆山，到处烧杀抢掠，欺辱百姓，当地百姓的生活陷入水深火热之中。方元奎的家原先在陆家浜火车站西侧，两间破草屋被日本侵略者一把火烧个精光，无奈之下，全家人只好在夏驾桥镇旁边，借人家一间快要倒塌的破草屋住下。"风刮草屋摇，雨落屋进水。屋内不见光，进屋要低头。"一首童谣诉不尽其中的辛酸与凄苦。

在日军侵略下的日子更是苦不堪言，方元奎的养父母只能靠打零工勉强维持生计。因为家境贫寒，方元奎根本上不起学。10岁那年，方元奎为了家中生活，每天天不亮就到镇上张梅大饼店批点大饼油条，然后跑菜馆、小酒铺，有时也会走街串巷，甚至跑到村子里，一路上叫卖大饼油条。辛苦一个早上，也就能挣个五六毛钱，刚够买1升多米（升：古代量米的量具，1升米约1斤半），贴补家用。有时，方元奎也会挎着篮子卖南瓜子之类的小吃食。

为了能给家里多挣些钱，方元奎到了下午就去铁路边上拾煤渣，身上背着破布袋装煤渣，从菉葭浜拾到青阳港铁路大桥，再返回拾到塘泾河铁路桥。年仅10岁的他，又瘦又小，身上背的煤袋，越背越重。他一路弯着腰，一边拾煤渣一边喘着气，直到破袋拾满了，才背着煤渣往家里走。到家后，方元奎还要把煤渣按生煤、熟煤一块一块分开。手指上的皮肤磨破了，鲜血直流，方元奎忍着疼痛，擦干血迹继续拣，手上也分不清是黑还是红。到了第二天早晨，方元奎把分开的煤渣背到镇上，将熟煤卖给大饼店，再将生煤渣卖给小酒铺或打铁店，卖煤渣得来的钱全都交给养父。

方元奎从18岁开始，去夏驾桥镇一家轧棉花店做工，给他们养三头牛。每天清晨，方元奎就把牛牵出牛棚，放水，挑牛粪，打扫牛棚。傍晚放牛吃草，每天要截牛料三大挽子（旧时一种农具，类似木筐、竹筐），中间还要去割青草拌在牛料里。到了夏天，牛要下泥塘，方元奎一早把牛身上的泥浆用水冲刷干净。

到了冬天,还要把牛棚用稻草四面遮严,预防寒冷。方元奎从早到晚忙得不停歇,累得筋疲力尽,但是店老板还嫌他偷懒,要他去店里帮轧花机添棉花。

方元奎给东家做工,干得多,吃得少,还要受气。有一次吃中饭,方元奎忙得肚子饿极了,就随便坐在店老板家的方桌旁吃饭。可是老板娘恶狠狠地指着他骂道:"快走开,到边上去吃。"

方元奎强忍着眼泪,躲在角落里吃饭。老板一家吃饭时有鱼有肉,雇工只能吃点剩菜剩饭。辛苦一年,方元奎得到的工钱是一石五斗(约225斤)米,还有一身粗布短衫裤。每当回忆起童年的悲惨经历,方元奎总是感慨万千,在旧社会,穷人受欺压,被人看不起。有一首打油诗道尽了穷人的心酸:"吃的是猪狗食,睡的是稻草铺。干的是牛马活,挣的是血汗钱。"

1949年5月,昆山解放后,21岁的方元奎迎来了新生活。

方元奎,这个在旧社会里的叫卖小贩、放牛娃,在中国共产党的引导下,加入新中国的建设中。作为年轻人,方元奎抢着干重活、累活、脏活,一心为村集体服务。由于工作表现优异,方元奎被推荐加入中国共产党,成为党的年轻干部,全心全意为人民服务,从一个普通的农村青年,逐步成长为一名优秀的共产党员。在党的教育和培养下,方元奎认真为革命工作30多年,一直做到陆家公社党委副书记,并光荣退休。

方元奎从旧社会走过来,在新中国为人民服务,见证了新中国的快速发展,尤其是改革开放以后,人民的生活水平有了显著提高,方元奎一家也过上了幸福的生活。方元奎夫妻恩爱,育有两子一女。大儿子在昆山市区买了一套商品房,小儿子自建了一套小洋房,还买了小汽车,女儿家也造起了大楼房。退休后的方元奎与老伴住在三上三下的楼房里,家里有彩电、电话等现代化电器设备,孙辈们都上了学,接受良好的教育。每逢节假日,孩子们提着大包小包的物品来看望方元奎老两口。全家十几口人欢聚一堂,有说有笑,热闹非凡。儿子、女婿负责打扫房屋,儿媳、女儿下厨房烧饭炒菜,孙子们在屋子里打闹嬉戏。看着眼前的场景,方元奎总是感触很深,回忆起自己的苦难童年,如同过电影镜头一样，一幕一幕在眼前闪现。每当此时，方元奎总是忍不住热泪盈眶，心里充满了感恩："没有共产党，就没有今天的幸福生活。"

方元奎经常教育孙辈们要饮水思源，他还特意把自己的经历编成了一首新旧对比歌，让孩子们珍惜眼前的幸福生活：

旧社会我吃的是糠菜萝卜饭，现在是鱼肉荤腥白米饭；

旧社会我住的是破漏茅草房，现在是洋房和楼房；

旧社会我穿的是粗衣加补丁，现在是西服、毛衣四季新；

旧社会我睡的是硬板铺草荐，现在是席梦思床棉被年年添；

旧社会晚上我点的是油灯，现在电灯、电话还有彩电；

旧社会我拾煤渣挣苦钱，现在吃穿不愁银行有存钱；

旧社会我沿街叫卖做小贩，现在逛起超市，挑挑拣拣买东西；

旧社会我受辱被人看不起，现在人人平等，相互尊敬；

旧社会是穷人的地狱，现在生活在天堂里……

回顾自己的经历，方元奎深切地感慨道："是党解放了我这个放牛娃，是党指引我走上革命道路，是党给了我幸福生活。千句万语汇成一句话：'永远不忘党恩深！'"

陶一球抗日传奇

1937年淞沪会战爆发后，日本侵略军入侵昆山，犯下了滔天罪行，昆山人民纷纷组织起来自卫抗日。其中，抗日英雄陶一球在昆东地区发起组建了一支地方武装部队，举起了抗日的旗帜。

陶一球（1905—1973），原名陶杏泉，原昆山县蓬阆区夏驾桥镇（今陆家镇夏桥村）人。陶一球出身于一户大地主家庭，但他没有纨绔子弟的恶习，而是疾恶如仇，怜悯百姓。陶一球长得人高马大，体魄健壮，特别爱好篮球运动，其投球水平在小镇上无可匹敌，因此人称"陶一球"，久而久之，此名便取代了真名。

陶一球为人正派，秉性耿直，富有正义感，当地百姓对他十分敬仰。因此在1931年，陶一球被推举当上夏驾桥镇的镇长。陶一球新官上任，就组建了自卫团，并亲任团长，团员就是平常和他一起打篮球的伙伴们。

自卫团只有十几个人，七八条枪，规模小，力量弱，平日里也只能处理一些地方矛盾。那时的夏驾桥，由于地处沪郊，又临近铁路，城里的地痞流氓经常下乡去偷鸡摸狗，敲诈勒索。陶一球获悉后，立即带上自卫团前往制止。每次出击都让肇事者落荒而逃。因此，陶一球成为当地百姓信得过的"保护神"。

1937年，淞沪会战爆发，日本侵略军在上海摆开了战场，妄想速战速决，最后霸占全中国。国民党军队奉命在前线英勇抵抗，战火裹着枪炮声已经蔓延到了与上海近在咫尺的夏驾桥。陶一球面临国难心急如焚，他一边率领自卫团维持地方治安，一边组织力量往上海运送弹药和粮食，以力所能及的实际行动支援抗日。陶一球目睹了日军不可一世的野蛮行径，同时也看到了国民党军队节节败退的软弱无能。陶一球很想亲自上阵杀敌，但又感到力不从心，只能跟随逃难的人群离开已经沦陷的家乡。

陶一球带着家眷流亡在西撤的逃难路上，在宜兴遇到同乡胡昌治，他是昆山蓬阆镇名流胡石予先生的儿子，早已参加共产党组织。胡昌治一路上对陶一球进行抗日救亡的教育，还用顾炎武"天下兴亡，匹夫有责"的思想，鼓励他回到家乡组建队伍，进行武装抗日。胡昌治的一席教海，令陶一球茅塞顿开，他决定不再逃避，而是立即杀回家乡，准备武装抗日。

1939年8月，回到家乡的陶一球决定先以原来的自卫团为班底，再通过招兵买马，名正言顺地组建了一支具有战斗力的抗日武装力量，扛起抗日大旗，誓与日本侵略军血战到底。

当时，陶一球所领导的自卫团只是一个自发性的地方武装，没有番号，没有编制，群众却十分拥护，亲切地叫他们"陶一球部队"，期盼在陶一球的带领下，一方百姓能得到保护，不受附近日本驻军的蹂躏。

陶一球除了动员以前与他一起玩耍的弟兄们加入部队，还动员亲眷中的男性青年参军，在他的人格魅力的影响下，花桥、陆家、嘉定、太仓，甚至上海的一些热血青年也都报名加入。通过紧锣密鼓地"扩军"，终于拥有了一支100多人的地方部队。

搞地方武装必须拥有武器，购买军火又需要经费。陶一球不顾背着"败家子"的骂名，毅然决定将祖传的几百亩良田全部变卖，筹得资金后，购置了100多支各式机枪、步枪、手枪，使部队真正拥有了可在战场上与日军一决高低的武器装备。

陶一球从小爱玩枪打鸟，练就了一手好枪法。他既当领导，又当教官，带领队员进行严格的军事训练，在短时间内将这支地方武装部队训练得有模有样。

陶一球颁布严明军纪，不允许有任何侵犯老百姓利益的事情发生，违者必惩。有一次，他的外甥陈祖勇耐不住清苦，偷卖机枪去改善生活。陶一球获悉后，大义灭亲，将其就地处决。从此，陶一球部队深得百姓拥护。

陶一球部队属于自发抗日，人员编制少，武器质量差，只能组织小规模的游击战。但就是靠这些小打小闹的骚扰，就已经把驻扎在当地的日本侵略军搞得焦头烂额。

20世纪30年代末至40年代初，陶一球部队瞄准了昆东地区的几个日军据点，抓住时机，打了几场漂亮仗，常使敌人惊恐万分。

一天下午，陶一球获得可靠情报，说有一小股日军要到蓬阆乡下的莫家湾去抢粮。陶一球立即集合部队，埋伏在已经成熟待割的庄稼地里。虽然骄阳似火，闷热难当，但为了守株待兔，队员们顾不得汗流浃背，冒着中暑的危险，一动不动地俯卧在密不透风的麦田里。等到几个日本兵大摇大摆地走进埋伏圈，只听陶一球一声命令，长枪短枪一齐开火，几个日本兵顿时成为瓮中之鳖，血肉横飞。此次小规模伏击战取得了胜利，还缴获了几件新式武器，令陶一球部队的抗日信心倍增。

　　一天夜里，陶一球又获得情报，说是有一列运送日军战备物资的火车停靠在陆家浜火车站，准备发往上海。陶一球带领几个机灵的队员先去摸黑侦察。当走近车站，在朦胧的月光里，隐约看到列车已满载待发。两个日本兵正在站台上放哨，真是机不可失时不再来，陶一球向身边的几个精兵强将使了一个眼色，就一齐蹑手蹑脚地靠近日本兵，突然纵身跃起，勒住他们的头颈，两个日本兵在无声无息中一命呜呼。随即，陶一球和队员们打开车门，搬下几箱武器和弹药，立即消失在夜幕中。

　　陶一球部队的突袭，使驻扎在附近的日军坐立不安，心惊胆战。为了肃清后患，日本驻军放出狠话，说是谁能拿下陶一球的头颅，将获十万大洋的赏金。但是，陶一球部队居无定所，杳无踪影。

　　昆山百姓听到陶一球部队经常挫败日军的消息，顿感扬眉吐气，原来不可一世的日军也会败在地方武装队员的手下，真是大快人心！当地百姓不但经常向陶一球部队通风报信，还暗地里保护他们的生命安全。

　　一天，伪军向日军告密，说是陶一球在兵希一个小村里开会，日军满以为

陶一球纪念馆新馆

这一次可以置他于死地，就带领小分队直扑过去。放哨的村民发现紧急情况后，连忙向陶一球通报。就在这紧急关头，一个渔民自告奋勇地将陶一球及其随行人员全部接到船上，并迅速划船到村外的芦苇丛中，陶一球等人最终安全离开。

陶一球部队巧妙地与日军周旋，创造了一个个出奇制胜的奇迹后，更增强了昆山人民的抗日信心。蓬阆地区也发起组建了地方武装，并很想接受陶一球的领导。陶一球也想扩大抗日队伍，就同意优化组合，将自己二区的陆家地方武装，与三区的蓬阆地方武装联合起来，简称"联抗"。

从此，"联抗"在陶一球的带领下，组织了更多抗击日军的游击战争，在昆山抗日史篇上，留下了光辉灿烂的一笔。

1996年5月，陆家镇党委、政府在童泾路建造了以陶一球等人为原型的昆山第一支抗日武装雕像，以及以陶一球原名杏泉命名的杏泉园。2005年，又在杏泉园北侧建造了陶一球纪念馆。2022年10月，陶一球纪念馆移至夏桥社区（陶一球出生地），重建纪念场馆和纪念广场，并作为爱国主义教育基地对外开放。

把生命献给党
——陶一阳的故事

1920年，陶一阳（曾名周力果）出生在昆山县夏驾桥镇一个比较富裕的家庭。陶一阳出生后不久，生母不幸染病身亡，由大母边氏抚养。父亲陶荣生抱怨父母只讲门户相对，与边氏是包办婚姻，嫌弃原配边氏长相粗俗，一直冷眼相对，边氏终日郁郁寡欢，在30岁那年也不幸病逝。

边氏虽然是大户人家出身，但是为人和善，任劳任怨。由于她受丈夫冷遇，陶一阳的生母又是二房，所以边氏和陶一阳都受到宗族中一些人的歧视。在这样的家庭环境中，陶一阳养成了倔强好斗的性格。但他聪明机灵，有时与

别的孩子打架,只要大人们教育他,说明道理,他也能虚心接受批评,并积极
改正。

陶一阳在夏驾桥小学读完四年初小,又到昆山城区读了两年高小。15岁
那年,由亲戚胡昌治介绍,陶一阳到上海国华中学读书。在校期间,他认真学
习,成绩优良。这所学校有一部分进步教师,经常给学生们灌输爱国主义思想。
陶一阳在这些老师的启发教育下,接受了进步思想。

1937年7月,全面抗战爆发,陶一阳辍学回到夏驾桥镇。当时,他的堂兄
陶一球担任夏驾桥镇镇长,建立了一支自卫团,做些维护地方治安和抗战支前
工作。陶一阳主动加入自卫团。

1939年8月,陶一球在夏驾桥组织起昆山第一支地方抗日武装,人称"陶
一球部队",19岁的陶一阳成为第一批战士。

后来,陶一球部队扩编为昆山县二、三区联合抗日大队,简称"联抗"。陶
一阳在"联抗"积极参加活动,跟随部队风餐露宿,转战于陆家、兵希、蓬阆等
地,打击日伪和土匪。

在部队里,陶一阳从不因为自己文化程度高,堂兄陶一球又是"联抗"大
队长而趾高气扬。他为人处事热情大方,与战友们关系融洽。他认真学政治、
学军事,很快就成为部队里的年轻骨干。陶一阳平时背着一支驳壳枪,脚上穿
着白球鞋。部队在白天隐蔽休息时,他就教大家唱《三大纪律八项注意》《松花
江上》等革命歌曲,深得战士们的欢迎和喜爱。

游击队经常在昆东、昆南地区开展除匪和锄奸活动,陶一阳总是积极参
与,冲锋在前。

1939年8月8日,汉奸杜金元带着驻太仓日军到蓬阆逮捕抗日小分队。蓬
阆青年队张家忠等6人不幸被捕,在太仓西门一带被杀害。"联抗"得知此事后,
决定捕杀汉奸杜金元。陶一阳最痛恨汉奸行为,在行动时冲在前面。那天晚上,
天空下着小雨,陶一阳身穿蓑衣,和小分队战士们一起摸黑前进。到了杜金元
的住处后,他率先冲进去,用枪指着汉奸的脑袋,将其击毙。第二天,杜金元

被"联抗"处决的消息传开。当地百姓痛骂说这就是做汉奸的下场，这件事也震慑了一些汉奸卖国贼，使其不敢再做坏事。

有一次，游击队宿营于梅园蒋家祠堂时，战士们抓住了一个刺探情报的汉奸。经过审问及查实身份后，汉奸在祠堂里被处决。陶一阳和战士们一起将其尸体掩埋，踏实泥土，处理好现场。在此过程中，陶一阳表现得沉着冷静，他在除匪肃奸斗争中仇恨民族败类，也表明了他敢于斗争的鲜明立场和爱憎分明的性格。

当地有一股土匪经常出没于蓬阆、兵希、包桥一连，抢劫群众钱物，强奸妇女，无恶不作，民愤极大。为首的兄弟俩人称"大金子""小金子"。"联抗"决定消灭土匪大、小金子部，为民除害。

行动的那天夜晚，陶一阳手持驳壳枪，走在部队前列，摸索着向土匪窝前进。夜路难走，又都是低洼水田，陶一阳走得半身泥水，白球鞋也成了黑球鞋，但他依然走在队伍前面。战斗中，陶一阳十分勇敢，与战友们当场捕获了小金子等人，并开枪就地处决。后来，他们又把大金子也处决了，消除了地方悍匪。

1940年5月下旬，"联抗"编入"江抗"第三支队后，陶一阳等10多名战士留下来，组成了一支游击小组。同年6月，中共昆嘉县委建立后，游击小组成为县委常备队，逐步发展到30余人，由陶一阳负责一个小组。常备队在县委领导下积极开展武装斗争，配合民运干部开展民运工作。同月，在昆东兵希建立中共昆嘉青中心县委。10月，又在昆山大市扩建为中共淞沪中心县委。在党的领导下，昆东、昆南分别建立起了各级党、政、军组织，成为抗日游击根据地。陶一阳在保卫县委、打击日伪顽和土匪的斗争中立场坚定，光荣地加入了中国共产党。

1941年1月，国民党顽固派制造了震惊中外的皖南事变。4月，参谋长周达明率领的"江抗"淞沪游击纵队两个中队在青浦西岑谢石关村突遭"忠义救国军"袭击，损失严重。为此，中共淞沪中心县委领导下的各级党、政、军组织撤离昆山。

1941年7月，日伪开始"清乡"，形势恶化。尽管如此，陶一阳还是坚持隐蔽斗争。第二年5月，形势更趋紧张。陶一阳由在沪的陶一球通过组织关系，由交通员带领，与陶一球之子陶元良一起撤往苏北根据地。临行时，陶一阳把不能携带的东西都留在亲戚胡昌治那里，其中就有一个稻草枕芯。陶一阳对胡昌治说："我不知道这次去何时能回来，我决心把生命献给党。"

陶一阳怀着参加新的革命战斗的豪迈气概以及对党和革命事业的无限忠诚，义无反顾地踏上了前往苏北根据地之路。

那时，日伪正在南通、海门等地进行"扫荡"。由于交通不便，陶一阳听从组织安排，暂时留在通东民运部，并被分配到海门县余东区参加民运工作。等到形势稍为缓和时，陶一阳又被安排到抗大九分校军事队学习。在学习期间，陶一阳认真刻苦学习理论知识和军事技能，革命意志坚定，深得领导的赞赏。学习结束后，陶一阳被编入新四军部队。抗日战争胜利后，陶一阳所在部队一直驻扎在苏北地区。

1946年6月，蒋介石反动集团悍然撕毁停战协定和政协协议，发动了全国范围内的反人民内战，苏中解放区为其重点进攻目标之一。继苏中战役之后，1946年11月下旬，国民党军向苏中解放区战略要地盐城再行猛扑。陶一阳当时是华中野战军某团通讯连指导员，在战斗中，他带领战士们进行顽强地反击。战斗非常激烈，在组织部队突围时，陶一阳不幸壮烈牺牲，年仅26岁。

昆山解放后不久，边氏接到通知，得知陶一阳已在盐城保卫战中牺牲，非常悲痛。陶一阳曾在1946年与到苏北来探望的养母边氏团聚过几天，不想遂成永诀。

陶一阳牺牲后，当地政府在夏驾桥为他举行了追悼会。陶一球在追悼会上发言致哀。胡昌治写了悼词，用工楷誊在宣纸上，边氏将它装进镜框，悬挂在墙上，以作纪念。

陶一阳的生命虽然短暂，但是他把青春献给了党和革命事业，他的一生光荣而伟大。

为革命抛洒热血

—— 钱序阳的故事

　　钱序阳，曾化名金慰农，陆家镇西古村人，1923年10月18日出生于地主家庭。出生这天正好是农历九月初九，故取名"序阳"。钱序阳姐妹兄弟八人，他排行第三。钱序阳聪明灵活，争胜好强，爱交朋友。1937年淞沪会战爆发，读完小学五年级的钱序阳只得辍学在家。

　　1939年8月，昆山组织起了第一支党领导的抗日武装"陶一球部队"。9月，陶一球部队与陆家自卫队合并成立昆山县二、三区联合抗日大队，简称"联抗"。其间，中共党员张琼英、华逸民（陈正之）等20余人由吴江转移来昆，参加"联抗"，派出民运干部深入农村，开展抗日救亡宣传和组织工作。

　　中共党员小方来到西古乡，以做钱序阳家的长工为掩护，开展宣传和组织群众的工作。钱序阳受小方和华逸民等人的引导，抗日思想积极，又因家庭条件和文化程度，不久被农民大会推举为自卫会主席，暗中着手组织抗日游击武装。同年10月，经小方和华逸民介绍，钱序阳参加了中国共产党，为候补党员。

　　1940年秋，以兵希为中心的昆东抗日游击根据地初步形成，人民抗日情绪空前高涨。1941年初，钱序阳组建了一支七八人的地方常备队，当地的三四个伪乡保长在他的教育下也倾向抗日。

　　1941年4月，在中共淞沪中心县委和昆山县委领导下，昆东和昆南淀山湖抗日游击根据地部队逐步撤离。中共昆山县委书记华逸民在撤退时遭遇伪军搜捕，钱序阳的母亲冒险掩护，使他安全转移。

　　7月，日伪开始分期分批实施"清乡"，钱序阳与其他抗日积极分子保持着密切联系，继续做一些抗日思想比较稳定的上层人物的工作。根据上级党组织关于党员"以灰色面目出现，打入日伪组织，开展合法斗争"的指示，1942年，钱序阳担任西古乡伪乡长和伪爱乡会会长。那时，形势十分严峻，但隐蔽下来的党员想方设法同上级党组织恢复联系，伺机开展活动。钱序阳与沪西特派员华逸民一直保持着联系。根据华逸民的指示，钱序阳与几名本地党员和常熟来昆隐蔽在陆家的党员分别取得了联系。

1942年10月，仲国鋆奉中共江南工委之命，回苏常太地区开展恢复工作，他与钱序阳很快接上了关系。1943年初，经上级党组织批准，钱序阳与原常熟支塘区副区长魏旭东取得了联系。这段时期的环境十分险恶，日伪实施一系列所谓"强化治安"的措施，钱序阳只能与抗日积极分子暗中保持联系，保护他们免遭伤害。

1944年1月，仲国鋆调任昆山县特派员，钱序阳利用自己的"合法"身份，为他在孔巷报户口，开杂货店作为公开职业，还把他安排到伪乡政府任办事员。2月，成立中共昆南特支，仲国鋆任书记，钱序阳被内定为昆南区（又称"路南区"）特派员，负责同沪西特派员华逸民及其领导下的昆南武装部队的联系，配合建立武工组，做"两面派"人员的工作，搜集日伪情报。

经过一个阶段的活动，钱序阳在西古一带组织了一支15人左右的武工小组，与华逸民领导下的浦西支队取得了联系。1944年6月，中共昆南特支撤销，建立昆东特支，钱序阳被批准为中共正式党员。9月，日军苏州警备队派了9名武装人员伪装新四军，在千灯、杨湘泾一带骚扰，刺探新四军的活动情况。钱序阳获悉后，立刻报告浦西支队，并向杨湘泾伪警察所借到了10多套警察服装。浦西支队一中队队长徐永坚带领10多名战士穿起了警服，在千灯至杨湘泾间的半路上伏击，击毙假新四军数人。钱序阳领导的武工小组在浦西支队的配合下，向日伪的几个据点发动过袭击。1944年冬，根据苏常太工委的指示，钱序阳的组织关系和2个交通站一起转给沪西工委领导。

1945年3月，根据淞沪地委指示，成立中共昆南工委，钱序阳为委员。7月，成立昆山县办事处（昆山县政府）领导下的陆家区政府，钱序阳任区长。同时成立陆家区中队，钱序阳任中队长，领导队员20余人，活动在陆家、花桥、蓬阆、兵希一带。

抗日战争胜利后，国民党背信弃义，企图派军队围剿新四军江南部队。形势十分严峻，斗争更加艰苦。钱序阳留在西古，一面种田，一面带领隐蔽下来的积极分子伺机开展活动。

1946年初，钱序阳鼓动西古等地的国民党乡保长以保卫家乡安宁为由组织公开的自卫团。不久，西古乡通过关系向国民党昆山县政府军事科购得马、步枪、子弹等武器装备，组织起了一支乡自卫团，由钱序阳实际掌握。同年夏天，陆家镇镇长吴汝为向县政府告发钱序阳私藏枪支。7月7日，钱序阳被县长沈霞飞批准逮捕入狱。后经钱序阳家属多方打点，于11月21日出狱。

1947年3月，钱序阳通过关系与淞沪工委系统的金亮取得联系，接受了营救在狱蒙难同志和打入国民党匪特的任务。钱序阳典出了自己的田地，卖了许多稻米，营救了在押同志，但未能打入国民党匪特组织。7月，他与青浦观西武工队队长张学文联系时被国民党特务发现而遭逮捕，经保甲长说情，仅被关押3天。此后，钱序阳一直处在国民党政府的严密监控之下。尽管如此，他还是通过各种途径，与原来的一些抗日积极分子保持联系，隐藏了3支短枪，以便随时组织游击武装。

1949年4月23日，南京解放。中共上海局外县工委领导的昆山工委根据形势的发展和敌人的动态，迅速作出控制地方武装、做好应变工作和迎接昆山解放的指示，并派工委委员叶佐群来昆，向昆东总支书记陈坚刚传达指示。当钱序阳接到陈坚刚要他立即返回农村、收集枪支弹药、拉起游击武装的指示后，立即回到西古，把原小型游击武装人员组织起来。钱序阳向陈坚刚表达了自己革命到底的决心，说："如果打到最后一颗子弹，这颗子弹就留给自己用。"经陈坚刚介绍、昆山工委批准，钱序阳重新加入中国共产党。在昆山工委的领导下，钱序阳与陶一球、胡思骞领导的2支小型武装相互呼应，协同动作。他还控制了一台无线电收音机，由2名人员深夜收听解放区电台播发的消息，然后刻印成传单散发各处，震慑了敌人，鼓舞了群众。

5月13日，昆山解放。钱序阳担任昆山县公安局社会股股长。人民政权刚刚诞生，国民党地方残余武装在昆南活动猖獗，时刻梦想复辟变天。为了巩固人民政权,钱序阳长驻昆南,担负着剿匪肃特的艰巨任务。为了彻底铲除股匪倪品祥部的潜伏人员,钱序阳通过各种关系,终于找到了在沪潜伏的匪首倪品祥,向他宣讲政策,使他向人民政府自首,交代同伙。同年秋,钱序阳被调往苏州专署公安局,任侦察科情报股股长。

1950年4月22日,苏州专署公安局社会科侦察员陈筠偕奸妇周某逛无锡,被钱序阳发现。在回苏州的火车上,钱序阳对陈筠批评教育。陈筠害怕钱序阳泄露丑行,在从苏州火车站行至西北街时,竟枪击他的后脑。经医院紧急抢救,钱序阳稍醒后讲出了凶手陈筠(后伏法),随即停止了呼吸,时年27岁。不久,钱序阳经苏州行政公署批准为烈士。

1964年"四清"运动后,钱序阳被错误地取消烈士称号。1981年,对钱序阳的经历进行认真复查,苏州地区行政专员公署批复,"恢复钱序阳同志的烈士称号"。

为革命不怕死
——龚荣生的故事

1919年,龚荣生(又名龚阿荣)出生于昆山县陆家浜西厍村一个贫苦农民家庭。龚荣生的父亲原籍昆山城南,因家境清贫而到西厍龚家当上门女婿。当他的岳父过世时,按照当地风俗,女婿女儿无继承权,因而被赶出家门。他们只得另选地基盖了一座草房。龚荣生的父母生下三个儿子和一个女儿,但两位兄长都因贫病交加而先后夭折,父亲也不久去世。龚荣生和母亲、妹妹三人靠耕种3亩薄田维持生计。

因为家境贫苦,龚荣生连小学的门都没进过。少年时,他就被送到一个农村木匠那里学手艺。旧社会的学徒不好当,师傅对龚荣生十分严厉,经常拿工具敲打他。有一次,龚荣生的头被敲破了,血流满面,他受不了这种虐待,只得逃回家种田。20岁那年，龚荣生来到离他家不远的西古村钱序阳的家里当长工。

1939年8月，新四军"江抗"部队东进到昆山后，帮助陶一球在夏驾桥建立了第一支地方抗日武装——"陶一球部队"。同年9月，"陶一球部队"扩编为昆山县二、三区联合抗日大队，简称"联抗"。"联抗"在中国共产党的领导下，向昆东地区的农村不断派出民运干部，开展组织群众、宣传群众的工作。

钱序阳，昆山陆家西古村人，出生在有着300多亩田的地主家庭。他虽然出生在富裕家庭，但是在民运干部小方和华逸民的启发教育下，积极投身抗日运动。龚荣生在钱序阳家当长工，与他经常接触交往，并在钱序阳的影响下，也走上了抗日救国的道路，并参加了地方常备队。

1941年，22岁的龚荣生娶妻结婚了。他母亲原以为这样他可以安心当长工和种田养家糊口，没想到龚荣生仍然一心扑在抗日救国活动中。

7月，日伪开始分期分批地对苏南地区实施"清乡"，龚荣生只得白天隐蔽，晚上活动。那段时期，斗争形势非常险恶，但他不怕危险，一心一意地跟党走。一直到1943年底的2年多时间里，他仅回过一次家。因为抗日意志坚决，立场坚定，龚荣生在1943年9月光荣地加入了中国共产党。

1941年冬天，中共苏中四地委江南工委调任仲国鋆为昆山派员，成立了昆南特别支部。在昆南特支领导下，龚荣生与党外积极分子沙再元一起，组成昆东夏驾桥情报联络站，侦察和注视着敌特的行动。

1944年上半年，钱序阳根据昆南特支书记仲国鋆的指示，重新组建了一支15人左右的武工小组，龚荣生是武工小组的主要成员。这年夏天，仲国鋆在新镇大宅基召开秘密会议，确定了积极准备武装斗争、恢复和新建游击区的计划。根据会议精神，武工小组分成甲、乙两种组织，其中甲种组织可打游击。龚荣生担任了甲种组织武工小组的组长。该武工小组与中共沪（浦）西工委领导的浦西支队取得了联系。1944年9月，龚荣生参加了与浦西支队配合向日伪几个据点发动袭击的活动。同年11月，他加入了浦西支队一中队。

1945年2月底，龚荣生参加了夏驾桥火车站附近收缴日伪军械的战斗，缴获了一批步枪和子弹。4月，浦西支队一中队整编为新四军淞沪支队黄山部队，他参加了在昆山南巷村抗击日军的激烈战斗。6月15日，他又参加了淞沪支队在青浦周泾村对国民党"忠义救国军"殷丹天部和张龙云部的战斗，聚歼了殷丹天部，重创了张龙云部，从而打开了沪西地区的局面。

在这三次战斗中，龚荣生勇敢顽强，机智灵活，敢打敢冲，不怕牺牲，被誉为"三勇"中的"一勇"（吴语中勇谐音荣。"三勇"即龚荣生、王雪荣和陈荣）。7月，黄山部队改编，一个班编入淞沪支队华山大队，其余班分别扩建为陆家区、千灯区和杨湘泾区中队。龚荣生转入陆家区中队后，继续坚持抗日游击活动。

1945年8月15日，日本政府宣布无条件投降。10月，根据国共两党重庆谈判精神，新四军江南部队北撤，龚荣生与一部分没有暴露身份的当地共产党员和游击队战士隐蔽下来，转入秘密斗争。

1949年4月，中国人民解放军渡江南下。为了紧急应变，抵制国民党阴谋破坏，抗拒国民党昆山县县长沈霞飞收缴地方枪支、弹药和粮食，昆东总支书记陈坚刚根据中共昆山工委的指示，分别动员钱序阳、陶一球下乡，组织游击队和地方联合自卫队开展武装活动。

龚荣生积极响应，与抗战时期的一些游击队员一起，参加钱序阳领导的游击武装，为迎接昆山解放而积极地工作。

1949年5月13日，昆山解放。不久，龚荣生被分配到昆山县公安局社会股任侦察员。一次，他与侦察员邵剑昆按照公安局指示，到上海和安亭寻找潜伏土匪头目倪品祥的下落，令其投案自首，以便瓦解和打尽这股土匪。

倪品祥又名倪超群，是昆南青帮头子，招收门徒400余人，昆山沦陷后投靠日伪，抗日胜利后摇身一变为国民党昆山县参议员。昆山解放后，他组织反革命地下军，活动于千灯、石浦、陆家、安亭和四江口一带，扰乱社会治安，抢劫单独行动的解放军战士的枪支，威胁农村干部，行动诡秘，且阴险狠毒。

当龚荣生和邵剑昆获知倪品祥在四江口时，连夜从安亭赶到四江口。龚荣生对邵剑昆说："革命不怕死，怕死不革命，只要有我在，就有你邵剑昆。"他们走到四江口土匪盛小兴家。盛匪手持菜刀，凶相毕露，龚荣生眼明手快，一脚踢飞菜刀，枪口对准他的头部，迫使他领路到匪首倪品祥的住处，终于将倪匪押送到县公安局，出色完成了党交给的任务。

昆山解放后，夏驾桥反革命分子吴瑞峰、蒋道生、周阿毛等4人参加国民党武装匪特袁长清组织的"京沪区游击大队"，企图抢劫仓库、税所财赋和地方干部的枪支。

1950年4月28日，龚荣生因事回家。当吴瑞峰等获悉龚荣生搭乘火车取道夏驾桥车站下车时，就等候在车站，并以"亲戚"关系将龚荣生骗到蒋道生家，用烧酒劝醉，复以"捉白粉"为名，将龚荣生诱骗到东车塘祠堂周阿毛家。几人趁龚荣生不备之际，用镰刀、铁锹和木棍将他杀害，劫去手枪一支和证章等物。

事发后，县公安局组织力量迅速侦破这起反革命抢枪杀人案，反革命分子吴瑞峰、袁长清等5人先后伏法，为龚荣生报了仇，也清除了一颗毒瘤，保卫了新生的人民政权。

抗日游击队为民除害

日本侵略者占领昆山期间，伪军依靠日军的势力，经常下乡"扫荡"，为日本侵略者效力。伪军队长黄阿荣就是其中一个，他丧尽天良，坏事做尽。因为他像狼一样凶暴残酷，吃人不吐骨头，老百姓都叫他"黄狼"，又因为伪军身穿黑色制服，老百姓又骂他们"黑狗"。一提起"黄狼""黑狗"，当地老百姓都恨之入骨。

有一次，"黄狼"带着两个"黑狗"下乡，走进一家农户，对着户主小张开口说道："老子为你们整天巡查跑腿，吃尽苦头，今天到你家来，有什么慰劳慰劳的？"

小张连忙说道:"长官辛苦了!我马上叫内人烧几个水潽鸡蛋,孝敬长官。"于是,"黄狼"和"黑狗"们在客堂里坐着等吃水潽鸡蛋。小张妻子拿了十几个鸡蛋,经过客堂到灶头间去烧蛋,"黄狼"一看这个女人长得十分漂亮,顿时就动起歪脑筋。

"黄狼"不顾小张苦苦哀求,吩咐两个手下押着小张就去了警察局。小张进了警察局,被打得皮开肉绽,因无钱看病,最终含恨死去。小张妻子当夜就被"黄狼"强奸了,被迫跳河自尽,以示清白。可怜小张一家因为"黄狼"而家破人亡,村民们有冤有恨却无处告状。

聚福饭店是陆家浜镇上蛮有名气的一家饭店。王老板苦心经营,潜心研究菜肴,经过十多年的经验累积,终于创出了品牌特色,受到食客们的青睐。尤其是"红烧聚福扎肉",在镇上首屈一指。凡是来镇上的食客,要是没吃"红烧聚福扎肉",等于没有到过陆家浜。

这一天,"黄狼"突然想起"红烧聚福扎肉",嘴里就口水直流。于是派手下小吴去聚福饭店关照王老板:"今天中午定好老席位,尝尝聚福扎肉好味道。"其实,小吴明为警察局人员,实为中共地下党员,党组织派他打进警察局,刺探警察局内情,为地下党打击日伪军提供情报。

小吴出了警察局,马上就通知地下党侦察人员孙志堂,让他转告新四军黄山部队副队长冯祥生:今天中午十二时,"黄狼"会带两个手下到陆家浜聚福饭店吃招牌菜"红烧聚福扎肉",这是一个袭击的好机会。

冯祥生副队长早就计划要除掉"黄狼"了,听到报告后,马上制订计划,布置突击除霸任务。为了确保突击行动万无一失,成立了三个小分队:第一小分队六人,由冯队长亲自带领,一律配备短枪加匕首;第二小分队六人,由侦察员小陈带领,化装成市民,埋伏在陆家浜油车桥两侧;第三小分队六人,由侦察员孙志堂带领,守候在玉皇殿南面的一片树林里。冯队长率第一小分队,于十一点半进入聚福饭店,选择"黄狼"老座位右边和左边两桌座位,商定好行动计划:一是要快,以迅雷不及掩耳之势,一举成功;二是不到万不得已,不准开枪，因为在闹市饭店开枪，游击队身份容易暴露，带来不必要的麻烦；三是两人押一人，用枪顶在伪军腰间，迅速离开饭店，到树林里集合。

十二点整，"黄狼"带着两个"黑狗"步入聚福饭店。在老座位刚一坐定，王老板马上亲自端上极品龙井茶，请"黄狼"队长品茶，并吩咐伙计上菜倒酒。

"黄狼"眼笑眉开，谢过王老板，第一筷就去夹油而不腻、入口即化的"红烧聚福扎肉"。正在此时，只见冯队长一桌上的三名游击队员立即行动，瞬间三支短枪顶住了三个人的腰部，冯队长大喝一声："不许动，举起手来！"

另外一桌上的三名游击队员快速上前下了三人的枪。冯队长说："今天有事和黄队长商量，请走一趟。去也得去，不去也得去。路上不准讲话，不准耍花招，胆敢违抗，一枪见阎王。"

"黄狼"一时被惊吓住了，想不到酒肉没尝到一口，就被游击队逮住了，心里实在不甘，可又无可奈何。"黄狼"毕竟是只老狐狸，走在路上定神之后，他满脑子想的就是一个字"逃"，希望经过一个村庄，或一所庙宇，或一片树林时，他能凭身手逃之夭夭。

说来正巧，冯队长他们押着三人往玉皇殿旁边的树林里走去。"黄狼"顿时精神振奋，加快步伐，寻找机会，只要逃进树林，就有生的希望。押着他的游击队员，被路上的树根绊了一跤，"黄狼"趁机一个闪身，立即飞步窜入树林，不见了人影。冯队长马上吩咐两名队员看住另外两个"黑狗"，其他人进入树林围歼"黄狼"。

"黄狼"左躲右闪，准备藏身到一棵大树背后，不料撞到了早先潜伏在此的游击队员孙志堂的枪口上，立马被逮个正着。后面赶来的冯队长，马上用绳索把他捆绑在大树上。

面对着垂头丧气被绑在大树上的"黄狼"，冯队长正式宣判其罪行，让他死得明白："黄阿荣，任伪军队长，投靠日寇，危害老百姓。一、迫害小张，将其打成重伤使其不治而死；二、强奸小张妻子，致其投河自尽；三、敲诈吴老汉，抢劫财物后，一把火烧毁了吴老汉的三间住房，吴老汉被迫流落街头，含恨而亡……命案在身，罪大恶极，不杀不足以平民愤。现昆山游击队正式宣判：伪军队长黄阿荣，就地枪决，以正视听。"

冯队长又对两个"黑狗"进行训教："你们必须认清形势，不要为日寇卖命，不要欺压老百姓，回头是岸，痛改前非，好好做人，游击队会宽大处理。"

抗日游击队为民除害，震惊昆东地区，沉重打击了日伪的嚣张气焰。游击队受到老百姓称赞，军民关系越来越亲密，热血青年纷纷参加游击队，抗日形势一片大好。

"联抗"除奸灭霸

1939年9月初，昆山县第二、第三区成立联合抗日大队，简称"联抗"，二区区长陶一球任大队长，许国任队长，在昆山东部开展抗日武装斗争。

"联抗"初期，活动范围不大，主要在京沪铁路以北的夏驾河两侧活动。随着"联抗"部队的发展，影响力逐渐提高，实力不断增强，活动范围也随之扩大到京沪铁路以南的陆家浜、花家桥、新镇、周墅一带。"联抗"还在夏驾桥、南桥、丁墟、蓬阆、花桥等地，建立了联络站，以保证人员、物资的来往和情报的及时传达。"联抗"在斗争中，取得民心，为民除害，队伍不断壮大成长，成为昆山地区一支重要的抗日武装部队。

昆东地区有一个汉奸名叫曹祖良。昆山沦陷后，曹祖良就投靠日军，在陆家浜、花家桥一带组织"维持会"，并自任会长。他依靠日军"宣抚班"的势力，在夏驾桥、陆家浜、花桥等地区对老百姓敲诈勒索，并数次带领日军下乡抢粮劫物，捉猪牵羊，拷打群众，使当地老百姓难以安身。

有一次，曹祖良带领日军到石头村抢掠。两个日本兵见到杨金生18岁的妹妹，就两眼放光，紧追不放。小姑娘被追得走投无路，跳到鸡鸣塘里的木排上，日军仍不死心，像野兽一样冲上木排扑向小姑娘，小姑娘孤身无援，急得朝河塘里跳，最后不幸被淹死。日本兵残忍地把小姑娘的尸体捞上来，一边翻动一边大笑，连说："花姑娘死啦死啦地，死啦死啦地……"对于曹祖良的罪恶勾当，当地群众敢怒不敢言。

有的老人见到何培元，就说："培元啊，替我们想想法子，治治他（指曹祖良）吧！"何培元听了心里难受，遂同游击队小组全体同志商量对策。大家一致认为应该向上级报告，何培元向当时昆（山）嘉（定）县常备队首长作了汇报。首长说，他们对曹祖良的胡作非为情况虽已掌握并有除掉曹的打算，但对曹的行踪还不清楚，于是交给游击小组一个任务：周密侦察曹祖良的行踪。后来，经过游击小组成员多方了解，终于掌握了曹祖良的活动规律。

1940年5月，原在昆东的抗日武装"联抗"整编为"江抗"三支队后，派了一个排的兵力来昆东穿插活动。当时担任陆家区副区长兼花溪乡乡长的曹祖良，从此不敢在花家桥居住，躲进日军据点陆家浜龙王庙的碉堡。每天早上八点钟左右，他总要到陆家浜曹家馆吃卤鸭面。

游击小组摸查到以上情况，就向常备队首长汇报。首长听后决定除掉这个汉奸，并做了周密部署：县委常备队派出短枪小分队，李大可、孙宝良、小鲁、小陈等六人为主力，游击小组由组长何培元和李振华两人配合，决定在7月7日上午行动。

陆家浜是昆东地区一个比较繁盛的农村集镇，每天早晨四点钟到八点钟正是早市辰光，四邻八村的农民都来上早市。市面上人来人往、熙熙攘攘，鱼摊菜担排列街旁，镇河里船来船往、舞篙摇橹，热闹非凡。曹家馆是镇上一个较大的面饭馆，尤其是早市供应白汤卤鸭面，颇受人们的欢迎。

这天清晨，县委常备队六个人都穿着一身渔民装束，手提竹篮，脚穿蒲鞋，陆续进入曹家馆，选定东、西两头的桌前坐下，喝酒吃面，等待着曹祖良的到来。何培元和李振华站在曹家馆门前街头巡视。六点过一些，望见曹祖良和一个跟班正在走来，何培元在门前把手翻了三下，发出信号，店堂里六个"渔民"立即暗中从衣兜里掏出短枪。

这时，曹祖良身穿长衫，叼着雪茄烟，同跟班踏进店堂，在雅间桌前落座。

何培元跟着走进来向他招呼:"曹先生,你来了。"说时迟,那时快,六个"渔民"冲进雅间,六支短枪对准曹祖良。李大可对曹祖良说:"我们是县委常备队,我们的队长请你去,有要事商谈,你跟我们走一趟。"

曹祖良见到几个持枪人围了上来就知不妙,心头一惊,身子好像被蝎子蜇着了似的朝前一倾,好不容易缓过神来,转转眼珠连声说道:"好,等一等……"

"不要等了,请你现在就走。"小陈见曹祖良想要花招,抢上一步,用枪顶着他的后脑勺命令其立即动身。

曹祖良眼见无法脱身,只得跟着走出店堂。短枪小分队押着曹祖良走在街上,群众停立道旁观看,人人拍手称快,连说:"善有善报,恶有恶报,不是不报,时辰未到。"还有的群众说曹祖良是罪孽深重,今天可算遭到报应了。

曹祖良自知难逃厄运,内心紧张地盘算着……

小分队押着曹祖良穿过东弄,沿着小夏驾河越过公路,直接向泗桥走去。刚过夹沟桥,曹祖良突然向稻田里一窜。"砰砰",两声枪响,曹祖良应声倒地,这样一个引起极大民愤的汉奸就此结束了生命。

龙王庙据点的敌人听到枪声,立即出动人员赶来,机枪和步枪一起扫射,可是短枪小分队早已越过铁路,进入泗桥以北地区,平安转移了。

抗日游击队除奸灭霸,当地百姓拍手相庆。"联抗"在群众中的威信也大大提高。

铁路沿线智勇杀敌

1940年5月上旬,新四军"联抗"经常在沪宁铁路北侧活动,日本人害怕"联抗"游击队到隶葭浜龙王庙日军据点附近活动,一方面封锁沪宁铁路,一方面派出铁甲车在铁路线巡视,妄图消灭"联抗"部队。

在当地老百姓的掩护下,"联抗"部队不仅在沪宁铁路北侧大量活动,而且经常穿插到沪宁铁路南侧开展活动，同时，活动范围也不断扩大。有时，"联抗"部队趁着夜色接近沪宁铁路，火车来了，日军的铁甲车在火车前引导，向铁路两侧照射出强烈的探照灯光，照得夜如白昼，企图搜寻目标，以防"联抗"游击队搞袭击活动。这时，游击队却都隐藏在草丛中，日军根本无法发现，等火车一过，他们又迅速跃过沪宁铁路，活跃在菉葭浜地区。

"联抗"在群众中的威信不断提高，"联抗"战士和老百姓心连心。每到一个宿营地，"联抗"就向群众宣传抗日救国，揭露日寇的阴谋诡计，宣传中国共产党的方针政策，号召民众团结一心、抗日救国，树立抗日战争必胜的信心。在"联抗"的宣传引导下，当地群众主动向"联抗"部队提供日伪军据点的情报，揭发当地的汉奸和土匪情况。"联抗"积极为民除害，勇杀日寇，打击伪保长，消灭汉奸、土匪，军民关系十分融合。

1940年5月的一天夜晚，"联抗"战士又跨过沪宁铁路，穿插到菉葭浜附近的一个村庄宿营。那边有一座很出名的龙王庙，西靠黄金水道吴淞江，南临水路要道夏驾河，龙王庙前还有一座百年老桥沪渎通济桥。这里的地势十分险要，是水陆交通的要道，只要派兵守住了大桥，就真的是一夫当关、万夫莫开。日军的一个据点就设在龙王庙，这里三步一哨、五步一岗，碉堡矗立，戒备森严。日军的汽艇经常经过吴淞江和夏驾河，开往菉葭浜、花家桥等乡镇和村庄。

这天清晨，"联抗"队长高山带领战士孙志堂、孙宝良、江军、鲁华兴等人出任务。他们身藏短枪，有的手提菜篮子，有的背着一个小布袋，有的头戴草帽，看上去就像是到镇上买菜的当地老百姓。

突然，从龙王庙方向走过来两个日本兵，一前一后，大摇大摆，腰间各挂一把日本刺刀，但是没有带枪。队长高山一见日本兵，心中顿时怒火直冒，但离龙王庙太近，不好开枪，因为一开枪必定会惊动据点里的日本兵，将会带来不必要的麻烦。高山灵机一动，使了一个眼色，孙志堂马上明白。抓住靠近的机会，高山大喊一声"上"，两人各抱住一个日本兵。日本兵还没反应过来，糊里糊涂遭遇袭击，一时失去抵抗能力。高山眼明手快，一下子把日本兵挂在腰间的刺刀夺过来，转过刀锋，向日本兵刺去，把他刺死了。孙志堂与另一个日本兵扭打成一团，两人在地上翻滚，一直滚到河边，掉入了河中。受伤的日本兵水性很好，借着混浊的河水，一个猛子扎下不见了。由于孙志堂不会游泳，让这个日本兵带着伤号叫着逃跑了。

高山率领四个战友飞奔回宿营地，命令部队迅速集合转移。因为刚才的突袭，日军肯定不会善罢甘休，他们必然会集结大量兵力，进行封锁、搜捕游击队，他们宁可错杀一千个老百姓，也不会放过一个游击队员。

在日军据点附近，在日本兵的眼皮底下，游击队战士大白天竟然敢杀日本兵，这个影响太大了，日军头目必然会暴跳如雷，大肆报复。为此，高山队长决定部队立即撤离龙王庙，远离蒌葭浜。

短短几分钟后，"联抗"部队就消失在茫茫麦浪里。部队要赶快越过公路，想不到一条河横在面前，阻碍了部队前进。大家正在着急时，只见一条民船急驶而来，船上的老百姓一听是"联抗"部队，马上冒着生命危险，把部队渡过了河。

过了河，一瞬间，"联抗"战士们又淹没在麦浪里，向预定的隐蔽地飞速前进。这时，龙王庙里的日伪军正闹成一锅粥，他们毫无目标地用机枪、掷弹筒向四面八方扫射，集结摩托车队驶向公路、要道，封锁道口，到处搜索，妄图寻找游击队进行报复。而此时，"联抗"部队已经转移到紧靠沪宁铁路南面的泗桥大坟场隐蔽起来。夜晚，部队又趁敌人不备，穿越了封锁很严的沪宁铁路，来到路北宿营地。战士们在宿营地听着高山等人在龙王庙勇杀日寇的情景，直听得热血沸腾，大快人心，战士们更加增强了抗日救国的信心，发誓一定要把日本侵略者赶出中国。

此次在白天深入虎穴歼敌的英勇行动，震动了京沪线上的日伪军，尤其是日本侵略者。蒌葭浜龙王庙据点里的日军，再也不敢轻易走出"乌龟壳"耀武扬威了。他们增加了封锁线，加强了二十四小时巡查，整日里胆战心惊，生怕游击队再次突袭。这次袭击行动，极大地鼓舞了广大人民群众抗日救亡的决心，也激励着游击战士抗日必胜的决心！

为百姓制服日伪

1945年,日本侵略者占领昆山期间,对铁路沿线要地加强防范。陆家浜火车站西面的夏驾河,自南向北,沟通南面吴淞江,流入北面的浏河,河面较阔,其河上筑有铁路桥,成为水陆交通要道。在夏驾河铁路桥一段设重兵驻守,布防十分严密。车站上筑有碉堡,配备了机枪和掷弹筒。

桥下的独宅瓦房里,还驻有一个18人组成的小分队"和平军"防守。所谓"和平军"是日本人封的,实际上是一支"害人军",老百姓称之为"伪军",只是日本侵略者手下可怜的走狗而已。他们狐假虎威,狼狈为奸,所干的事没有一件是和平的,没有一件是爱国的,没有一件是为老百姓做的。他们帮日本侵略者设卡,卡住夏驾河这段通道;设岗哨,对来往行人、船只任意搜查,敲诈勒索,连农民上街买米,都被拦住。再加上当地地痞王森林勾结"和平军"甲队长,经常到乡下敲老百姓竹杠,弄得老百姓怨声载道,对他们痛恨至极。

3月某日夜里12时许,淞沪游击队纵队三支队一中队由中队长顾志清、副中队长冯祥生、班长李振华、战士高阿荣等组成一支24人加强班,准备突袭日伪军,为民除害。

事前,加强班分头在夏驾桥上侦察,发现有3个日本兵,携带一挺机枪在镇上游荡,游击队就准备伺机截夺。但机枪手始终手不离枪,实在无法下手。后来,发现地痞王森林在镇上游荡,游击战士马上把王森林控制住,叫他识相点,跟游击队走。王森林自知腰部被手枪顶住,无法逃身,只好跟着游击队来到乡下一个竹园里。中队长顾志清对他进行审讯教育,让他将功补过,命令他晚上跟随加强班,一起到"和平军"小分队住所叫开门。王森林乖乖地答应了。

当晚,侦察人员提前出发,到实地侦察敌情,探得"和平军"都在屋内打牌,并没有其他动静。中队长顾志清带加强班立即坐船出发,沿河浜兜进伪军驻地,命令王森林叫唤"和平军"岗哨开门,王森林按照顾志清队长设计好的话喊道:"报告甲队长,我发现有两条米船在强巷村夏驾河边。"

不巧的是，甲队长当晚吃过晚饭后，打扮一番寻欢作乐去了。甲队长有妻子儿女，可他还是贼心难改。甲队长虽然不在营地，但是哨兵听出来是王森林的口音，二话没说，就把哨所门打开了。

加强班战士一跃而上，冲进哨所，持枪喝令："缴枪不杀！""中国人不打中国人！"十几个"和平军"，有的赌兴正浓，有的正在拉胡琴唱小调，突然听到喝令，一个个目瞪口呆，乖乖地举手投降，当即全部被游击队战士缴械。

中队长顾志清对伪军进行训话教育，大意是"三个不准"：一、不准敲诈勒索，欺压百姓；二、不准做汉奸，阻卡新四军部队过道；三、不准下乡搜刮百姓，为日军卖力，如若轮到"扫荡"，要朝天放枪等。顾队长命令战士用绑腿带将十几个"和平军"捆绑结实，关进灰间里。这样前后不到20分钟，不放一枪，缴获步枪13支、子弹300多发、木柄手榴弹10余枚。

初战告捷。中队长顾志清马上在日军住处四周布岗，以防敌人逃窜。副中队长冯祥生带领班长李振华、战士高阿荣，立即包围日军住处，用一根粗大的木头，合力撞开日军的房门。日军站长来不及拿枪，就被冯祥生一枪击伤，日本兵也怕死，这时候所谓的武士道精神早已被他们抛在九霄云外，一个个举手投降。顾队长命令日本兵举起双手，并用毯子蒙住头部。为了活命，日本兵倒也听话，用毯子蒙住头部。游击战士趁机把日本兵一个一个捆绑起来。中队长顾志清举起短枪，连打三枪结果了日本站长的性命。接着迅速打扫战场，当场缴获三八式马枪1支、日式短枪1支、日本指挥刀1把、步枪7支、日本手榴弹1箱（24枚）、子弹300余发，以及皮箱1只等。

这次游击队巧袭日伪军，仅用了半个多小时就胜利结束。事后，加强班火速撤离现场，朝兵晞（今兵希）方向的黄朗村凯旋转移时，日军的巡逻装甲车才姗姗来迟，无目标地乱打一阵机枪，好像在用枪声为加强班送行。

第二天，陆家浜和夏驾桥周围的群众闻讯后，无不拍手称快，都说打得好！称赞游击战士了不起，教育了"和平军"，消灭了日军，为民除了害。地痞王森林被教育释放后，有所收敛。那些伪军也不敢再公开设岗勒索，欺压地方百姓，岗哨也不敢随便阻挠来往行人，有几个伪军还开了小差，不愿继续为日本侵略者卖命了。

活跃在沪宁铁道线上的抗日游击队，狠狠地打击日伪军，影响越来越大，增强了游击战士抗日救国必胜的信心，鼓舞了老百姓团结抗日的斗志，抗日队伍不断发展壮大，迎来了抗战胜利的黎明。

夏驾桥边群英赞

1940年初夏的一天，夏驾河西一个不起眼的裁缝店内，来了一位青年男子。一进门，裁缝店老板凌俊才就迎上前去，满面春风地打招呼道："什么风把姜老板吹来了，快请快请！"那个被唤作姜老板的青年男子扬了扬手里的一块布料，说："朋友送了一块布，想再做一件长衫，还要烦请凌老板费心。"

"好说好说，姜老板快到里屋，我亲自给你裁量。"凌俊才把姜老板往里屋迎，他的弟弟凌俊明放下手头活计，走到门外，观察外边的情况。

来到里屋，关上房门，凌俊才给姜老板倒了一杯水，压低声音对姜老板说："姜大哥，上级有什么指示？"

原来，这凌俊才、凌俊明、姜老板并不是什么生意人，而是抗日组织"联抗"的成员，其中那位姜老板，名叫姜根福，还是中共地下党员，他在镇上开了一家三兴馆饭店。

"联抗"是昆山县二、三区联合抗日大队的简称，大队长名叫陶一球。凌俊才、凌俊明、姜根福正是"联抗"的第一批骨干队员。

凌俊才，1916年生于夏驾桥，1938年9月加入中国共产党；凌俊明（又名凌达），凌俊才的弟弟，1919年生于夏驾桥；姜根福，1914年生于夏驾桥蒋家坟堂，1937年8月加入中国共产党。

1937年11月，昆山沦陷后，凌氏兄弟的房屋、财产全部被日军烧光。怀着对日本侵略者的刻骨仇恨,兄弟俩一起参加了陶一球部队,并很快成为陶一球部队的得力干将。

根据组织上的安排,凌家兄弟俩在夏驾河西开了一家裁缝店,作为"联抗"的地下联络站,专门负责转送人员和情报。兄弟俩非常机灵,一次次帮助抗日分子脱困。有一次,"联抗"派民运干部姜鸿(女)、姜毅两人来店传送情报,不料碰到日本宪兵队来查户口。就在日本兵仔细查看"良民证"时,凌俊才以量身做衣为掩护,使他俩安全脱险。

而姜根福居住的蒋家坟堂十分荒寂,有利于部队隐蔽。1939年8月,陶一球部队在蒋家坟堂建立联络站,姜根福成了陶部的通讯员。姜根福夫妇克服家庭困难,为战士们送茶、烧饭、站岗放哨。他还冒险去菉葭浜火车站接送来自上海的爱国青年。

为了获得落脚点和搜集、传递情报,组织上安排姜根福在夏驾桥镇上开了三兴馆饭店。一次,陶一球部队的五六个人来三兴馆开会,姜根福一边招待他们用餐,一边为他们望风。会议结束后,姜根福随即把要送的情报传递出去。还有一次,四五个日本兵以查"良民证"为名,到三兴馆吃饭闹事。姜根福不顾安危与日本兵交涉,并且不收饭钱,将这几个日本兵劝离饭店,避免了老百姓的一场劫难……

虽然凌氏兄弟和姜根福都在镇上开店,但为了不引起敌人怀疑,两家很少来往,今天姜根福造访,凌俊才就知道肯定有事。姜根福顾不上喝水,说:"今天前来,有好消息告知。"

原来,就在今天早上,姜根福的饭店来了几位不速之客,一进门就要一个雅间,姜根福赶紧招呼,这几位顾客虽然穿着便装,但是姜根福开饭店接触三教九流,什么样的人都见过。他隐隐觉察出,这几位都不是平头百姓,于是就殷勤伺候,希望从他们嘴里套出些有用的情报。

从他们的只字片语中,姜根福终于知道他们的身份,原来这些家伙竟然是国民党张龙云部的官兵。此次,他们从外地押送一批粮食,准备运回张部。国民党的张龙云，姜根福早有耳闻，知道他不是什么好东西，不但消极抗日，还和日军勾勾搭搭，再想起"联抗"缺粮，姜根福就动了劫粮的念头。

姜根福亲自前去夏驾河查看，发现那里有6条可疑船只，船只不大，上面盖着帆布，有人警惕地盯着岸边看。船上人不多，加上去饭店吃饭的也不过十几个人。姜根福就知道这肯定是运粮船了，于是让伙计招呼几个官兵，自己赶紧到凌俊才的裁缝店商量此事。

凌俊才一听，觉得事情紧急，两人商量后决定立即报告"联抗"。陶一球得到消息，下令劫船，但时间实在是太紧了，派队员前来已经来不及，好在消息说船上官兵并不多，陶一球就让凌俊才兄弟和姜根福立即联系周边的地下联络员一起行动。凌俊才兄弟和姜根福接到命令，立即联系了朱阿本等八九个人，带了枪支，埋伏在下游比较偏僻的郭泽塘口。

待运粮船只经过，他们一起射击，运粮船上押运的士兵本来就没有几个，遭遇伏击猝不及防，也不知道劫船的人有多少个，慌乱不堪，纷纷跳船逃窜。凌俊才等人劫船成功，缴获大米500多石。

好消息传到陶一球这边，他很是高兴，但他又怕张龙云报复，于是就让凌俊才等人把粮食找个干燥、安全的地方先藏起来，待风头过去再做处理。

半年后，劫粮事件风头已过，陶一球决定把粮食取来，自己部队留一部分，剩下的送给其他由共产党领导的抗日武装。陶一球找了一艘大一点的船，把300石粮食运上船，怕人多扎眼引起敌人注意，他只带上自己的得力助手陈邦秀亲自押运。

陈邦秀，小名阿菊，1914年生于夏驾桥南村头。因受中国共产党抗日救亡思想的影响，陈邦秀也追随陶一球走上了抗日救国的道路。在跟随陶一球的几年中，他为确保陶一球的人身安全做了不少工作，所以陶一球对他很信任，做什么事都愿意带着他。

陶一球和陈邦秀把粮食送到共产党的抗日武装那里，顾不上休息，又赶紧往回赶，在回来的途中遇到了险情。

夏驾河金阳路桥

　　原来，有一队日军驻扎在菉葭浜龙王庙，最近他们得到消息，这一带有共产党领导的地下组织和游击队成员活动，就决定突然来到夏驾桥进行"清剿"。

　　大船太扎眼，陈邦秀考虑到陶一球的安全，当机立断，舍弃大船，找来一艘小网船，自己和陶一球上了小船。驾驶小船的渔民叫桃妹，深受日本人的迫害，对日军恨之入骨。桃妹立即开船，把陶一球护送到庄经桥南泾岸的干枯坟堆里隐蔽起来。

　　把陶一球安置好后，陈邦秀常出来探听日军行动的情况。每天陈邦秀还负责给陶一球送吃的和用的。有一次送饭时，陈邦秀突然看到前面有几个全副武装的日军迎面而来，于是灵机一动，装作痴呆病人，嘴里嘟嘟囔囔地迎着日军走去，日军没有怀疑。等日军走远了，陈邦秀才把饭菜送到陶一球的藏身处。整整四天四夜，陈邦秀始终陪着陶一球露宿在坟堆里，直到桃妹送来消息，说日军已经离开夏驾桥镇，陈邦秀才护送陶一球安全回到家中。

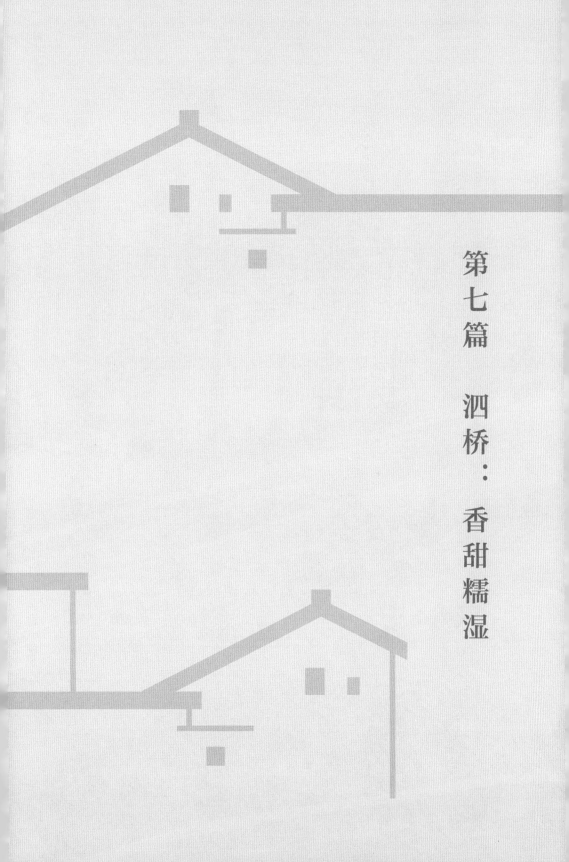

第七篇　泗桥：香甜糯湿

泗桥

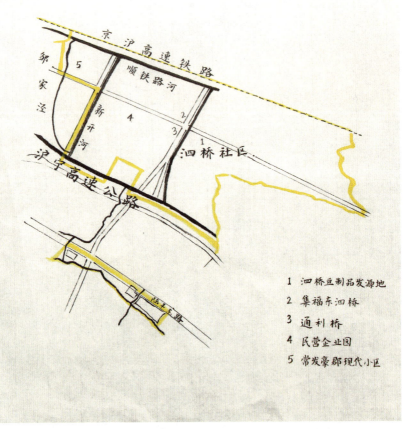

京沪高速铁路

邹家泾

顺铁路河

新开河

泗桥社区

沪宁高速公路

5

4

2

3

1

临丰公路

1 泗桥豆制品发源地
2 集福东泗桥
3 通利桥
4 民营企业园
5 常发豪郡现代小区

泗桥手绘地图

香甜糯湿润泗桥

　　泗桥村，地处昆山市陆家镇东北部，东与花桥镇顺杨村接壤，南濒木瓜河与花桥镇周泾村相望，西与邹家角村相连，北至顺铁路河，地理优势凸显。沪宁铁路、沪宁高速公路和312国道横穿区域，紧靠花桥国际商务城，东临大都市上海。

穿越泗桥的沪宁高速和沪宁高铁

　　据史料记载，秦末时，北方战乱四起，大批难民南逃，在瓦浦滩露宿讨饭度日。有一殷氏难民在梦中受仙人指点，找到一块仙石，上面刻着"蓬莱镇"3

个篆体文字。殷氏带领众多难民一起围垦荒滩，造田种粮，聚落人群，搭建草房。经过几代人的艰苦努力，此地人丁兴旺，日渐繁荣。后经官员上奏吴越王，为颂扬殷氏一族的功劳，将蓬莱镇改为殷阜镇。

殷阜镇虽然不大，但确实是一个繁华的小集镇，豆腐坊、糕团店、土布织坊、染坊、铁匠铺和茶馆等各种商铺林立，很是热闹。当地民众过着丰衣足食的安泰日子。

南宋时期，金兵入侵中原时，一路杀人放火，抢夺掳掠，在殷阜镇见桥拆桥，见屋拆屋，镇上居民被迫四处逃难。抗金英雄韩世忠率领大军扎营陆家浜与金兵交战。金兵一边抵抗，一边后退，并拆除下浦河上所有桥梁，阻止韩军追击。但韩军势不可当，金兵仓皇出逃，最后放火将小镇烧了个精光。不久，战事平息，殷阜镇居民陆续返回家乡，面对残垣断壁、四处焦土，愤恨伤心得不知所措。在镇上百岁老人桑保富的倡导下，人们开始重建家园。人们在集镇东、西、南、北四条河的交叉中心的下浦河上，建造了一座名曰"集福东泗桥"的石桥，桥墩两侧石板上题联"里中仍转旧时光，卧波重建新铁锁"。清咸丰三年（1853），又分别建造了集福南泗桥、西泗桥和北泗桥。随着时间久远，人们习惯称殷阜为"泗桥"，泗桥镇便由此得名。

泗桥镇上率先开设了桑氏豆制品作坊，其他商户看到时世太平，也纷纷来到镇上经商，相继建造开办了百货行、布行、米行、鱼行、染坊、纺织、菜馆、酒家、铁匠铺等十几家作坊店铺，使泗桥枯木逢春，重现生机，逐渐恢复了昔日的繁华景象。

据史料记载，明朝时期，大学士顾鼎臣回到家乡昆山探亲，便装探访桑氏豆制品作坊，称赞泗桥镇的豆制品果然名不虚传。店家当下就借顾相爷的金口，把桑氏豆制品更名为泗桥豆制品。泗桥豆制品因其常食不厌、营养丰富、风味独特、品类齐全、价廉物美的特点，作为江南美食佳肴中的"素菜之王"被载入史册。

在悠悠流淌的下浦河上，那座穿越了800多年历史的集福东泗桥经过后人几经修复，还在"里中仍转旧时光"，其余3座石桥因为破损不堪，早已拆掉重建了。但是一说起泗桥，人们的脑海里就会想起那名传千里的泗桥豆制品。在一片糯湿香甜的记忆里，泗桥的水，泗桥的桥，泗桥的一草一木，仿佛都沾染了豆腐特有的香气，让人细细咀嚼，回味无穷。

在时代发展进程中，泗桥人珍惜每一寸土地，在不改变用地性质的情况下，将高速公路取土坑边的50亩荒地（河道填埋，动迁后的宅基地等）出租，仅这一项就为村级经济带来了可观的收益。泗桥人是勤劳朴实的，在发展农业生产的同时，又积极发展民营经济。泗桥人又是精明能干的，靠着得天独厚的地理优势，他们建造厂房出租，在高速公路沿线增设广告牌出租，每年都有租金收入。

这是一片美丽富饶的土地，生活在这片土地上的泗桥人，珍惜泗桥的每

泗桥常发豪郡小区一景

一粒土，爱惜泗桥的每一滴水，用他们的勤劳和智慧，创造了一个江苏省卫生村，一个江苏省生态村，一个全国亿万农民健康促进行动苏州市先进村。

走进泗桥，空气里依旧弥漫着一种乡野特有的香气，这里的草是生机盎然的绿，这里的水是清澈透明的净。或许就是这种自古流传下来的香气，才使得同样是农家自制的豆制品，泗桥的豆制品却能流芳百年，如今依然名声在外。那种特有的糯湿香甜的味道，有着泗桥独有的风味，那块小小的豆腐里，浓缩了泗桥人的智慧和汗水，浓缩了泗桥村的水土和草木的味道。

泗桥境域内地势较高，旱地居多，古桥、古庙、河浜、绿化等较多。泗桥几经置分离合，经历了互助合作化，初、高级社，人民公社及乡、镇管村体制等演变过程。新中国成立初期隶属菉葭区泗桥乡。1958年人民公社化时取名"泗桥大队"。2001年，在区划调整中，裕利村与泗桥村合并，建立泗桥村党支部、村民委员会。

2021年9月，陆家镇撤销泗桥村村民委员会，调整为泗桥社区居民委员会。社区党总支以党建为引领，以社区服务、居民自治为基础，推动实现办事流程清单化、社区治理网格化、物业管理精细化、公益服务精准化、志愿活动常态化、管理手段信息化的基层治理新模式。社区获评苏州市健康村、昆山市最美志愿服务社区、昆山市学习型社区等。

在经济建设高速发展的今天，泗桥人依旧保持着那种独特的香气，那里蕴含着泥土的朴实、河水的清冽、人们的智慧与勤劳……

顾鼎臣与泗桥豆制品

泗桥村豆制品，发源于陆家镇泗桥村。泗桥豆制品享有"素菜之王"的美誉，因其常食不厌、营养丰富、风味独特、品类齐全、价廉物美的特点，在江南流传至今已有700余年。豆腐俗称"白马肉"，洁白细嫩；豆干色褐，一寸方块；

生吃味鲜略咸，细腻可口，熟吃柔松味美；油豆腐号称"金镶白玉嵌"，外表淡黄色，煮后表层薄而柔韧，腐肉软而不烂，松而不黏，雪白细腻，食而不腻。泗桥豆制品于2010年入选昆山市级第三批非物质文化遗产项目名录。

在泗桥村，至今还流传着一段顾鼎臣与泗桥豆制品的经典传说。

江南三月时节，明朝大学士顾鼎臣回到家乡昆山，因为素闻陆家浜桑氏豆制品非常好吃，民间享有"素菜之王"的雅称，于是决定前往吴淞江畔的泗桥镇一尝美食。

这一日天气晴朗，顾鼎臣一身便衣装束，雇了一条小木船，在江南蜿蜒的河道里缓缓行驶，一路前往泗桥镇。当船只行驶到吴淞江下浦河道时，顾鼎臣走出船棚踏上船头，欣赏起河道两岸的美景来。只见两岸桃红柳绿，鸟语花香，草地上牛羊悠闲地吃草，河滩边鸭鹅成群，满眼望去，一片春意盎然。不远处，有一座简朴的石桥，石桥上刻着清晰的桥联："里中仍转旧时光，卧波重建新铁锁。"船主介绍说，这是泗桥镇有名的集福东泗桥。

春风送暖，迷人的田园风光让顾鼎臣游兴大发，他令船主沿着南泗桥、西泗桥、北泗桥行驶一个来回。船家一边悠闲地摇着船橹，一边跟顾鼎臣聊起这四座桥的来历。

原来，泗桥镇原先叫"殷阜镇"。相传，当年金兵入侵，镇上居民被迫四处逃难。抗金英雄韩世忠率领大军扎营陆家浜与金兵交战，金兵一边抵抗，一边后退，退至殷阜镇，拆除下浦河上所有桥梁，阻止韩军进攻。但韩军势不可当，金兵只能仓皇出逃，一把火烧毁了殷阜镇。不久，战争平息，殷阜镇居民陆续返回家乡，眼前一片焦土，满目疮痍。就在大家心灰意冷时，镇上的百岁老人桑保富带头呼吁大家重建家园。桑家率先在镇口焦土上建起豆制品作坊。随后，镇上相继建造开办百货行、布行、米行、鱼行、染坊、菜馆、酒家等十几家作坊店铺。殷阜镇枯木逢春，生机盎然。在短短的几年时间内，人们又筹资在镇东、南、西、北，四河交叉的下浦河上建起集福东泗桥、西泗桥、南泗桥、北泗桥，形成环镇四座石拱桥，成为水乡小集镇一景。久而久之，殷阜镇被称为"泗桥镇"。

顾鼎臣与船主一路闲聊，不知不觉已来到泗桥镇的繁华地段。但见镇上店铺鳞次栉比，货物琳琅满目，行人车马络绎不绝。小船靠岸后，顾鼎臣一路走走看看，不知不觉，饱了眼福却饿了肚皮。正当他感到饥肠辘辘时，一抬眼，就见不远处一家店门口飘着一面"桑氏豆制品作坊"的旗号，顾鼎臣的脑海中立刻想到了桑氏豆制品的美味，顿时心花怒放，口中生津，遂三步并作两步，急切地踏进店堂内。但见店堂内吃客众多，许多人在喝豆腐花和豆浆，也有不少人在饮酒品素，瞧那陶醉的神态，看得顾鼎臣更觉饥肠辘辘。

顾鼎臣挑了个空座，还没坐稳就叫店小二先来一碗豆腐花。少顷，喷香、柔嫩、爽滑、鲜润的豆腐花在口中翻滚，连喝三口后，顾鼎臣直呼鲜美。此时，他的酒瘾也上来了，连忙要了一壶黄酒，又吩咐店小二把店里的特色豆制品每样来一份。

店小二一看来了个大主顾，招待得格外殷勤。转眼工夫，便端上来一壶当地特酿的"女儿红"黄酒，冷菜两素一荤，两素是一盆香豆腐干和一盆盐浸黄豆，美其名曰"南京小皮蛋"，一荤则是两只茶叶蛋。

顾鼎臣一边饮着美酒，一边品尝美食，顿觉胃口全开，吃得眉开眼笑，满脸陶醉。

不一会儿，只听得一声吆喝："清炖白马肉来啰！"但见店小二端上来一盆热菜。顾鼎臣看着盆中那一块块热气腾腾、雪白油亮的"白马肉"，心中大喜，连忙拿起白勺尝了一勺，鲜嫩、爽口，一盆清煮白豆腐都做得这么好吃，这在其他店坊是没有的。顾鼎臣吃了一勺又一勺，频频点头赞道："这'白马肉'果然名不虚传！"

顾鼎臣的赞美声还没落音，店小二又端上来一盆"金镶白玉嵌"。菜刚上桌，顾鼎臣就急不可耐地夹上一块淡黄色、长方形，看上去好像一块金镶边嵌白玉的油豆腐，轻轻咬穿一层淡黄色薄而柔韧的豆腐皮，雪白细腻的豆腐肉，软而不烂，松而不黏，实在是美味至极，鲜得顾鼎臣的眉毛直跳。

接着，店小二又送上来两菜一汤。两菜一是干丝炒大蒜，美其名曰"仙姑捧道须"，一是清蒸百叶包，美其名曰"农妇绣花枕"。一汤是用雪菜、豆腐、油茧子、鸡汤煮成的，美其名曰"雪里送子"。店小二在一旁介绍说，这两菜一汤有着"一青二白""荤素结合"的特点。一盆看似普通的干丝炒大蒜，大蒜爽口，干丝肥嫩，赛过仙姑捧住雪白的道须。一盆清蒸百叶包，用的是桑氏豆制品特制的百叶，百叶呈淡黄色，厚薄均匀，像块金手绢，包上鲜猪肉馅，用草丝扎紧，放进锅笼蒸，用姜丝、香葱、红椒点缀，好似农妇家用的绣花枕，十分有特色。

最后，店小二又端上来一碗豆腐锅巴米饭。早已被一道道美食撑得肚皮圆润的顾鼎臣，一看到这碗喷香扑鼻的特色米饭，忍不住又动起了筷子。邻桌的吃客看到顾鼎臣的吃相，禁不住哈哈大笑起来。

顾鼎臣整个人都沉浸在美味当中，一时也放开了手脚，吃得酣畅淋漓，言语之间也无所顾忌："老夫为官数十载，第一次品尝到这全素美味，泗桥豆制品果然名不虚传，堪称天下素菜之王也！"

说者无意，听者有心，在场的吃客中有人认出了顾鼎臣。店家一看，是当朝相爷光临，顿感荣幸，当下就借顾相爷的金口，把"桑氏豆制品"更名为"泗桥豆制品"。

从那以后，"素菜之王"泗桥豆制品更是声名远播。

"素菜之王"泗桥豆腐

泗桥豆制品在吴淞江一带享有"素菜之王"的美誉，在江南民间流传至今已有700余年。"民以食为天"，泗桥豆制品因其常食不厌、营养丰富、风味独特、品类齐全、价廉物美的特点，作为江南美食佳肴中的"素菜之王"而被载入史册，2010年，泗桥豆制品因其独特的加工制作工艺，入选昆山市级第三批非物质文化遗产保护名录。

泗桥村豆制品，发源于昆山市陆家镇泗桥村。据历史记载，泗桥村曾是一个商贸繁荣的小集镇，原名"殷阜镇"。南宋时期，战争四起，北方人避乱南迁，有一个叫桑保富的年轻人来到殷阜镇落户。桑保富看到小镇上店铺林立，购销两旺，商贸繁荣，却没有生产和销售豆制品的店铺。于是，桑保富带领家人在市梢头的下浦河旁办起了桑氏豆制品作坊。由于桑保富从小跟随父母亲生产豆制品，15岁就掌握了浸豆、水磨、扯浆、点浆、分层、烧煮等技术。他制作的豆腐、油豆腐、干丝、豆腐干及臭坯，真材实料，风味独特，深受广大老百姓喜爱。

后来，金兵入侵殷阜镇。抗金英雄韩世忠率部围歼金兵，金兵抵挡不住韩军的进攻，把殷阜镇下浦河上的石桥全部拆光，临逃时又一把火烧毁了殷阜镇。战后，殷阜镇居民同心同德重建家园，并且筹资建桥，在下浦河上建造集福东泗桥和西泗桥、南泗桥、北泗桥四座小桥，民间俗称"泗桥"，殷阜镇也因此更名为"泗桥镇"。桑保富的女婿桑进元带领家人重新在镇上建造起桑氏豆制品作坊。桑氏豆制品由于选料精良、配方独特、制作讲究、品质优良、价廉物美，很快成为吴淞江一带畅销的"素菜之王"。

据传，明朝时期，大学士顾鼎臣回到家乡昆山探亲，因为素闻泗桥镇上的豆腐特别有名，于是便装探访桑氏豆制品作坊。顾鼎臣一边饮着美酒，一边品尝美食，吃得眉开眼笑，满脸陶醉，称赞这泗桥镇的豆制品果然名不虚传。店家当下就借顾相爷的金口，把桑氏豆制品更名为"泗桥豆制品"。

更名后的泗桥豆制品因其品质优良，价廉物美，色香味俱全，销售范围很广，主要销往陆家、玉山、花桥、千灯等昆山各乡镇，还有邻近的上海嘉定等地，成为餐饮、熟切、酒家、饭馆的常用菜肴。同时，泗桥豆制品又是民间婚丧喜庆、庙会节场、社会重大庆典活动招待盛宴必备的绿色素菜。

泗桥豆制品，作为日常餐饮的美味菜肴，自古以来一直深受百姓喜爱。泗桥豆制品种类齐全，风味独特，受益于得天独厚的地理环境优势。位于陆家镇东侧的泗桥，四面环水，水质清澈，草木繁盛，常年风调雨顺，五谷丰登，是个美丽富饶的水乡村落。

集福东泗桥现景

通利桥现景

　　泗桥豆制品的加工制作有一套严格的工艺流程，主要工具为缸、粉碎机、扯浆架、定型架、脱水器、灶头、油氽工具及竹、扁、担桶。主要原料是黄豆，生产制作工艺主要有浸豆、粉碎、扯浆、煮浆、点浆、脱水、烧煮、油氽等8个方面。

　　泗桥豆制品有着品类齐全、色香味俱全、价廉物美的特征，是劳动大众用自己的智慧与汗水创造出来的符合民众口味的特色产品，买了还想买，吃了还想吃，有着"素菜之王"的美誉。其中豆腐俗称"白马肉"，洁白细嫩；豆干，色褐，一寸方块，生吃味鲜略咸，细腻可口，熟吃柔松味美；油豆腐号称"金镶白玉嵌"，外表淡黄色，煮后表层薄而柔韧，软而不烂，松而不粘，雪白细腻，食而不腻。

　　泗桥豆制品在传承发展过程中，坚持生产工艺、制作流程的科学性、合理性和特殊性，保持产品的正宗风味，才能在美食界保持700余年的辉煌历史。并以嫡传、帮传、自传的方式传承，至今已有18代。从第一代桑保富至第十六代桑阿宝，以嫡传之商规传给自己的子女。从第十七代开始，除嫡传之外，还传给亲朋好友和用工者。

　　明初时期，新一代传人桑进元扩建生产作坊，增设销售房、美食店，又把工艺传授给近亲属桑宝林、桑来宝、桑来珍、许建明、陆桂林等人。后来，他们在镇上开办了3家豆制品作坊。

　　明代中后期，泗桥豆制品的传人桑进生、桑建福、瞿阿三、陆建春、陆建华、陆建元、施桂弟、施宝芳、赵进等人，先后又创办了5家豆制品作坊，在坚持"口味正宗"的祖训下，发挥各自优势，生产豆制品特色产品，每个作坊有着日产200公斤豆制品的能力。

　　清朝期间，泗桥豆制品的生产进入鼎盛时期。桑氏后人桑金元、桑心宝、桑士林、桑惠平、桑元青、陆小苟、陆惠兴、施小弟、施保平、瞿水林、瞿介元、赵秋云、赵光明、鞠毛大、胡大元、胡品福等新一代传人，逐步改进生产工具，改进生产流程和生产工艺。他们先后在泗桥镇、陆家浜镇办起14家泗桥豆制品作坊。

民国时期，泗桥豆制品传人桑雪元、桑春鸣、桑秋生、桑桂英、陆大毛、陆三毛、施秋生、施阿小、瞿连生、瞿田芬、赵水林、赵元林、鞠建生、鞠惠明、胡小康、胡福元、许毛二等人开办17家泗桥豆制品作坊。

新中国成立后，桑阿宝、慕进元、许小弟、金桂宝、胡小平、许华荣、鞠金元等人办起了10个泗桥豆制品家庭作坊。集体化时，创办泗桥大队豆制品加工厂，生产规模、生产设施比家庭作坊更大更规范。粉碎、供水用上电动设备，脱水也设计制造成半自动挤压脱水机，烧煮柴改成煤料，使用鼓风机，提高生产效率。产品种类有豆腐、干丝、豆腐干、油豆腐、油泡、油茧子、百叶等，全部传承泗桥豆制品的质量、品类、风味、特色。职工实行定额计工、按劳取酬的办法。这是泗桥豆制品在生产历史上的一大转折点。

改革开放后，随着私营经济的发展，泗桥豆制品生产又恢复了家庭型作坊的生产方式，全村有豆制品生产家庭作坊近10家。随着生产力不断提升，有些家庭型作坊已逐渐转型成生产、制作、销售、服务一条龙的现代化企业。泗桥豆制品借着"非物质文化遗产"的美名，统一加工制作工艺，统一质量标准，在产品加工制作、销售、宣传等方面有了明显的提升和进步。泗桥村最多时有近20家生产豆制品，至今还有6家生产泗桥豆制品，其中尤以泗桥"慕家豆腐"最为有名，在新一代掌门人慕晓杰的经营下，"慕家豆腐"已成功被打造成一个本土品牌。

泗桥豆制品加工制作工艺传承至今已有18代，作为一项非物质文化遗产，被一代一代传承人精心保护和发扬。江南美食界的"素菜之王"——泗桥豆制品作为舌尖上的民间艺术，将在历史长河中弥久留香。

第四生产队的故事

1962年，冬春积肥期间，菉葭公社泗桥大队第四生产队的社员们聚在一起商量肥料的事。有不少社员看到别的生产队忙着到外面搞"协作"，采购高价化肥，便劝队长万阿三借其他生产队的关系，也到上海去弄点便宜的肥料，差旅费和必要的交际费照实报销。

队长万阿三拗不过社员们的热情，答应去上海试试。万阿三真的去了上海，可是来去都是坐队里的运肥船，没有花集体一分钱，高价肥料也没舍得买。万阿三回来后对社员们说："出去搞肥料，一要多花钱，二对国家没有好处。我出去了3天，虽然没有花钱，但浪费了3个人工，少积了2亩肥料，算来算去还是靠自己积自然肥料顶合算。"通过这件事情，社员们也打消了花钱买肥料的念头，开始主动埋头积自然肥了。

当时，菉葭公社泗桥大队第四生产队有26户92口人，242亩田，只有2条大船，1台大型脱粒机。生产队家底子薄，生产条件不好，队长万阿三就动员社员们自力更生，勤俭办事。

别的生产队到城里买大粪，买猪窠，万阿三就发动社员养猪养羊，用来生产农家肥。泗桥大队当年分配给第四生产队50吨垃圾和1吨氨水，万阿三和社员们算来算去，最终没舍得花钱去买。当时，有的生产队干部说："你们有肥料不买，将来水稻减产了，你们自己负责！"

万阿三告诉社员们，钞票再多也不经用，将来集体还要添家当、买机器，就要靠现在多收一点，多省一点。不能为了吃蛋杀掉鸡，而要养好鸡多生蛋。他鼓励社员们，人的力气是用不完的，多出一分力，就多省一块钱。

在队长万阿三的带领下，第四生产队的社员们心往一处想，劲往一处使，依靠自己的力量，多花劳力少花钱，全力搞好生产。

就拿肥料来说，别的生产队花钱买肥料，第四生产队的社员们却坚持多积自然肥料，少买商品肥料，更不买高价肥料。社员们埋头苦干，集中力量运垃圾、罱河泥。在零度以下的寒天，别的生产队社员只是在中午罱几舱泥就休息了，而第四生产队的社员们天不亮就起来敲冰罱泥，直到天黑才收工。一条3000斤的小船，一天分两班罱泥15舱，赶上别队2条大船的工效。

到上海运垃圾，别的生产队要六七天才能往返一趟。第四生产队日夜开船，3天就来回一趟。别的生产队贷款、卖高价粮，到处买化肥。第四生产队却是发动社员千方百计割青草、捞水草，把瓜藤、豆萁也收起来当肥料。

在整整一年时间里，生产队利用各种办法积到的自然肥料，就有垃圾塘泥23880担、花草泥5400担、青草泥4340担、水草泥1500担、白河泥2400担、猪羊窠2840担、大粪630担，合计40990担。稻麦两熟，平均每亩有自然肥料119担，比全大队平均78担多41担。全年，生产队只买了国家分配的化肥3062斤。

生产队在生产过程中，也碰到过不少困难，但是他们不眼睛向上，依赖等待，也不乱搞"协助"，盲目采购，而是发动群众、依靠群众克服各种困难。

生产队要修2条大船，没有桐油，运肥船上没有桅杆，也没有遮盖。如果买高价桐油、高价油布，再添置篷桅，队里要开支500元。队长万阿三和社员们再三讨论，认为篷桅可以暂时不买，仍旧用人力背纤，桐油和油布也可以不买。社员戴金祥说："今年我们超产油多，可以用菜油代替桐油，奖励布票也多，可以自己做油布。"商议的结果是，集体提留50斤菜油，社员也拿出20斤油票和60尺布票折价卖给生产队。最终，生产队修好了农船，做好了油布，也节省了400多元开支。

第四生产队里有3头耕牛，都是18岁以上的老牛，农船也比别的生产队少，土质比别的生产队差，26户社员分住在5个自然村，生产上比别的生产队难管理。这些困难都实实在在摆在面前，但是在队长万阿三的带领下，社员们不靠买牛、租牛，不靠别人支持，而是靠自力更生，靠加强经营管理。

8年来，第四生产队从未死过一头牛，也没有花钱租过牛，3头老牛比别的生产队的壮牛还养得好。第四生产队也没有丢失过一件农具，小农具都由社员自备、自修、自用。仅在1962年一年时间里，社员们自己就添了6副粪桶等积肥工具。

第四生产队也没有间断分组包工，坚持按照定额评工计分的管理制度。队长万阿三说："生产靠家什，人多靠管理，农具管不好，劳动力用不好，就是最大的浪费。"

第四生产队在其他各项财务开支上，也是克勤克俭，从不乱花一分钱。自从实行小队核算以来，他们没有添置过一件非生产用的财物。会计仍旧借用小学生的一把破算盘，用毛竹片代替米达尺。全年，生产队除了购买账册、火油开支的30.40元，其他一分钱也没有乱花。在秋收以后，别的生产队吃半夜饭，喝丰收酒，他们从来没有吃过队里一斤粮，花过集体一分钱，7名队委干部也从未借过队里一分钱。

到了年底一算账：第四生产队全年开支平均每亩19.65元，比全大队平均数27.87元低8.22元，比全公社平均数35.98元低16.33元。其中肥料费平均每亩6.55元（包括社员家肥3.24元），比全大队平均数13.20元低6.65元，比全公社平均数18.68元低12.13元。

第四生产队花在农业上的开支少、成本低，可是粮食产量和收入水平，都超过了大队和全公社水平。生产队100亩三麦（小麦、大麦和元麦），1962年平均单产206斤，比大队的亩产174斤高18.39%；242亩水稻平均单产617斤，比全大队平均亩产583斤高出5.83%，比全公社平均亩产593斤高4.05%。

1962年，年终分配时，第四生产队除了集体提留2882元，社员平均每人分配146.32元，比全大队平均每人100元多46.32元，比全公社平均每人96.42元多49.90元。

第四生产队坚持贯彻勤俭办队的方针，坚持多劳动少花钱。生产队里的水稻基肥平均每亩已积了70多担自然肥料，比去年同期每亩田多积了10多担。面对大丰收的喜人成果，社员们说："穷了讲勤俭不是真，富了勤俭才算真勤俭。"

泗桥大队第四生产队的优秀表现和喜人成果，得到了上级领导的关注和肯定。

1963年5月3日，中共昆山县委批转了一份材料，号召全县公社党委、大队支部，向蒹葭公社泗桥大队第四生产队学习，以泗桥大队第四生产队为榜样，发动干部和群众认真总结本社、本队的经验教训，坚持贯彻勤俭办队的方针，充分挖掘本队的人力、物力、财力的潜力，努力增加生产。

殷阜镇传奇

泗桥村先前是个小集镇，称为"泗桥镇"。然而，泗桥镇在此之前，又名"殷阜镇"。关于此镇的来历，还有不少传奇故事。

相传秦朝末年，北方战乱四起，民不聊生，大批难民向南迁徙寻求生计。一日，一群难民来到陆家的瓦浦滩，见这儿四面环水，地好风景好，难民首领殷氏想：这儿是块风水宝地，为何杳无人烟呀？想着看着，见天色将晚，殷氏吩咐大家扎营露宿。这时，树林中蹿出一只白毛小狐狸，它跑到殷氏身边，摇着尾巴向他乞讨。

望着小狐狸乞求的目光，殷氏笑着对它说道："啊呀！小狐狸，我现在没什么吃食，只有两个干菜饼。"

小狐狸似乎听懂了殷氏的话，晃动身体，咧嘴一笑，伸出舌头。

见小狐狸那可爱的样子，殷氏掏出一个干菜饼，把菜饼递到了小狐狸的嘴边。小狐狸张嘴就把菜饼咬住，向殷氏点点头，就飞快地消失在树林中。

树林深处一棵百年老槐树边，一位白发老翁向小狐狸招手，立时，小狐狸纵身跃上白发老翁的手心，化作了一根白须，它口中的菜饼也落在了白发老翁的手心。

望着手中的菜饼，白发老翁点头，微笑地说道："殷氏，掏出菜饼分给我们狐族，实是善人，善有善报也！"

月牙儿偏西时分，睡梦中的殷氏梦见一位白发老翁站在他身前，面带笑容地对他说："殷氏，我乃狐族首领，修行千年，日间你给我儿孙小白狐吃食，结了善缘，我今还你一个善果！"

说罢，那白发老翁手中扶尖一挥，笑着对殷氏说道："此地将成为你们这批迁徙者的根基，你要记住，起床后，你往东走七七四十九步就会听到三声金鸡啼鸣。在金鸡啼鸣处的河边，你会看到一块青石闪光，那便是上天赐予你们的安身之所。务必记住，青石上'蓬莱镇'三个字便是我狐仙一族助你为此小镇起的名称。"说完，白发老翁手一挥，一阵白雾扬起，老翁化身一只通体雪白的九尾狐狸后便消失不见。

殷氏被白发老翁变作的九尾狐狸吓了一大跳，便从梦中惊醒，看看天色将明，他赶忙起身，遵照狐仙梦中所言，一路找寻。

往东走了七七四十九步，殷氏果然听到了三声金鸡啼鸣，在鸡鸣处的河边，殷氏怀着疑惑四下寻找，当他看见一块闪闪发光的青石躺在河畔时，立即扑上前，双手合拢，把青石托起，凑近青石瞧着，当他瞧见青石上"蓬莱镇"三个篆体文字时，他向天跪拜，说道："感谢狐仙指点迷津，从此，我们将在此地安营扎寨。"说完，殷氏把青石深埋于地下。

回到营地，殷氏动员难民中同行的小殷氏、傅氏、骆氏、奚氏、岳氏、胡氏定居瓦浦滩，一起围垦荒滩，造田种粮，养畜养禽，筑路造桥，开浜挖潭，聚落人群，盖草房，几年下来，终于建成了蓬莱镇。小镇建成后，人们自力更生，生活如芝麻开花节节高。不久，众人又推荐殷氏为主，把蓬莱镇划分为南、北2个间，实行郡间制。从秦至隋朝，经过数十代人的勤劳创业，蓬莱镇大力发展农、副、商三业，开垦粮田近千亩，自创自制耕作农具。由于风调雨顺、五谷丰登、六畜兴旺，人们生活逐渐富裕，开始经商做起了生意。

到了唐朝太宗年间，以殷氏、小殷氏、傅氏、骆氏、奚氏、岳氏、胡氏七姓为首富，在瓦浦滩盖起7幢高大豪华的大瓦房和数十间店面房，聚集开店经商，有农副产品、日用小百货、南北杂货、铁器、竹木器等各种商品可交易，也有缝衣绣花铺、饮食店、医馆药铺等各种店铺。蓬莱镇一时商品丰富、人丁兴旺，成了小有规模的集市地。七姓首富还开办了一个跑马场，吸引了十里八村的众多游客，带动了集市旺热。有话云："瓦浦滩上蓬莱镇，赛过东海蓬莱岛！"

五代十国期间，吴越王钱镠得知蓬莱镇的盛景后，派遣苏州府一位官吏前来巡察，见蓬莱镇欣欣向荣的气象，那官吏写了卷宗，列举殷家及其后人对蓬莱镇的贡献，并呈表吴越王，请求吴越王为此地题名颂扬。吴越王阅卷后，下旨曰：为颂扬殷家栋梁之材殷君男、殷树仁等人的丰功伟绩，特赐此地名为"殷阜镇"。从此，蓬莱镇改名为"殷阜镇"。

南宋时期，经济环境更加开放，殷阜镇上的商铺也分得更细，有豆腐坊、糕店、土布纺织店、染坊、铁匠店、茶馆等各种小商铺，人们过着丰衣足食的幸福生活。

天有不测风云，南宋建炎三年（1129）10月，金兵在完颜宗弼的带领下，攻入苏浙地区，宋高宗外逃。金兵四处抢掠，一路杀人放火，抢夺掳掠。殷阜镇也难逃厄运，被金兵一把火烧得精光。战火平息后，人们又回到了满目疮痍的小镇。

一天深夜，镇上的百岁老人桑保富梦见一白发老翁对他说道："老寿星，我乃狐族首领，我们狐仙一族的灵地烧没了，我今晚就要迁徙，前往四川峨眉山修行。老寿星，念你先人对我狐族有恩，我现赠您白银千两，您一身正气，一呼百应，定能使小镇重新崛起。"说完，白发老翁化身九尾白狐随风而去。

桑保富从梦中惊醒，望着床头的白银，想着梦中的情景，感叹狐仙的慷慨。第二天，桑保富开始动员大伙重建殷阜镇。在他的倡导下，家园开始重建。半年时间里，小镇上就建造了20余家店面房子，开设了桑氏豆制品作坊、酒家、饭庄、茶馆、商店、药铺、纺织店、染坊、缝衣铺、糕食点心店等，街市又繁荣了起来，形成了一个新型的集镇。为了让交通更便利，人们又在集镇东、西、南、北4条河交叉中心的下浦河上，建造了一座名为"集福东泗桥"的石桥，并在石桥的桥墩两侧石板上题诗："里中仍转旧时光，卧波重建新铁锁。"

清咸丰三年（1853），镇民又捐资分别建造了集福南泗桥、西泗桥、北泗桥，和先前的集福东泗桥一起，成了殷阜镇有名的泗桥。这4座小石桥沟通了陆家各村镇的商贸交易和经济流通，殷阜镇从此更名为"泗桥镇"。1949年新中国成立后，泗桥镇又渐渐成为泗桥大队、泗桥村。

古河古浜古韵浓

千百年来，江南的村庄被人们赋予了深厚的栖居意蕴，它们的选址布局、水系规划等营建智慧，无不透露着江南特有的文化特质与审美情趣。泗桥村静静地卧在太湖流域的东侧，用它那不变的温柔，讲述着一段段关于水、关于土地、关于人与自然的故事。

在泗桥，河浜一直是村民们生活的重要组成部分。它们如同村庄的血脉，流淌着清澈的水流，滋养着这片富饶的土地。河浜不仅为村民们提供了便利的水上交通和灌溉条件，更承载着他们无数的记忆与情感。每当夕阳西下，老人们总会坐在岸边，抽着旱烟，讲述着那些古老而又动人的故事，而孩子们则围坐在一旁，听得入迷。

在泗桥的众多河浜中，毛家浜是一条有着2000多年历史的古浜，具有独特的魅力和传奇的故事。最初，它只是一片荒滩，两岸芦苇杂树丛生，蛇虫野兽出没，鸟群在此繁衍生息，人迹罕至，人们称其为"茅家浜"。明永乐十二年（1414），地方郡县为了建造寺庙，利用茅家浜、集福河与北沟河三河环地的地域优势，建造西观音庙。为充分借用茅家浜与集福河优势，方便庙会船只停靠，解决庙会人员在船上饮宿之虑，地方组织清除茅家浜淤泥浊水，围垦茅家浜两岸荒草荒木，开通了茅家浜。茅家浜两岸逐渐有了人们的聚落，葛、吴、唐等姓氏的人家在此定居，他们的生活和灌溉都依靠着茅家浜。

明永乐十四年（1416）秋，西观音庙建成，不仅吸引了众多信众前来朝拜，也促进了周边地区的发展。葛、吴、唐三姓人家相继在此聚居，形成了最初的村落。清雍正二年（1724），从河南逃荒而来的毛田初来到了这里，居住在西观音庙，后来担任庙官一职，负责看守寺庙。据说，在毛家的家谱中写有"身栖武元，亡茅家浜"，他将"茅"字改为了自己的姓氏"毛"，后来葛、吴、唐三氏族的家谱中也用上了这个"毛"字，从此，茅家浜被称为"毛家浜"。2006年，在村庄变迁中，毛家浜被填埋，成了历史记忆，那份独特的韵味留在了泗桥人的心里。

野猫溇是泗桥村另一处充满野趣的地方。据村上的老辈人讲，很久以前，它是一条自然小河。后来，在小瓦浦河蚀水的冲积下，小河东口被泥水沉积淤堵，西口在石岸泾处也被堵住了，逐渐变成了两头封堵的溇潭。清代时，这里已是一片荒凉之地，常年积水满溇，吸引了众多野生动物栖息。野猫、野兔、野猪等在这里自由奔跑，野鸡、野鸭则在芦苇丛中觅食。民国初年，开始围垦作堤，改种一年一熟的秋粮。随着时代的变迁和人类的围垦活动，野猫溇逐渐失去了往日的野趣。1950年土改后，这里被正式命名为"野猫溇"和"八亩头"。到了2006年征地时，这个地方被推平建成了厂房，只留下一片空旷和回忆。

如果说泗桥村的河浜是村庄的血脉，那么小瓦浦无疑是这条血脉中最重要的一条。俗话说"小小浏河大瓦浦"，足见小瓦浦的重要性。作为泗桥的母亲河，小瓦浦北起太仓塘，南至吴淞江，全长13千米，其中泗桥段就有3千米。"七曲八绕十六弯"表明它是自然河，源头与浏河相同。由于这条河流多弯多曲，水流缓急不一，为村民们提供了便利的水上交通条件，也灌溉了万亩良田。

秦王朝推行郡县制，划地建制中将这条河命名为"小瓦浦"。当时的小瓦浦为境内河，泗桥横跨河两岸。在泗桥地域，小瓦浦还有北泾岸、横塘河、集福河、管路泾、木瓜河、石岸泾、里路泾、俞家溇河、北沟河、杜家泾等10条支流河道，贯通纵横于泗桥全境。

因长江水的流入，泥沙逐渐堆积，加上两边农田流水入河，小瓦浦逐年变窄、变浅。1954年秋，疏通了这10条支流河口，流水更畅，利于抗洪防灾，也解决了数千年交通受阻的困境。千百年来，小瓦浦经历了无数次的旱涝、冲刷与改造，却始终坚守在这片土地上，见证着泗桥村的兴衰变迁。

在泗桥人的记忆里，小瓦浦不仅仅是一条河，它更像是一位慈祥的母亲，用她那宽广的胸怀和无尽的温柔，滋养了一代又一代的泗桥人。小瓦浦的沿岸是泗桥文化的集中体现。古老的桥梁连接村庄与农田，不仅是交通的枢纽，更是历史的见证。桥上的石狮子、石栏杆，无不透露出古朴与庄重的气息，让人仿佛穿越回古老的时代。桥下，是村民们洗衣洗菜、捕鱼捞虾的好地方。春天，河畔的桃花盛开，花瓣随风轻舞，落入河中，随着水流缓缓向前；夏日，河水清凉，孩子们在河水中嬉戏打闹，欢声笑语在河面上回荡，那是泗桥最动听的乐章；秋天，金黄的稻穗低垂映在河面，与蓝天白云共同绘制出一幅丰收的画卷；冬日，河面结冰，少了喧嚣，却多了一份宁静与祥和，让人心生敬畏。

随着时代的进步和城市化进程的加快，泗桥村也面临着前所未有的挑战。

泗桥境内民营企业园

一些古老的河浜被填埋，一些传统的建筑被拆除。这些变化带来了便捷的生活和经济的繁荣，却让泗桥村失去了许多原有的韵味和特色。幸运的是，泗桥村的人们并没有忘记自己的根与魂，他们知道保护古河古浜、传承历史文化的重要性。

如今的泗桥村，河浜依旧流淌着清澈的水流，桥梁横跨在河面上，连接着过去与未来，那些关于人与自然的故事在泗桥村人的心中代代相传。河浜古韵，润泽乡愁。泗桥正自信地展现着它既有文化底蕴又不失现代气息的魅力与风采。

第八篇　邹家角：最佳角色

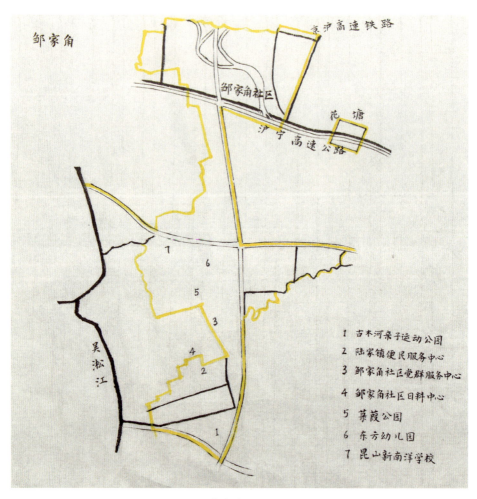

邹家角手绘地图

美丽邹家角

邹家角村，位于陆家镇东郊，与泗桥村接壤，南与花桥镇集善村接壤，西与夏桥村为邻，北临京沪铁路。

在历史上，邹家角原先是一个自然村。相传，南宋时，北方人避乱南迁，邹尚德、邹尚文弟兄俩率氏族五六户人家在村庄湾角两侧建房定居。由于他们豪爽耿直，讲究和气生财，勤奋、勤劳、勤俭，善思、善学、善德，很快站稳脚跟，人丁兴旺，家大业大，有3位后生在元、明、清朝为官，邹家成为村庄的一角，故名"邹家角"。

相传南宋时，金兀术黄天荡之战受挫后，南逃时沿吴淞江进入夏驾河东岸

邹家角新貌

的战船，将河庄村至夏驾桥之间的沿河桥梁全部摧毁，给这一带百姓的交通带来了不便。当地百姓不顾金兵阻拦，挑灯夜战，在浜上筑了一条堤坝堰基。谁知，浜上被拦，龙虾、螃蟹蜂拥不止，爬行过坝，金兵巡路发现虾兵蟹将横行，一时惊慌失措，哇哇乱叫。金兀尤得知后，深感此乃不祥之兆，遂不击自退，令战船移至花桥金城。从此，此地得名"蟹堰"。数百年后，随着村庄演变，人们逐步把"蟹堰"误传为"蟹沿"。

宋末元初，从外地来了一个马戏团，有马车、兵器等。这些人定居后，白天歇息，晚上却吼声四起，操练不息，声震四乡八村，连村前一条590米的河浜水也受到震荡，此地故名"吼张村"，河浜也叫"吼张浜河"。据说，这帮人后来被朝廷收编，成了抗金英雄支队。

清朝中期，在邹家角一带，人们沿河种植了成片的桑园，在河里种植了大量的荷花。长长的一条河流，岸边桑园郁郁葱葱，河面荷花朵朵盛开，一时美景如画，生活如诗如歌，人们沉浸在劳动的快乐和丰收的喜悦里。然而，一场战争摧毁了这片美丽的家园。人们从废墟中走了出来，从伤痛里走了出来，开垦荒地，重建家园，只是不再植桑。"桑"与"伤"同音，人们不想去触碰那些疼痛的记忆，然而那些美丽的荷花还在记忆里开放，于是一个名叫"园花塘"的小村庄建起来了。

岁月变迁，邹家角几经变化。新中国成立初，邹家角属昆山县葭区菉溪乡，1958年人民公社化时取名"星光大队"，1982年又改称"邹家角行政村"。2001年，邹家角村与王家厍村合并。

改革开放后，作为一个蓬勃发展中的现代化新农村，邹家角村积极拓宽"富民优先"的发展思路，由村党员带头，团结广大村民建造标准厂房、停车场、店面房等，大力发展村级经济，并带动村民创业致富。以2008年为例，村民人均收入达14707元。邹家角村被评为农村经济发展先进单位，荣获效率效能建设提速奖。

在这片美丽的土地上，村民们用一双双勤劳的手，脚踏实地开创着属于自己的幸福家园。"三季有花，四季常青，环境优美。"这是邹家角人的追求。跨入21世纪后，邹家角先后投入上百万元，开展全方位的建设活动，修补道路，清淤河道，修桥建桥，对全村400多户农户进行自来水管网改造，种植绿化上千平方米，全村范围内取消露天粪坑，统一建造三格式化粪池，配套垃圾运输车一辆，建立一支40人的清洁员队伍，每年投入资金加强卫生长效管理。此外，村里还建立了村级警务站，配备村级联防队员，维持村里的治安秩序。

逐步走上富裕道路的邹家角村，先后投资新建了1000平方米的社区服务活动中心，内设老年活动中心、医疗服务中心、健身室、阅览室、篮球场、乒乓室等活动场所。同时，村里组建了老年秧歌队、"江南丝竹"队、老年球操队等具有江南农村特色的文化队伍，又以村宣传画廊为工具、村社区活动室为载体，努力为村民们营造良好的学习环境。邹家角村设立了居家养老服务站。老有所养，老有所乐，同样是生活在脚下这片土地上的人们的美好愿望，今天的

邹家角启发广场小区

邹家角人是幸福的。

2021年9月，陆家镇撤销邹家角村村民委员会，调整为邹家角社区居民委员会。作为城乡接合型社区，邹家角坚持"只有农村集体经济强，共同富裕的基础才能实"，不断拓宽集体经济发展路径，打牢乡村振兴坚实基础。

邹家角坚持以党建引领基层治理，持续擦亮"党那里"和"最佳角"2大品牌，在启发广场小区利用架空层打造"党群直通站、邻里互助站、民情集结站、先锋服务站"4大功能站点，打造家门口的党建客厅；在水岸香堤小区建设海棠服务点，提供3大类23项便民服务；在木瓜小区等自建房小区建设"海棠驿站"，开展以党员先锋行动支部、家庭积分、村规民约、村民议事等为内容的各项工作等；在联谊新村等老小区设立行动支部，凝聚小区党员力量。坚持一小区一方案，推动服务进门。通过建阵地缩短联系服务群众的半径，通过统资源推动"党建、治理、服务"三网融合，通过带队伍让党员的先进性发挥得更明

邹家角境内古木河亲子运动公园

显、党群凝聚力更强。

邹家角探索实践注入"民心齐，一家亲"理念的"亲和工作法"，统筹推进事务共办、阵地共用、多元共治、资源共享，着力构建党建引领基层治理新格局、共同富裕新场景、居民生活新形态，把住宅小区打造成群众共建共享的幸福单元。

邹家角曾获得江苏省卫生村、江苏省文明村、江苏省民主法治示范村、江苏省健康社区、苏州市廉洁文化示范建设点等荣誉。

一条特色致富路

在陆家一处宁静角落，邹家角村依河而兴。小河潺潺，见证着村落的变迁与发展，这里的村民质朴能干，用双手在这片土地上辛勤耕耘。他们重视农业生产，也努力推动经济的多元化发展，发展特色农业，种植优质产品，开创工业制造，拓展销售渠道，让邹家角村的名声渐渐打响。

2001年，邹家角村与王家厍村合并，组成新的邹家角行政村。在乡村振兴的浪潮中，王家厍首先走出了一条独具特色的发展之路。

王家厍的村办工业发展一直走得比较曲折。为了快速致富，从1993年起，村里的5家小企业就决心变革，专注于打造拳头产品，不断开发新品，形成一厂多品的格局。同时，他们积极转换经营机制，推行厂长承包和风险抵押承包，建立科学管理方式。得益于正确的策略，企业生产业务充足，产品销售旺盛，工业产值很快超千万元，王家厍跻身全镇村办工业先进行列。

王家厍不仅工业发展迅猛，农业生产也稳定推进。村里从集体资金中拿出10万元增加农业投入，购置3台中型拖拉机、1台稻麦割晒机和其他机械配套设施，实现了农业耕作的机械化。为提高生产效率，村里转换经营机制，建立4个百亩农场，将除户口粮田外的大田交由农场大农户耕种。强化农业配套服务，全力做好水、电、肥、种、机、病虫防治和管理等工作，为农业生产保驾护航。工农业的协同发展，让王家库的经济蒸蒸日上，村民们的生活发生了巨大的变化。

在邹家角的致富路上，还闪耀着许多亮眼的名字。他们怀着为人民谋利益的初心与使命，为家乡、集体和群众付出了诸多心血。老党员陆岐忠便是其中一位。

1987年3月，春意渐浓，陆岐忠在邹家角村发现一个约20平方米的小池塘，坑底颇深，周边环绕着农田，一直处于闲置状态。心思敏锐的陆岐忠想到，河蚌养殖具有很高的经济价值，这闲置的小池塘若能用于养殖河蚌，是实现增产增收的好途径。他毫不犹豫地向村干部提出由他来进行育蚌养殖的想法。提议得到了村里的大力支持。陆岐忠自掏腰包，花了600多元购置了所需的设备。为了掌握河蚌养殖的关键技术，他冒着酷暑，三次外出学习取经。回到村里，他将所学知识运用到实践中。从水质的调控到饲料的投放，从疾病的预防到池塘的管理，每一个环节他都亲力亲为，不敢有丝毫懈怠。

功夫不负有心人，经过陆岐忠的精心培育，河蚌养殖获得成功。收获的季节来临，陆岐忠售卖完培育的小蚌，总计收入2万余元。面对这笔不小的收入，陆岐忠展现出了共产党员的高尚品质，他只留下了成本开支和极少部分利润，把剩下的1.8万元全部交给了集体。

陆岐忠的义举引起了广泛关注，《苏州日报》对此进行了报道。陆家镇的干部群众纷纷称赞老陆，说他是一名名副其实的好党员。他就像一面旗帜，引领着邹家角人在致富的道路上奋勇前行，为村民们树立了一个勤劳致富、无私奉献的榜样，激发了大家振兴乡村的信心。

"猪是农家宝，种田不可少。"养猪，在农村向来是寻常之事，是农家生活不可或缺的一部分。在邹家角众多的致富故事中，养猪专业户龚明元的经历堪称传奇。1995年，龚明元怀揣着对美好生活的向往，也踏上了养猪之路。起初由于技术欠缺，他赔了个精光。这无疑是一个沉重的打击，然而，龚明元骨子里有着一股不服输的劲儿，他没有选择放弃，而是痛定思痛，认真钻研养猪技术，重新出发。

市场需求是养殖的重要导向，当时瘦肉较受欢迎，龚明元敏锐地捕捉到了这一信息。他特地从浙江海宁引进了瘦肉型种猪：三元猪。当市场上流行采用人工授精为猪配种时，龚明元没有盲目跟风。经过仔细观察和思考，他发现人工授精配种的猪品种不纯，难以达到三元猪的瘦肉比例。于是，他坚定地选择用自己引进的三元猪配种。正是这份坚持和对品质的追求，使得他养的猪因瘦肉比例高而在市场上备受青睐。

养猪要养得好，饲料是关键一环。龚明元摒弃了传统的湿喂方法，采用了干喂的喂养方式。因为湿喂饲料难以把控，配多了容易发霉，影响猪的健康，营养成分也会受损。然而，干喂法也带来了新的问题，猪口渴需喝水，猪圈里放置的水槽常被猪拱翻，影响卫生。为解决这一难题，龚明元不辞辛劳，经常到农业器材店寻找方法。功夫不负有心人，在上海的一家农业器材店，他发现了感应自来水龙头。这一小小的创新举措，彻底解决了水槽易打翻的困扰，也让他的养猪场更加现代化和科学化。

在防疫问题上，龚明元从不掉以轻心。他深知"防患于未然"的重要性，打预防针、吃预防药，他都放心地交给镇上的兽医站。他总是憨厚地说："这方面，兽医站的专家比我在行。"而他自己，则把精力放在猪圈的清洁上，每天准时打扫、清洗猪圈，高温天气时，还要频繁地给猪圈消毒。在他的精心照料下，他养的猪从未发生过疫病。

随着经验的不断积累，龚明元的养猪事业蒸蒸日上。2000年，他的收入就已经达到了6.5万元。面对这份成绩，龚明元笑着说："养猪让我尝到了甜头，致了富，我还会沿着这条路一直走下去。"

在邹家角村，像陆岐忠、龚明元这样的奋斗者还有很多，他们有的种植蔬菜瓜果，有的经营水产养殖，有的发展乡村旅游……每个人都在自己的领域辛勤耕耘。邹家角村的故事，是一部勤劳致富的传奇书，它告诉我们，只要有梦想，就一定能够创造出属于自己的辉煌。

星光大队增产记

邹家角村，曾名"星光大队"，位于陆家镇东部，是个经济强、居民富、环境美、精神文明程度高的美丽乡村。20世纪60年代初，星光大队就因村干部领导作风好、村民勤劳聪慧而闻名陆家，尤其是星光大队第十二生产队，更是在生产、生活、耕畜、农具等全面赶超其他生产队，在昆山全县获得通报表扬！

星光大队第十二生产队，原来自然条件和生产条件较差，地势低，土质劣，工具缺，历年产量较低，群众生活贫困。

新中国成立前，全队227亩水田全是"锅底田"，野草丛生，半荒半熟。当地曾流传这样两首打油诗："十年收三熟，还要靠靠天老爷的福。""'锅底田'，十人看见都摇头，地主看见也要吐舌头。"

新中国成立后，在党的正确领导下，第十二生产队的贫困面貌逐年改变，特别是1957年以来，粮食产量年年高，社员生活年年好。

1958年，是生产队历史上粮食产量较高的一年，水稻亩产530斤，三麦亩产151斤，全年粮食总产143150斤，比1957年全年粮食总产110845斤增长29.14%。到了1959年，水稻单产560斤，三麦189斤，全年粮食总产达到147557斤，比1958年增长4407斤。

1958年，生产队有5头耕牛，其中2头还是老牛。1959年，生产队有6头耕牛，而且头头健壮。生产队原先只有3条农船，1959年全队有4条农船。生产队在1958年只有8头猪，到了1959年共养了14头猪。最关键的是，生产队的劳动力增强，1958年只有33个劳力，而到了1959年，生产队有38个劳力，而且全年没有一个劳力生病。

粮食产量的增加以及生产力的发展，让第十二生产队的社员们的生活水平超过了以往。1959年，生产队全年口粮平均达到600斤，比往年要多。1958年，生产队每人平均用油只有3斤，到了1959年，全年每人用油8.3斤。1958年，生产队每人平均收入87.3元，到了1959年，每人平均收入可达116元，增加32.88%。再说社员家庭副业，生产队19户社员，共养鸡鸭等家禽12只、猪19头、羊16只、兔子28只，种自留地1.50亩，全年总收入2531元，平均每人27.7元，大大超过了以往。

第十二生产队为什么在生产、生活、耕畜、农具等方面年年有所提高呢？

第十二生产队227亩田，大部分是沉水田、三郡田，旱天灌不进水，容易干死；雨天排不出水，容易涝水。若遇洪水，庄稼全被淹死，颗粒无收。正常年成，产量亦只收200斤到300斤。

老百姓从亲身经历中体验到，消灭水害是争取水稻增产的最根本措施。因此，为了改善生产条件，生产队积极兴修水利。几年来，全队共修筑外堤1000余丈，并且年年加固加高，初步消除了洪水的威胁。与此同时，又在圩中间横贯开通5条大沟，进一步降低地下水位，便于低田排水进水。在社员们的努力下，水浆管理调匀了，土质逐步改良了，227亩低田的产量也逐年上升。

原先，生产队的田，圩子大，肥料少，运送困难，因此历年来施肥水平很低。

圩中央的三郡田根本不施基肥和有机肥料，只薄薄追一层化肥，造成地力瘦、土质差、产量不高。若要提高产量，必须先增施肥料。1958年以来，生产队施肥数量逐年增加。全年水稻肥料达到平均四次：第一次基肥，全部施上60担草泥，其中70亩土质最差的田，每亩还加300斤碳氮化钙作面肥，双层肥料一次下田；第二次追肥，全部施猪羊窠、牛窠、垃圾；第三次施用碳氮化钙和氨水；第四次穗肥，施用国家供应的化肥。

用肥料这么多，肥料从哪里来呢？

生产队集思广益，从5个方面解决。一是扩种绿肥，全队种花草73亩，加上割野草，可解决一批基肥。二是去上海运肥，生产队在上海包到牛奶棚一只，每年可装奶棚窠4000担。三是养猪养羊，多积家肥。四是购买一部分碳氨化钙。五是国家供应一批化肥。由于施肥量逐年增加，有机肥料又占很大比例，因此生产队的土质得到了明显改良。

为了提高农活质量，队长对每项农活的规格质量，反复向社员讲明道理，组织他们讨论，分析质量好坏与产量的关系，统一认识。同时，选择学习榜样，组织社员参观学习。有些社员的莳秧质量不好，队长就组织他们到别的生产队去参观。在生产过程中，生产队坚持做到农活三天一检查，及时发现问题，解决问题。

第十二生产队之所以能逐年增收，一方面是队里对超产粮、小集体粮的分配，完全按照政策规定办事，不立"土政策"，不乱出新花样。另一方面，是队长金梅昌起到了模范带头作用。

在社员眼里，金梅昌是个人人称赞的好队长。他从初级社起就担任生产队长，一贯大公无私。有一次到大队开会，金梅昌早上出去晚上回来，小队会计准备给他记一天会议工分，他立即作了说明："今天只开了半天会，下午我在剃头，工分只能算半天。"

金梅昌不仅在工分上清楚，而且在经济上、粮食上也清楚。他自己不管钞票不管粮食，出去购买东西，照样向保管员办理领款手续，回来结账，一清二楚。账目也做到经常向社员公布。

金梅昌除了参加公社、大队召开的会议，一回到小队就参加劳动，从不缺勤，并在劳动中以身作则，捡最难的活做。水稻施肥，用的是碳氮化钙，容易烂手，部分社员对这一工作有些畏难。金梅昌亲自带头参加施肥，既完成任务，又保证施肥质量。

生产队里的每一项工作，金梅昌都会和队委、老农商量，广泛听取社员意见。为了提高经济收入，金梅昌同志提议到车娄潭捉鱼，但他没有主观决定，而是先把自己的意见告诉了队委、老农，当大家一致赞成后，才开始行动。

金梅昌平时非常关心社员。队委沈品良外出积肥时，家中母亲患病没人照顾，金梅昌亲自去连续陪了3个晚上。老年社员金福生，家里遭到火灾，金梅昌亲自跑到菉葭代买石灰，回家又动员了4名社员一起帮助金福生家做了3天小工。社员陈金龙生病了，金梅昌亲自上门看望，得知陈金龙的医药费困难，就给他打了借条，亲自跑到菉葭浜银行领回贷款，解决医药费。社员姚品夫断粮了，金梅昌知道后，就把家里面粉借给他8斤。队里青年颜阿三要结婚，金梅昌帮助他精打细算，喜事办得既大方，又省钱。

星光大队第十二生产队在20世纪60年代初成为先进典型，受到了昆山媒体的关注，其典型事迹在全县广泛传播。

青风浦与七鹤浦桥

2001年，在区划调整中，邹家角村、王家厍村二村合并，建立邹家角村村民委员会。在王家厍村，历史上有一条很有名气的河流叫"青风浦"，其中游地段有一座石桥名为"七鹤浦桥"。

按照传统江南习俗，一般桥名都是依照河名来取的，但为何青风浦上的桥名会不一样呢？

相传，在明末清初时期，青风浦两岸居住着20来户人家，以陈姓人家居多。其中有一陈姓大户，兄弟七人，鹤字辈，分别取名陈鹤庭、陈鹤鸣、陈鹤松、陈鹤高、陈鹤春、陈鹤秋、陈鹤明。陈家兄弟个个能文善武，在陆家浜一带颇有名气。陈家兄弟平时爱好运动，每天到痘司殿晨练，打打太极拳，举举石担，风雨无阻。每逢节日庆典、庙会节场，陈家兄弟都会受邀参加表演，如狮龙舞、摇快船、踩高跷、摔跤比赛等。陈家兄弟每次表演都能榜上有名，赢得全场观众的掌声。因此，陈家兄弟也经常被青浦、苏州、无锡、常州、太仓、常熟及昆山各地邀请参加体艺竞技比赛，常常是载誉而归。

陈家兄弟业余爱好广泛，兄弟七人对琴棋书画各有所长。据说，痘司殿内的书画，都是陈家老大陈鹤庭一人所作。那年，殿庆20周年，陈鹤庭又献上了一幅字——"无天陆家浜"（寓意香火旺盛，烟火弥漫得连陆家浜的天空都看不到了）。另一幅字——"眼望陆家浜"（寓意要锐意进取，陆家浜鼓手能人多，学艺要向陆家浜人学习）也是他之前所作。陈鹤庭的这两块新匾挂在大殿左右方，受到众多香客的赞赏。

青浦朱家角有一书法家名叫凌墨，出自书香门第，自幼习得一手好字，号称青浦"凌一笔"。有一天，凌墨来到陆家浜，在痘司殿上看到陈鹤庭的匾词，感觉行书中有一种奇特的变幻和笔力，底蕴深厚，功力非凡。凌墨看得痴迷，不禁捋须赞叹道："想不到在这小小的青风浦，还隐藏着一块墨宝，真是了不起呀！"凌墨欣赏陈家兄弟的才华，专程上门拜访。之后，凌墨与陈家兄弟成为好友，经常在一起切磋笔墨之道。

有一年，昆山知县杨逢春庆祝40岁寿辰，自认为官两年没有功劳也有苦劳，传令昆山各地百姓都要送一份寿礼。陆家浜百姓为此怨声载道。陈鹤庭听闻后，挥毫写下"天高三尺"4个大字，当地百姓看了不解其意，心想："陈家兄弟平时一直帮老百姓说话，这次怎么也拍起官府的马屁来了？"陈鹤庭笑着说道："你们把匾送到就行。"

路上，送匾的老百姓恰好遇到微服私访的当朝内阁首辅顾鼎臣。顾鼎臣问清原委，又仔细看了看匾上的字，哈哈大笑，直夸这份寿礼送得好，送得妙。原来，"天高三尺"，寓意知县杨逢春为官两年，把昆山地皮刮低了三尺。后来，顾鼎臣通过查访，搜查到毛七虎与杨知县行贿刮皮、贪赃枉法的证据后，上报朝廷，将杨知县处决。

青风浦在陈家兄弟的带领下，晴耕雨读，尊老爱幼，邻里和睦，生活得宁静舒适。为了清洁家园，美化居住环境，陈家兄弟提出建议，将青风浦列为村上第一条"禁河"，平日里禁止垃圾入河。每年定期组织村民们出动船只，进行罱泥、捞草。这样，既能广积农家肥壅田，又能清淤河道，始终保持碧水长流。陈家兄弟带领村民们在青风浦两岸种植花草树木，在宅前屋后种植竹林。几年下来，青风浦水清河秀，两岸草木繁茂，鸟语花香。农家小屋掩映其中，炊烟袅袅，宛如人间仙境。

陈家兄弟如同青风浦上的7棵青松，个个身强体健，平均年龄83岁，而且夫妻恩爱，家家四世同堂，子孙满堂，生活幸福美满。

当时，苏州府获悉后，组织官员进行实地察访，认为"青风浦是个名副其实的长寿村"，不仅是苏州、昆山辖区内唯一的长寿老年村，也是当朝少见的长寿村。因而，人们干脆把青风浦叫"七鹤浦"了。

苏州府为了推广青风浦长寿村可贵的践行做法，决定在村上的痘司殿集会交流经验，长寿老人陈鹤庭交流了"怡情养生""卫生健身""运动强身"等一系列民间长寿土方法，还表演了健身壮体拳操法。

会后，陈鹤庭又为苏州送来的空匾题写了"青风浦长寿村"，由州府当场授予青风浦保长朱少卿，以匾嘉奖。

青风浦在陈家兄弟的影响下，同心同德，奋发向上，家园建设得欣欣向荣，五谷丰登，人文兴旺，繁荣昌盛。

青风浦名声在外，对外交流也日趋频繁，交通不便成了当时人们头痛的大事。为此，陈家兄弟倡议在青风浦中游要口处建造一座石桥，并捐出35石大米造桥，剩余部分建议村上视情筹集，此举赢得了众乡邻的赞同。

保长朱少卿十分重视建桥之事，经过反复商议，最终敲定了筹资形式和桥梁规模。不久，建桥工程全面启动，进展得非常快。其间，针对桥名问题，村上有不少百姓认为叫"青风浦桥"较为妥切，也有部分百姓建议叫"长寿村桥"，还有文人骚客主张桥名应该题得时髦一点，有特色一点，高雅一点。

保长朱少卿一时拿不定主意，只好去找新任县官，让知县为桥题名。新知县得知原委，笑着问朱保长："你们青风浦不是长寿村吗？村上不是有'七鹤老人'吗？这桥名不就有了嘛！"

朱少卿似懂非懂，尴尬地点头称好。

新知县看了看朱保长，笑嘻嘻地提笔在宣纸上书下"七鹤浦桥"桥名题词。看得朱保长又惊又喜，夸赞道："想不到新知县

邹家角中心村

有这么一手好字，并且题词含义深刻，真是棋高一着呀！"

知县扬起手道："别再奉承了，快快回去办事吧！"

从此，青风浦上建起七鹤浦桥，石桥横跨青风浦，默默无闻地为地方经济繁荣效劳数百年。

南夹泾趣闻

邹家角村有个自然村叫"南夹泾村"，位于南夹泾河东，沪宁铁路南，中花园塘西，邹家角村北。南夹泾沿河建村定名，呈长方形。

提起"南夹泾村"这个名称的由来，民间流传着一个离奇而动人的传说。

相传，明朝中期，这个地方原来有一条河，因狭窄细长而取名"夹泾"。沿河而居的村庄也取名"夹泾村"。

有一天，从安徽来了一对父子，他们划着一条小船，沿着吴淞江来到夹泾村。父亲名叫金河男，一开始没有住处，便把小船停靠在王家大船舫里。父子俩平日里以补锅为营生。几年下来，手上有了一点积蓄，在村上众乡邻的热情帮助下，上岸建房落户，开始了异乡定居创业的新生活。

金家儿子长大后，娶妻曾南芳。南芳虽然识字不多，但是温和善良，是个典型的贤妻良母，是勤劳持家的好手。

这个村子不大，总共才30来户人家，但被小河围住。河上没有桥，村民们生产、运输全靠船只，出行不是很方便，大家做梦都想在桥上建一座桥。

有一天，天刚蒙蒙亮，勤快的金家媳妇曾南芳就来到河滩上洗衣服。洗着洗着，忽然看到有一个赤脚大汉，头顶一块长约2米、宽约1米、厚约5寸的大石桥，在水面上飞速地行走。

曾南芳被眼前这怪异的一幕吓得尖叫一声。

再说那赤脚大汉，在曾南芳的一声尖叫之后，就瞬间消失不见了。

曾南芳心里感到害怕，丢下衣服就跑回家中，把自己遇到的怪事告诉了家人。金家人告诉了左邻右舍，不一会儿，整个村子都轰动了，大家纷纷跑出来看个究竟。

到了那里，村民们发现在离曾南芳洗衣服不远的地方，河面上出现了半座石桥，桥南面的石墩上搁了一块大石板，桥北面的石墩上却没有石板，桥下有一块大石板却落在北边岸处，堵塞了河道流水。河流本来就不宽大，被石板一挡就显得更狭小了，影响了船只通行。

曾南芳把自己看到的场景又说了一遍，村民们听后议论纷纷。有人提议说："既然石桥造了一半，那我们就想办法把另一块石板放上去，石桥不就造好了吗？"

村民们刚开始觉得这个建议很好，可是真正要行动起来时，发现堵在河道里的那块石板又大又重，靠人力根本无法把大石板抬起来并放在桥面上。

就在大家束手无策时，村里一位德高望重的老者站了出来。他说："南芳之前看到的那位赤脚大汉，很有可能是位修仙之人，想为民造桥积福修仙，不料被人看见了，造桥之事只完成了一半。"

曾南芳听了老者的一番话，心里感到很内疚，觉得是自己不懂事，妨碍了大仙为民造桥。她问老者："如今桥只造了一半，此事因我而起，该如何化解呢？"

老者向曾南芳提了个建议，让她每天在拂晓前，头顶香，跪拜在石桥旁一个时辰，祈求赤脚大仙再次显灵，把堵塞河道的大石板搬上桥墩，完成石桥的建造。

听了老者的建议后，曾南芳决定一人做事一人当，祸是她闯的，自己一定要弥补这个过失。于是，曾南芳每天天不亮就来到石桥边上跪拜，头顶着香炉，心里默念着，祈求赤脚大仙再次显灵。

就这样，一天、两天过去了，十天、二十天过去了……无论刮风下雨，曾南芳雷打不动，天天在石桥边跪拜祈求。

到了七七四十九天拂晓之时，曾南芳还是如同往日一样，紧闭双眼，跪拜在石桥边静心祈求。突然，一阵疾风吹过，面前的河水开始翻腾，震声如雷。曾南芳听到响声后，吸取了上次的教训，不敢睁开双眼，只在心中继续祈求。

再说那河水一阵翻腾过后，落在北岸水里的那块大石板突然被一阵风吹了起来，在半空中不停地旋转，然后再缓缓地落下，最后"啪"的一声，大石板正好落在桥墩处，一座平板石桥就这样落成了。

过了好一会儿，周围的一切都安静了，曾南芳才敢睁开双眼。当她看到眼前的这座建好的平板石桥，欣喜地落下了眼泪，赶紧跑回村里，把这个喜讯告诉大家。村民们闻讯都赶了过来，大家一看，河面上一座平板石板完整落成，便欢喜地踏上桥面，再仔细一看，不禁一愣，只见桥面上，两块大石板中间留下了一条石缝。村民中有个木匠出身的男人仔细端详，语气肯定地说："这条缝隙应该有5厘米。"有好事的村民当即回家找来尺子，仔细一量，正正好好49毫米。

村民们觉得有些奇怪，赤脚大仙既然愿意把桥面铺好了，为什么会遗留这么一点缝隙？大家七嘴八舌地议论开来。有人说，这个数字正好是曾南芳的年龄，也有人说，这个数字正好是曾南芳跪拜祈求的天数……

一说到曾南芳，大家在人群中寻找着，却没有看到她的身影。就在大家到处寻找时，曾南芳的小女儿突然哭着跑了过来，说是妈妈没了。大家仔细一问，才得知，原来曾南芳回到家后，就径直走到里屋，说自己的任务完成了，可以好好睡一觉了。结果，细心的小女儿发现，妈妈躺下后没多久，就没了气息。

曾南芳的离世，让村民们感到十分伤心。大家一起帮助金家办完了曾南芳的后事。

第二天，有村民过桥时，在桥面石缝中竟然看到了曾南芳的水映遗容，顿时大惊失色。听说此事的村民们都赶了过来。有些胆小的村民甚至不敢再过桥了。村里那位德高望重的老者也赶来看了看桥面，告诉大家，这是曾南芳生前执念太深，对此桥魂牵梦绕，因此才有如此情况发生。老者建议村民们在石桥上做一场法事，告慰曾南芳的灵魂。

村民们按照老者的吩咐做完法事后，奇怪的事情又发生了，桥面上那条石缝竟然合拢了。大家一看，都觉得十分欣慰。为了纪念曾南芳，村民们把夹泾改名为"南夹泾"，村庄也定名为"南夹泾村"。

高场抗租故事

在邹家角村有个名为"高场"的自然村，高场是几百年前地主设置镇压抗租农民的绞场牢房演变而成的村落，它记载着明末农民种植地主租田受尽剥削迫害后抗租反戈一击的历史故事。

明朝末年，政治腐败造成社会动荡，百姓生活困苦。一遇天灾，百姓们更是流离失所，只能靠卖儿卖女来维持生计。在此背景下，李自成领导的农民起义爆发了。

李自成出身于陕西米脂县的一个贫苦家庭，他曾担任驿卒，因得罪上司而失去工作，他把贫困农民召集起来，自称"闯王"，在陕北各地流动作战，打着"均田免赋"的口号，赢得了广大农民的拥护和响应，纷纷加入起义军。

1644年4月25日上午，李自成率起义军攻占了北京，由德胜门进入皇宫，明朝皇帝崇祯自杀，明朝覆灭。李自成攻入北京后，建立大顺政权，定北京为都城。

陆家浜的地主们闻听李闯王攻占北京，建立大顺政权后，心急如焚，害怕起义军到达江南分田分产。当时，陆家浜大部分田地都是上海和常熟大地主的私有土地，佃农们都租用地主的私田。由于战乱和自然灾害频发，佃农种植的产量低微，甚至颗粒无收，绝大部分佃农交不出租米。

一天傍晚，地主高大利、孙边天来到大地主乍金宝家，乍金宝说道："两位仁兄，你们来找我，对李自成的大顺政权，是不是有什么高见？"

孙边天笑着说道："乍老弟，李自成的大顺政权对你这个大地主可不利哦！"

高大利也嬉笑着说道:"有了李自成撑腰,那些老百姓蠢蠢欲动,不把他们消灭在摇篮中可不行,'野火烧不尽,春风吹又生'!"

听了他们的话,乍金宝点头说道:"两位说得极对,看来我们得想法子,绝不能让佃户蒙混过关。"说完,他们三人嘀嘀咕咕地商议了大半夜,终于弄出了一个计策:多派几人去收租,不听话就打。

第二天,乍金宝派出总管钱益官、账房先生陆进友,还带了3名打手,借实地征查为名,坐着马车,到陆家浜来逼租逼债。遇到不听话,或有言辞反抗的农户,钱益官就让3名打手对农户大打出手,把他们打得遍体鳞伤。

芦花浜的葛三、小田村的陈小毛说道:"天气干旱,庄稼没收成,交不出租,请求钱益官宽限几天。"

钱益官听罢后摇手,说道:"收不到租子,我们老爷吃什么?今日一定要交,不然,你们要受皮肉之苦。"说完,钱益官示意打手行动。

见打手要打人,葛三和陈小毛就聚拢了一些佃农,拿起棍棒对3名打手进行还击,看到葛三和陈小毛不怕逼租逼债的人,一些佃农纷纷参加葛三他们的队伍,痛骂钱益官和陆进友天天收租,想逼人于死地。

见佃农人多势众,钱益官灰溜溜地带着其他几人坐上马车跑了。一路上,陆进友问钱益官,"钱总官,我们为何要跑,难道任他们为所欲为?"

钱益官笑着说道:"好汉不吃眼前亏,穷小子们人多,你能打得过他们?回去找乍老爷商议吧。"

到了乍金宝家,钱益官把事情一说,乍金宝愤怒地说道:"这些臭要饭的,我租田给他们种,他们非但不知恩图报,现在还想学李自成反抗我们了。"

乍金定当晚就把高大利、孙边天叫去,商议如何对付要闹事的佃农,最后他们决定:选定邹家角与夏驾桥之间的一块高地,占地面积10亩,起名叫"高场"。在高场建造牢房20间,刑房、绞场各一处。如佃农不交租,就把他们绑到牢房,用非法手段逼交。

2个月后,高场建成后的第一个晚上,总管钱益官,账房先生陆进友,跟班黄大奎、李私益、宗佰元、蒋福康及另外3名打手，一行共9人，坐了马车，悄无声息地来到陆家浜，对不交租的佃农进行抓捕。

相传，高场建成后的几年中，陆家浜内有近千人因交不出租米而被关押在高场。其中有的佃农被关押三到五个月，其家人借债还清租米后才能释放。关押一年以上五年之内的占三成以上。这些佃农欠租两年以上，欠租五石至十石或十石以上，数额较大，因借不到债还租米，佃农们绝大部分受刑致残。如设法讨到欠租，钱益官立据收回租田，并让佃农签约，一年内缴清欠租，画押释放，否则第二次入狱上绞刑。芦花浜葛三、小田村陈小毛、白塔头施进元、何家湾何寿民、夹泾浜乍土生等佃户均为三进宫，除家人被抓抵租外，还被收回全部租田。如果受押人员再强烈反抗，就要被绞刑处死。财主们在高场的霸道行为，造成了陆家浜的村民们家破人亡、妻离子散，他们对大地主恨之入骨，抗租反霸热潮一浪高过一浪。

有一年秋后，高场牢房以陆四苟为首的7名狗腿子又到陆家浜来收租抓捕，葛三、陈小毛、施进元、何寿民获悉后纠集数十人闯入高场，把他们全部砍死，一把火烧毁了高场牢房。这把火烧了一天一夜，一切陈旧老账都付之一炬。

第三天，当钱益官的收租米船停靠高场外的河面时，看见高场成了一片焦土，顿时惊慌失措。此时，葛三、陈小毛他们和被解救人员手持棍棒，一拥而上，将钱益官他们打得跪地求饶，连夜逃回常熟。后来，乍金宝他们一直没有来，众人一打听，才知被他儿子叫到外地做生意去了。

1644年10月，清军定都北京，大清王朝在中原建立。清顺治皇帝为了恢复被战乱破坏的农业经济，采纳范文程等大臣的建议，设兴屯道厅，推行屯田。积极鼓励地主、乡绅招民垦荒。高场因地势高，适合搭建住房而被保存下来，成了一个自然村。

邹家角群英谱

自古以来，邹家角人才辈出，流传着许多英雄豪杰的故事。老百姓相传最近的故事，要数抗战时期，那个时候邹家角人为了帮助中国共产党，在地下秘密开展了一系列英勇的活动。

1940年，中国共产党昆山三区建立了区特别支部委员会，任命党员赵璋担任中国共产党特支部书记。赵璋同志思想觉悟高，有很高的组织能力和应对能力。为了更好地开展地下工作，赵璋同志决定在陆家镇住下来。他在陆家镇仔细考察后觉得邹家角村是个好地方，那里民风朴实，于是请示组织派特别支部干部潜伏在邹家角村，这样可以更好更快地开展地下工作。很快，组织指示下来，让赵璋等同志住到邹家角村的邹统华和吴阿小两家。

赵璋等同志入驻当天，正好邹家角村吴阿泉的弟弟结婚办喜事。上午十点，喜宴即将开始时，突然，从远处传来几声枪响。吴阿泉赶紧跑到村口，只见村外的不远处，有伪军的三队人马正恶狠狠地向邹家角村扑来。吴阿泉马上想到了赵璋等同志和民运干部等人的安危，他没有慌乱，跑回家里，一边吩咐家人把赵璋等人喊到家里来作为亲友赴宴，一边若无其事地在家继续主持弟弟的婚宴。

赵璋同志等人刚刚在吴阿泉家里坐定，30多个伪军后脚就闯进了吴家，见吴家里里外外喜气洋洋，一看就知道这户人家在操办婚事。带队的伪军头目把枪放在桌子上，脚搭在长凳上，还未开口，吴阿泉赶紧迎了上去，送上香烟，说："贵客驾到，坐，坐！今天是我弟弟结婚的大喜日子，您可要留下来喝杯喜酒。"伪军头头被吴阿泉说得甚是开心，但故意板着脸，说："抗日分子统统地站出来。"吴阿泉笑道："贵客说笑呢，我们都是普通老百姓，哪有什么抗日分子，这些都是我家的亲朋好友，来喝喜酒的。来，来，坐，坐！"说着，拉着伪军头目入座，倒上老酒，热情招待。伪军头目自是觉得风光，手一挥："兄弟们，一起喝。"一听说喝酒，30多个伪军蜂拥而上，瞬时间，几张桌子就被他们霸占了。

吴阿泉吩咐家人把酒全部搬上伪军的桌子，把那帮酒肉之徒灌得迷迷糊糊的。当酒足饭饱后，伪军们才摇摇摆摆地离开吴家。吴阿泉这才把悬着的心放下来。赵璋同志代表党支部对吴阿泉的勇敢表示了感谢，村民们更是打心眼里佩服吴阿泉的机智冷静。

1941年，23岁的邹家角村村民冯嘉贤和他18岁的弟弟冯嘉祺光荣地接到了上级的一个任务，把地下党员周衡和通讯员小张护送到青浦朱家角。组织上再三关照要绕过青浦，确保两人安全到达。

组织把任务交给冯家兄弟是经过慎重考虑的，冯嘉贤在1940年光荣加入中国共产党，虽然冯嘉祺还没入党，但他也是个进步青年，任务交给他们是组织对他们的信任，也是对他们工作的考验。冯嘉贤深知这一点，对行动更是慎之又慎。兄弟俩对任务实施进行了周密的部署、安排。根据上级的指示，冯嘉贤要先去上海广东路华洋旅社和周衡、小张接头。弟弟冯嘉祺担心兄长安危，执意要一起去上海。冯嘉贤命令道："这是组织的安排，你安心在家接应，等我们回来把同志送到朱家角才是大事。"冯嘉祺只能听从指挥。

到了上海，因为怕有人跟踪，冯嘉贤转了好几个路口，确定没人后才去了华洋旅社。和周衡、小张顺利接头后，冯嘉贤带着两人马不停蹄地坐上了开往昆山的火车。在火车上，多次被人检查，冯嘉贤一直保持着镇定，面不改色地接受询问，他的镇定让两位地下党暗暗佩服。

到了昆山后，他们又一路步行前往陆家镇邹家角，这条路冯嘉贤事先经过了仔细考察，虽然是小路不好走，但特别安全。冯嘉贤带着俩人到家时已近凌晨，但为了安全，稍微休息后，他又带着两人坐上了冯嘉祺早就准备好的小船，兄弟俩在夜色中摇船出发朱家角。一路上，冯嘉贤嫌小船太慢，正好路上遇到一条去朱家角的柴船，柴船的主人冯嘉贤也是认得的，便转乘了柴船，傍晚时分，终于到了朱家角码头。

借着天黑，冯嘉贤找到了在放生桥旅馆等候的地下党员，把周衡和小张安全地交到了他们手上。临走，周衡激动地握着冯嘉贤的手说："谢谢你，冯嘉贤同志，谢谢你们兄弟俩。"

1944年，30出头的邹家角村民邹统华接到通知，说国民党顽固派张龙云部的十几个伤员要到他家住宿，当时邹统华的身份是"常备队"队长，但他真实的身份是一名已有4年党龄的地下党员。

傍晚，国民党伤员所乘的木船停在了邹统华家河边的船里，邹统华乘上船扶伤员上岸的工夫，偷偷查看了船里的东西，发现船上装满了装有药品的箱子。邹统华的眼睛都亮了，浦西支队的伤员们正急需药品呢，真是缺什么来什么。可是怎么拿到这些药品呢？邹统华不停地想着办法。

安排好了国民党伤员，邹统华就拿了把耥耙去田里劳作，劳作到一半，趁机快速跑到浦西支部驻地夏驾桥西南的彭田村，简单把情况告诉了支队侦察班的副班长朱友生后，又赶紧跑回到田里继续劳作。

国民党伤员见他满身污泥的回到家里，没有丝毫怀疑。没过多久，有人跑进屋来报："不好了，我们被共产党包围了。"屋里顿时乱成一团。原来，朱友生得到邹统华报信后立即向支队参谋江杨（江祖培）汇报，江杨马上派出8名战士，火速赶往邹家角村，以迅雷不及掩耳之势，把邹统华家紧紧包围起来。面对突如其来的袭击，国民党伤员只能乖乖地举起了手。

这次行动，不仅缴获了一条装有十几箱药品的船，还有一支手枪。浦西的伤员得到了救治，邹统华也因此被组织记了一大功，他的足智多谋被邹家角村的后人传颂至今。

编后记

为了深入学习贯彻习近平文化思想，加快建设社会主义文化强镇，以文化繁荣赋能乡村治理、涵养乡风文明、助力乡村振兴，根据昆山市"千村故事传承工程"实施方案精神，2024年4月，陆家镇制定了昆山市"千村故事传承工程"陆家卷编撰工作实施方案，并成立了专项工作组。

方案以习近平新时代中国特色社会主义思想为指导，围绕"在建设中华民族现代文明上探索新经验"重大任务，紧扣昆山加快推进社会主义文化强市建设总体目标，深入挖掘农耕文化蕴含的优秀思想观念、人文精神、道德规范，结合时代要求加以创造性转化、创新性发展，充分发挥其在凝聚人心、教化群众、淳化民风中的重要作用，在传承乡村文脉、增强文化自信的过程中，持续改善农民精神风貌、提高乡村社会文明程度、焕发乡村文明新气象，为乡村振兴塑形铸魂。

《昆山·幸福陆家》一书的具体编撰工作由镇文联负责。2024年4月至5月，镇文联组织专业创作团队，与镇宣传口、党校、文体口、各行政村（社区）协同配合，广泛收集整理创作素材（村史沿革类、文化掌故类、名人轶事类、民间传说类等）。6月至8月，在广泛征集、细致梳理乡村故事有关素材、线索的基础上，充分吸收利用各级各类志书编修成果及基础材料，完成《昆山·幸福陆家》图文编撰及拍摄工作。9月，邀请专家团队精心审核、挑选稿件，确保图文内容翔实、导向正确。

《昆山·幸福陆家》一书以8个行政村（社区）为8个篇章，共收录了昆山9位骨干作家精心创作的65篇故事，文中插入56张图片，每个篇章都有1张漂亮大气的行政村（社区）全景照。文中图片大部分由镇党校、宣传口、各行政村（社区）提供。

　　《昆山·幸福陆家》一书中的故事内容向善，文字精彩，弘扬了真善美，传递了正能量，又兼具故事性、趣味性、文学性，可读性强，生动展现了陆家在历史进程中各村境内发生的各种精彩、有趣的故事。

　　有了精彩故事，我们将运用好"千村故事传承工程"所形成的各类成果，通过宣传推广，营造良好的氛围，以乡土文化为纽带和桥梁，促进农业、文化、旅游、教育等产业融合发展，更好地担负起文化赋能乡村振兴的使命，持续推动乡村产业兴旺、生态宜居、乡风文明、治理有效、生活富裕。

　　《昆山·幸福陆家》一书在撰写过程中，得到了市文体广旅局，市文联，市作协，市民协，陆家镇党委、政府机关各部门，各行政村（社区）以及社会各界人士的关心支持。在此，一并致以衷心的感谢，并向9位参与故事创作的作家深表谢意。由于编者水平有限，本书可能存在谬误、缺漏之处，敬请读者多加包涵和批评指正。

《昆山·幸福陆家》编撰工作组

2024年9月